Wolfgang Stegmüller

Probleme und Resultate der Wissenschaftstheorie
und Analytischen Philosophie, Band IV
Personelle und Statistische Wahrscheinlichkeit

Studienausgabe, Teil C

Carnap II:
Normative Theorie des induktiven Räsonierens

Springer-Verlag Berlin · Heidelberg · New York 1973

Professor Dr. WOLFGANG STEGMÜLLER
Philosophisches Seminar II
der Universität München

Dieser Band enthält Teil II der unter dem Titel „Probleme und Resultate der Wissenschaftstheorie und Analytischen Philosophie, Band IV, Personelle und Statistische Wahrscheinlichkeit, Erster Halbband: Personelle Wahrscheinlichkeit und Rationale Entscheidung" erschienenen gebundenen Gesamtausgabe

ISBN 978-3-540-05991-2   ISBN 978-3-642-52176-8 (eBook)
DOI 10.1007/978-3-642-52176-8

Das Werk ist urheberrechtlich geschützt. Die dadurch begründeten Rechte, insbesondere die der Übersetzung, des Nachdruckes, der Entnahme von Abbildungen, der Funksendung, der Wiedergabe auf photomechanischem oder ähnlichem Wege und der Speicherung in Datenverarbeitungsanlagen bleiben, auch bei nur auszugsweiser Verwertung, vorbehalten. Bei Vervielfältigungen für gewerbliche Zwecke ist gemäß § 54 UrhG eine Vergütung an den Verlag zu zahlen, deren Höhe mit dem Verlag zu vereinbaren ist. © by Springer-Verlag Berlin Heidelberg 1973. Library of Congress Catalog Card Number 73-77476.   Herstellung: Brühlsche Universitätsdruckerei Gießen

Inhaltsverzeichnis

Teil II. Die probabilistische Grundlegung der rationalen Entscheidungstheorie: Normative Theorie des induktiven Räsonierens (Rekonstruktion von Carnap II)

1. Neuer intuitiver Zugang über die rationale Entscheidungstheorie . . 389
   - 1.a Deskriptive Entscheidungstheorie 389
   - 1.b Übergang zur normativen Entscheidungstheorie: Die rationale Glaubensfunktion (Credence-Funktion) 394
   - 1.c Von der Glaubensfunktion zu der Glaubhaftigkeitsfunktion (Credibility-Funktion) 400
   - 1.d Übergang zur abstrakten Theorie der induktiven Wahrscheinlichkeit 409
   - 1.e Invarianzaxiome und klassisches Indifferenzprinzip 412
   - 1.f Warum überhaupt eine logische Theorie der M- und C-Funktionen? 416
2. Das logische Grundgerüst: Individuen; Attribute; Modelle; atomare Propositionen 417
3. Das maßtheoretische Grundgerüst: Möglichkeitsraum (Wahrscheinlichkeitsraum). Körper und σ-Körper von Propositionen. Propositionale Stichproben 424
4. Das wahrscheinlichkeitstheoretische Grundgerüst: Absolute und bedingte Wahrscheinlichkeitsmaße 431
5. Erster über die Grundaxiome hinausführender Rationalisierungsschritt: Das Regularitätsaxiom 434
6. Entscheidungstheoretische Rechtfertigung der Grundaxiome und des Regularitätsaxioms: Kohärenz und strenge Kohärenz 436
7. Sprachen und Teilsprachen 446
   - 7.a Einführung von Objektsprachen, die auf das begriffliche System bezogen sind 446
   - 7.b Vier Formen von Subsystemen und Teilsprachen 448
8. Ein möglicher Rationalisierungsschritt: Analytizitätspostulate, phänomenologische Basisprinzipien (synthetische Propositionen a priori) und hypothetische Grundannahmen 451
   - 8.a Bedeutungs- oder Analytizitätspostulate 451
   - 8.b Phänomenologische Grundpostulate 456
   - 8.c Empirisch-hypothetische Grundpostulate 461
   - 8.d Form und Funktion der nichtprobabilistischen Grundpostulate 461

9. Zweiter über die Grundaxiome hinausführender Rationalisierungsschritt: Das Prinzip der Subsysteme (Teilsprachenprinzip) 465

    9.a Die Relevanz der Unterscheidung zwischen analytischen und nichtanalytischen Grundpostulaten 465

    9.b Invarianzprinzipien 467

10. Dritter über die Grundaxiome hinausführender Rationalisierungsschritt: Das Symmetrieprinzip 470

    10.a Symmetrische C- und M-Funktionen 470

    10.b Strukturen 471

11. Vierter über die Grundaxiome hinausführender Rationalisierungsschritt: Das Prinzip der Relevanz von Einzelfällen 473

12. Auf dem Wege zu einer sprachunabhängigen Theorie der Attributräume. Der Analogie-Einfluß 475

    12.a Einige grundlegende Begriffe 475

    12.b Einige Vermutungen über die Rolle von Attributräumen in der Theorie des induktiven Räsonierens 481

    12.c Der Einfluß der Weite und zwei Formen des Analogie-Einflusses 483

    12.d Ein möglicher weiterer Rationalisierungsschritt: Das Prinzip der Attributsymmetrie 487

13. Die Theorie der λ-Familien 490

    13.a Das λ-Prinzip 490

    13.b Das Linearitätsprinzip 499

14. Grenzwertaxiome 502

    14.a Das Reichenbach-Axiom 502

    14.b Das Axiom der σ-Additivität 505

15. Reine und angewandte Theorie des induktiven Räsonierens 505

    15.a CARNAPs Begriff der methodologischen Regel 505

    15.b Das Goodman-Paradoxon. Absolute und relative Koordinaten; Identifizierung und Beschreibung individueller Objekte 507

16. Intuitiv-strategische Überlegungen zur Wahl einer induktiven Methode 513

17. Diskussion von Carnap II 520

Bibliographie 543

Autorenregister 549

Sachverzeichnis 551

Verzeichnis der Symbole und Abkürzungen 559

Von den gebundenen Ausgaben des Bandes „Probleme und Resultate der Wissenschaftstheorie und Analytischen Philosophie, Band IV, Personelle und Statistische Wahrscheinlichkeit" erscheinen folgende weiteren Teilbände:

Studienausgabe Teil A: Aufgaben und Ziele der Wissenschaftstheorie. Induktion. Das ABC der modernen Wahrscheinlichkeitstheorie und Statistik.

Studienausgabe Teil B: Entscheidungslogik (rationale Entscheidungstheorie).

Studienausgabe Teil D: ‚Jenseits von Popper und Carnap': Die logischen Grundlagen des statistischen Schließens.

Studienausgabe Teil E: Statistische Begründung. Statistische Analyse. Das Repräsentationstheorem von de Finetti. Metrisierung qualitativer Wahrscheinlichkeitsfelder.

Teil II

Die probabilistische Grundlegung der rationalen Entscheidungstheorie: Normative Theorie des induktiven Räsonierens (Rekonstruktion von Carnap II)

1. Neuer intuitiver Zugang über die rationale Entscheidungstheorie

1. a Deskriptive Entscheidungstheorie. Die Einwendungen gegen CARNAPs induktive Logik ließen sich in zwei Klassen unterteilen: erstens die Einwendungen gegen CARNAPs Begriff der partiellen logischen Implikation und die Schwierigkeiten, die aus der Gleichsetzung dieses Begriffs mit dem der induktiven Bestätigung folgten; zweitens verschiedene Einwendungen technischer Natur, die sich daraus ergaben, daß CARNAP den von ihm untersuchten Objektsprachen sehr starke einschränkende Bedingungen auferlegen mußte. Wie sich die zweite Art von Nachteilen beheben läßt, wird in den folgenden Abschnitten deutlich werden. Hier sei nur der Grundgedanke vorweggenommen: Die Schwierigkeiten werden nicht dadurch beseitigt, daß reichere Objektsprachen den Gegenstand der Untersuchung bilden, sondern dadurch, daß die linguistische Betrachtung preisgegeben und durch eine modelltheoretische ersetzt wird, so daß der Gegenstandsbereich jetzt aus einem rein begrifflichen System von Entitäten besteht.

In diesem Abschnitt beschäftigen wir uns dagegen nur mit der ersten Art von Einwendungen. Es wird sich erweisen, daß ein neuartiger Zugang, der von der rationalen Entscheidungstheorie seinen Ausgang nimmt, jeglichen Rückgriff auf den anfechtbaren Begriff der partiellen logischen Folgerung überflüssig macht. CARNAP selbst allerdings spricht auch in seinen letzten Veröffentlichungen und in den bisher nicht publizierten Arbeiten noch immer von induktiver Logik. Da dieser Ausdruck aber sein Recht daraus herleitet, daß der Grundbegriff dieser Theorie als partielle L-Implikation gedeutet werden kann, wird mit der Preisgabe dieser Voraussetzung die Bezeichnung „induktive Logik" inadäquat und irreführend. Ich schlage vor, diese neue Theorie als *normative Theorie des induktiven Räsonierens* zu bezeichnen. Der Grund für die Charakterisierung der Theorie als einer normativen wird im folgenden deutlich werden. Ich bin mir bewußt, daß ich damit vom Selbstverständnis CARNAPs stark abweiche. Jedoch dürfte nur bei dieser neuen Deutung eine gerechte Beurteilung von CARNAPs Gedanken in der zweiten Version seiner Induktionstheorie möglich sein: CARNAP versuchte darin, zu klären, auf welche Arten von Überlegungen wir uns vernünftigerweise immer dann stützen *sollen*, wenn wir in Entscheidungssituationen stehen, in welchen uns die Logik – und dies wird von nun an ausschließlich bedeuten: die *deduktive* Logik – im Stich läßt. Daß sich bei dieser Aufgabenstellung CARNAPs Gedankengänge mit der

Entscheidungstheorie und personalistischen Wahrscheinlichkeitstheorie berühren müssen, ist klar. In zwei Hinsichten versucht CARNAP, mehr zu leisten als diese Theorien. Einmal will er die Grundlagen dieser Theorie klären und verschiedene dabei benützte Grundbegriffe präzisieren. Zum anderen möchte er, analog zum Vorgehen in der ersten Fassung, über die reine Wahrscheinlichkeitstheorie hinausgehen und durch zusätzliche Axiome die Klasse der zulässigen induktiven Methoden weiter einengen. Man könnte daher sein Projekt dadurch kennzeichnen, daß es ihm dabei um eine *Grundlegung, Präzisierung, Formalisierung und zusätzliche Rationalisierung der normativen Entscheidungstheorie und personalistischen Wahrscheinlichkeitstheorie* gehe.

Wir knüpfen zunächst an den Begriffsapparat der Entscheidungstheorie an. Wieder interessiert nur der Fall der Entscheidung unter Risiko. Wir wählen in diesem Abschnitt die Begriffe, wie sie in der üblichen Entscheidungstheorie vor der einheitlichen Theorie von R. JEFFREY benützt worden sind. X sei eine Person, die zur Zeit T zwischen verschiedenen möglichen Handlungen $A_1, A_2, \ldots$ wählen muß[1]. X habe einen Überblick über die möglichen Umstände (Naturzustände) $U_1, U_2, \ldots$, ohne jedoch zu wissen, welcher dieser Umstände tatsächlich realisiert ist. Dagegen seien ihm die Wahrscheinlichkeiten $W(U_k)$ dieser Zustände bekannt. Der hier verwendete Wahrscheinlichkeitsbegriff verbleibe dabei vorläufig in intuitiver Unbestimmtheit. Die folgenden Diskussionen werden zu einer sukzessiven Klärung dieses Begriff führen. Für den Augenblick genügt es zu betonen, daß es sich hierbei nicht um objektive, evtl. unbekannte Wahrscheinlichkeiten handeln kann, sondern um die zur Zeit T für X bestehenden *subjektiven* Wahrscheinlichkeiten. Wir schreiben daher für die Wahrscheinlichkeit des Zustandes U_k genauer: $W_{X,T}(U_k)$. Die Person X verfüge außerdem über das folgende Wissen: Falls sie die Handlung A_i ausführt und dabei der Umstand U_k verwirklicht ist, wird das für sie relevante Resultat R_{ik} sein. Dieser Wert R_{ik} ist also eine eindeutige Funktion von A_i und U_k. Ferner kenne X die Wünschbarkeit oder den subjektiven Nutzen N, den jede dieser Folgen für sie hat. Anders ausgedrückt: Die Person X kenne ihre Nutzenfunktion $N_{X,T}$, die für die Klasse aller Konsequenzen R_{ik} erklärt ist.

X steht vor der Aufgabe, den *subjektiven Wert S* ihrer möglichen Handlungen $A_1, A_2, \ldots$ zur Zeit T zu beurteilen. Sie wird den subjektiven Wert der Handlung A_i mit dem *erwarteten Nutzen* des Resultates dieser Handlung identifizieren. Dazu ist der Erwartungswert (im Sinn der abstrakten Wahrscheinlichkeitstheorie) für die möglichen Resultate, mit den subjektiven Wahrscheinlichkeiten der entsprechenden Umstände als Gewichten, zu bilden. Die Definition des subjektiven Wertes $S_{X,T}(A_i)$ von A_i (für X zur

---

[1] „A" steht für „Aktion". Das für „Hypothese" verwendete Symbol „H" steht nicht zur Verfügung.

Zeit T) lautet somit:

D₁ $\quad S_{X,T}(A_i) = \sum_k [N_{X,T}(R_{ik}) \times W_{X,T}(U_k)]$

Nach der früheren Sprechweise haben wir dabei nur den einfacheren Fall einer handlungsunabhängigen Wahrscheinlichkeitsmatrix in Erwägung gezogen. Sollte die Wahrscheinlichkeit des Eintretens von U_k davon abhängen, welche Handlung vollzogen wird, so wären die Glieder der Absolutwahrscheinlichkeiten $W_{X,T}(U_k)$ durch die Glieder der bedingten Wahrscheinlichkeiten $W_{X,T}(U_k|A_i)$ (für i fest und $k = 1, 2, \ldots$) zu ersetzen. Durch die Bestimmung der subjektiven Werte für sämtliche Handlungen $A_1, A_2, \ldots$ gemäß **D₁** ist die *Präferenzordnung* zwischen diesen Handlungen festgelegt.

Anmerkung. Es sei nochmals an die logische Struktur der hier eingeführten Begriffe erinnert: R mit den Werten R_{ik} ist eine zweistellige Funktion, die über dem Cartesischen Produkt der Klasse der Handlungen und der Klasse der Umstände definiert ist. Diese Funktion repräsentiert ein deterministisches Gesetz, da bei gegebenem Umstand und gegebener Handlung das Resultat eindeutig festliegt. Allerdings ist dabei zu beachten, daß bereits hier nicht die objektive Situation in der Natur, sondern allein die Überzeugung des Handelnden maßgebend ist; anders ausgedrückt: *nach der Auffassung der handelnden Person X* muß eine Funktion von der angegebenen Art vorliegen. Eine weitere Funktion ist $N_{X,T}$, die für den Gesamtbereich der Resultate definiert ist. Die Argumente von N stellen Werte der Funktion R dar. Als drittes wird die *Wahrscheinlichkeitsverteilung* $W_{X,T}$ benützt. Falls es sich um eine handlungsunabhängige Verteilung handelt, ist diese über der Klasse der Umstände definiert; im Fall der Handlungsabhängigkeit ist sie definiert für die Klasse der geordneten Paare $(U_k|A_i)$. Als letzte Funktion wird schließlich auf Grund von **D₁** der subjektive Wert der Handlungen eingeführt. Unter *Präferenzordnung* verstehen wir ausschließlich die Größenanordnung der Werte der Funktion S auf Grund der Berechnung gemäß **D₁**. Die entsprechende Ordnung der Funktionswerte von N werde wieder *Nutzenordnung* genannt[2].

Die *Entscheidungsregel von* BAYES, wonach eine Handlung mit maximalem S-Wert zu wählen ist, kann auf zwei ganz verschiedene Weisen gedeutet werden, zwischen denen nicht immer klar unterschieden wird, nämlich:

(1) Unter normalen Bedingungen *werden* die Entscheidungen in der Weise *getroffen*, daß die gewählte Handlung einen maximalen subjektiven Wert hat.

(2) Eine *rationale Entscheidung* besteht in der Wahl einer Handlung mit maximalem subjektiven Wert.

Die Aussage (1) gehört zur *deskriptiven* Entscheidungstheorie. Da man diese zur Psychologie zu rechnen hat, ist (1) *eine psychologische Gesetzeshypothese*, die richtig oder unrichtig sein kann.

---

[2] Leider verwendet auch CARNAP den Ausdruck „Präferenz", ähnlich wie die meisten Entscheidungstheoretiker, in zwei Bedeutungen, nämlich einmal bezogen auf die subjektiven Nützlichkeiten der Konsequenzen, zum anderen bezogen auf die subjektiven Bewertungen der Handlungen. Diese Terminologie kann leicht zu Mißverständnissen führen.

Die Aussage (2) hingegen gehört zur *normativen* Entscheidungstheorie. Hier wird keine empirische Vermutung über menschliche Handlungen aufgestellt, sondern *eine Empfehlung für vernünftiges Handeln* geliefert.

Zu den Größen, die in der Definition des subjektiven Handlungswertes $\mathbf{D}_1$ ebenfalls im *subjektiven* Sinn zu deuten sind, gehört, wie erwähnt, insbesondere die Wahrscheinlichkeit W. Für die Person X ist U_k eine Proposition, nämlich die Proposition, daß sich etwas Bestimmtes ereignen werde. $W_{X,T}(U_k)$ drückt daher *den Grad* aus, *in dem die Person X an dieses Ereignis U_k glaubt*.

Dazu müssen zwei Ergänzungen hinzugefügt werden, eine, die der Abgrenzung dient, und eine, die eine weitere Differenzierung vornimmt:

(A) Wie wir im dritten Teil, der dem statistischen Schließen gewidmet ist, erkennen werden, ist es nicht nur sinnvoll, sondern sogar notwendig, neben der subjektiven Wahrscheinlichkeit (im Sinn des Glaubensgrades einer Person an eine Proposition) eine theoretische Größe, *statistische Wahrscheinlichkeit* genannt, anzunehmen. Über diese Größe kann man, ähnlich wie über andere Größenwerte, Vermutungen aufstellen. Aus der Eigenart dieser Größe ergibt sich jedoch, daß derartige Vermutungen im Regelfall auf Grund von Erfahrungsdaten *weder schlüssig beweisbar noch schlüssig widerlegbar* sind. Wegen der Nichtverifizierbarkeit solcher statistischer Wahrscheinlichkeitshypothesen eignet sich der statistische Wahrscheinlichkeitsbegriff nicht für eine Interpretation von „W" in $\mathbf{D}_1$; denn nur mit einer Größe, die der Person X zur Zeit T bekannt ist, kann X zu dieser Zeit Berechnungen vornehmen, um zu einer klaren Entscheidung zu gelangen, nicht jedoch mit einer Größe, die X nicht kennt und über die sie bestenfalls mehr oder weniger gut bestätigte Vermutungen besitzt. (Nur in denjenigen Grenzfällen, wo X die statistische Wahrscheinlichkeit dafür, daß U_k realisiert sein wird, kennt, kann sie diese für ihre Berechnungen benützen; denn dann fallen die subjektiv geglaubte und die objektiv geltende Wahrscheinlichkeit zusammen, und X weiß auch, daß beide zusammenfallen.)

(B) Es bleibt noch immer eine Zweideutigkeit übrig. Dies ist implizit bereits in der Unterscheidung zwischen den beiden Aussagen (1) und (2) zur Geltung gekommen. Wenn es sich um eine Theorie handelt, in der über die *tatsächlichen* Entscheidungen von X gesprochen wird, so wird durch das Symbol „W" ein *psychologischer* Begriff ausgedrückt: der Grad des *faktischen* Glaubens an eine Proposition. Von nun an soll der Ausdruck „*subjektive Wahrscheinlichkeit*" für diese spezielle Deutung des Symbols „W" in $\mathbf{D}_1$ reserviert bleiben. Wird in der Theorie dagegen von *vernünftigen* Entscheidungen der Person X gesprochen, so bezeichnet das Symbol „W" nicht mehr den Grad des faktischen Glaubens an eine Proposition, sondern den Grad des *rationalen* Glaubens. Der Wahrscheinlichkeitsbegriff ist kein deskriptiv-psychologischer Begriff mehr, sondern ein *normativer* Begriff. Hierfür verwenden wir die Bezeichnung „*personelle Wahrscheinlichkeit*".

Zunächst soll der Begriff der tatsächlichen Entscheidungen als Ausgangspunkt gewählt werden, um sowohl die Gemeinsamkeiten als auch die Unterschiede zwischen den beiden Begriffen deutlich zu machen.

Für eine quantitative subjektive Wahrscheinlichkeit verwendet CARNAP den Ausdruck „Glaubensgrad" ("degree of credence" oder kurz: "credence") und wählt die symbolische Abkürzung „Cr". Wir übernehmen von CARNAP den Ausdruck *Credence-Funktion*, sprechen aber gelegentlich auch von *Glaubensfunktion*. Danach ist $Cr_{X,T}(H)$ der Grad des Glaubens der Person X zur Zeit T an die Proposition H. Es handelt sich hierbei um eine einstellige metrische Funktion, die über Propositionen läuft und noch von zwei Parametern abhängt (wahlweise könnte man Cr stattdessen als dreistellige Funktion deuten). Die Parameter bringen die Tatsache zur Geltung, daß jeder derartige Glaube erstens auf eine Person und zweitens auf einen Zeitpunkt relativ ist. Wenn gilt: $Cr_{X,T}(H) \neq Cr_{Y,T}(H)$, so heißt dies, daß zur selben Zeit T die beiden Personen X und Y in verschiedenem Grade an H glauben. Und wenn gilt: $Cr_{X,T_1}(H) \neq Cr_{X,T_2}(H)$, so heißt dies, daß ein und dieselbe Person zu verschiedenen Zeiten in verschiedenem Grad an H glaubt.

Setzt man in **D₁** für die Wahrscheinlichkeit die Glaubensfunktion ein, so erhält man die folgende Definition des subjektiven Wertes einer Handlung:

D₂ $S_{X,T}(A_i) = \sum_k [N_{X,T}(R_{ik}) \times Cr_{X,T}(U_k)]$

Falls die Wahrscheinlichkeit handlungsabhängig ist, benötigt man noch den Begriff des *bedingten* Glaubensgrades. Dieser Begriff läßt sich in vollkommener Analogie zum Begriff der bedingten Wahrscheinlichkeit einführen:

D₃   *Falls $Cr_{X,T}(E) > 0$, so gilt:*

$$Cr^*_{X,T}(H|E) = \frac{Cr_{X,T}(E \cap H)}{Cr_{X,T}(E)}\ ^3$$

Der Sinn des neuen Symbols ist der folgende: Der Grad, in welchem X zur Zeit T an H glauben würde, *wenn er der Überzeugung wäre, daß E gilt*, ist gleich $Cr_{X,T}(H|E)$.

Sollte die Wahrscheinlichkeit der Realisierung von U_k handlungsabhängig sein, so wären in **D₂** die Glieder „$Cr_{X,T}(U_k)$" zu ersetzen durch die Glieder „$Cr^*_{X,T}(U_k|A_i)$".

Hat es aber überhaupt einen Sinn, den Begriff des subjektiven Glaubens zu quantifizieren, also vom *Grad* des Glaubens einer Person an etwas zu

---

[3] Da Cr^* stets (außer den beiden Parametern) zwei Argumente hat gegenüber einem von Cr, wäre die Einführung eines eigenen Symbols prinzipiell vermeidbar. Da diese Symbole aber, wie im soeben formulierten Satz, bisweilen ohne Argumente verwendet werden, benützen wir für die bedingte Glaubensfunktion „*" als oberen Index.

sprechen? Lange Zeit hindurch wäre man geneigt gewesen, diese Frage zu verneinen. F. P. RAMSEY und unabhängig davon B. DE FINETTI haben jedoch gezeigt, daß sie zu bejahen ist und daß man den Grad, in dem eine Person an etwas glaubt, empirisch ermitteln kann, *wenn man das Wettverhalten von X untersucht*. Wir begnügen uns für den Augenblick mit einigen Andeutungen. Die hierbei benützten relevanten Begriffe werden später im Rahmen der Rechtfertigung der Grundaxiome präzisiert. Eine *Wette zwischen X und Y*, wobei X auf H und Y dagegen wettet, ist ein Vertrag, in dem folgendes vereinbart wird: X leistet einen Geldbetrag u als Einsatz und Y einen Geldbetrag v. Falls sich die Hypothese H als richtig erweist, erhält X den Gesamteinsatz $u + v$; im Falle der Falschheit von H geht dieser Gesamteinsatz in den Besitz von Y über. Wenn X den Vertrag mit Y abgeschlossen hat, sagt man: X wettet auf H mit dem *Gesamteinsatz* $s = u + v$ („*s*" steht für "stake") und dem *Wettquotienten* $q = u/(u + v)$. (Man beachte, daß hier im Zähler der Einsatz von X steht; Y wettet auf $\neg H$ mit demselben Gesamteinsatz und dem Wettquotienten $v/(u + v)$.) Bisweilen sagt man auch, X wette mit den Odds u zu v. Wendet man nun das Prinzip von BAYES auf die Situation an, wo X zwischen den zwei möglichen Handlungen wählen kann, eine Wette auf H mit dem Wettquotienten q zu akzeptieren oder sie abzulehnen, so ergibt sich – unter gewissen idealen Bedingungen, die hier nicht näher untersucht seien und die meist nur approximativ erfüllt sind –, daß X die Wette annimmt, wenn q nicht größer ist als der Grad seines Glaubens an H. Man kann daher den Wert $Cr_{X,T}(H)$ mit dem größten Wettquotienten identifizieren, zu dem X bereit ist, eine Wette auf H abzuschließen.

Anmerkung. Im Rahmen einer psychologischen Theorie wäre die *Glaubensfunktion* der Person X zu T als ein quantitativer Dispositionsbegriff einzuführen, der das System der Überzeugungen von X zu T spiegelt. Das Analoge gilt für die *Nutzenfunktion* von X, welche die Gesamtheit der subjektiven Nützlichkeiten von Gütern für X zu dieser Zeit wiedergibt. Aus Gründen, die innerhalb der Theorie der dispositionellen Prädikate aufgezeigt werden, ist es notwendig, beide Begriffe als *theoretische Begriffe* einzuführen. (Für die generelle Diskussion dispositioneller Prädikate vgl. den Band II, [Erklärung und Begründung], S. 213–238; für spezielle Gründe, den Begriff des Glaubens an theoretische Begriffe einzuführen, vgl. den Band I, S. 398 ff.) Dies würde bereits dann gelten, wenn man die Begriffe als *Makrobegriffe* einführt, d.h. als Begriffe, die sich nur auf das Studium des Verhaltens von Personen stützen. Es würde um so mehr gelten, wenn man sich in einem späteren Stadium der psychologischen Theorie genötigt sähe, diese Begriffe innerhalb einer neurophysiologischen *Mikrotheorie* einzuführen: $N_{X,T}$ sowie $Cr_{X,T}$ würden dann Beschreibungen des nicht beobachtbaren Mikrozustandes des zentralen Nervensystems von X und T beinhalten. Diese Beschreibungen würden zum Teil aus dem Studium des Verhaltens von X zu T hypothetisch ‚erschlossen' werden.

1.b Übergang zur normativen Entscheidungstheorie: Die rationale Glaubensfunktion (Credence-Funktion). Wir verlassen damit die subjektive Wahrscheinlichkeit und gehen über zum normativen Begriff der *personellen Wahrscheinlichkeit*. Hier geht es nicht um den tatsächlichen Glauben von X, der auf Grund von empirischen Experimenten zu ermitteln wäre, sondern um den *rationalen (vernünftigen) Glauben* von X. Die Aussagen einer Theorie, die mit diesem Begriff arbeitet, sind nicht empirisch zu stützen, sondern müssen auf ganz andere Weise erhärtet werden: *durch den Nachweis, daß sie Folgerungen akzeptierter Rationalitätsforderungen sind*. Die Theorie ist daher normativ in dem Sinn, daß sie *Sollensprinzipien*, nicht jedoch deskriptive Behauptungen, aufstellt. Das zu beachten, ist deshalb so wichtig, weil CARNAP an diese Theorie anknüpft, sie zu verbessern und zu erweitern sucht. Daraus geht eindeutig hervor, daß die zweite Fassung seiner Theorie *als normative Theorie des induktiven Räsonierens* intendiert ist.

Hier tritt natürlich sofort die Frage auf, wie man derartige Rationalitätsforderungen *begründen* und damit wissenschaftlich akzeptierbar machen könne. Auch diesmal muß eine genauere Diskussion auf einen späteren Abschnitt verschoben werden, in dem die Rechtfertigung der wahrscheinlichkeitstheoretischen Grundaxiome behandelt wird. Der Grundgedanke sei bereits jetzt vorweggenommen.

Wir gehen davon aus, daß X *ein System von n* Wetten (mit einer oder mit mehreren anderen Personen) abschließt; die i-te Wette sei eine Wette auf die Proposition H_i mit dem Wettquotienten q_i und dem Gesamteinsatz s_i. Die Ermittlung der Zahl der Wetten, die gewonnen wurden, und die Zahl derer, die verloren wurden, kann zwar stets erst im nachhinein erfolgen, doch kann man sich schon im vorhinein *einen Überblick über sämtliche Möglichkeiten des Gewinnes und Verlustes* verschaffen, indem man für sämtliche 2^n möglichen Verteilungen der Wahrheitswerte *Wahr* und *Falsch* auf die n Propositionen $H_1, \ldots, H_n$ den Gewinn oder Verlust jeder einzelnen der n Wetten berechnet und aus diesen Teilergebnissen die Gesamtbilanz für X ausrechnet, die einen Gesamtgewinn oder einen Gesamtverlust oder eine ausgeglichene Gesamtbilanz ergibt. Wenn in jedem der 2^n möglichen Fälle, die eintreten können, die Gesamtbilanz für X negativ ist, d.h. wenn X einen Gesamtverlust erleidet, was immer der Fall sein mag, so sagen wir, daß bei der Annahme dieses Wettsystems für X *Verlust notwendig* ist. Offenbar ist es unvernünftig, ein solches System von Wetten anzunehmen (sofern man die mögliche irrationale Freude an der Tätigkeit des Wettens als solche außer Betracht läßt). Analog gebrauchen wir die Wendung „Gewinn ist unmöglich". Die Redeweise „Verlust ist möglich" soll besagen, daß sich in mindestens einem der 2^n möglichen Fälle ein Gesamtverlust ergibt.

Erläuterung. Angenommen, ich schließe mit Hans eine Wette mit 10,— DM gegen 1,— DM ab, daß es morgen regnen wird; gleichzeitig schließe ich mit Peter eine Wette mit 10,— DM gegen 1,— DM ab, daß es morgen nicht regnen wird. Was immer sich ereignen mag, ich werde eine Wette gewinnen und eine verlieren. Bei der Wette, die ich gewinne, erhalte ich 1,— DM; bei der Wette, die ich verliere, muß ich 10,— DM bezahlen. Ich erleide auf jeden Fall einen Gesamtverlust von

9,— DM. Es war offenbar unvernünftig, diese beiden Wetten gleichzeitig abzuschließen.

Der Begriff des Wettsystems soll nun mit dem der Glaubensfunktion Cr einer Person X in Verbindung gebracht werden. Dabei sei X keine reale Person, sondern *ein idealisiertes rationales Subjekt*. Mit dieser Bemerkung wird nicht in zirkulärer Weise der erst zu präzisierende Rationalitätsbegriff bereits vorausgesetzt. Vielmehr soll damit nur gesagt sein, daß wir nicht an das empirisch beobachtbare Verhalten lebender Personen anknüpfen. Die Bedingungen, unter denen X als rational zu bezeichnen ist, müssen erst herausgearbeitet werden.

Die Glaubensfunktion von X zu T sei Cr. Daß X ein endliches System von n Wetten abschließt, *die mit Cr im Einklang stehen*, soll heißen: X wettet auf irgendwelche n Propositionen $H_1, \ldots, H_n$ mit beliebigen Gesamteinsätzen $s_1, \ldots, s_n$, so daß jedoch für die Wettquotienten q_i die Bedingung erfüllt ist: $q_i = Cr(H_i)$ für $i = 1, \ldots, n$ (d.h. die Wettquotienten müssen mit den Glaubensgraden übereinstimmen).

Die Glaubensfunktion Cr wird *kohärent* genannt gdw kein mit Cr im Einklang stehendes endliches Wettsystem existiert, für welches Verlust notwendig ist. Eine nichtkohärente Funktion Cr heiße *inkohärent*.

Angenommen, die Glaubensfunktion von X zur Zeit T sei inkohärent. Dann kann ein System von n Wetten angeboten werden, das mit dieser Glaubensfunktion im Einklang steht und für welches Verlust notwendig ist. X müßte also bereit sein, dieses System von Wetten anzunehmen, obwohl er genau wüßte, daß er in allen 2^n möglichen Fällen einen Verlust erleiden würde. Man könnte diese Person nicht mehr als einen vernünftig Handelnden bezeichnen. Wir können somit eine erste notwendige Voraussetzung dafür formulieren, X als rational Handelnden zu bezeichnen:

Erste Rationalitätsbedingung. *Eine Person X ist zu einer Zeit T nur dann als rational anzuerkennen, wenn ihre Glaubensfunktion $Cr_{X,T}$ kohärent ist.*

Aus dieser elementaren und scheinbar trivialen Rationalitätsbedingung folgt eine wichtige Erkenntnis, nämlich die folgende beweisbare Aussage:

(3) *Eine Glaubensfunktion Cr* — also eine Funktion, die Propositionen als Argumente und reelle Zahlen als Werte besitzt — *ist genau dann kohärent, wenn Cr ein Wahrscheinlichkeitsmaß ist, d.h. wenn Cr die Grundaxiome der Wahrscheinlichkeitstheorie erfüllt* (genauer: die Axiome für den Fall der *endlichen* Additivität; die σ-Additivität bleibt also außer Betracht).

Der Gedanke, die Wahrscheinlichkeitsaxiome in der hier geschilderten Weise zu rechtfertigen, wurde, wie schon angedeutet, unabhängig von F. P. RAMSEY und B. DE FINETTI konzipiert. Einen strengen Nachweis der Äquivalenz (3) hat erstmals DE FINETTI erbracht. Die Übertragung auf die begriffliche Apparatur des Carnapschen Systems erfolgte durch LEHMANN, SHIMONY und KEMENY. Letzterer bewies die volle Äquivalenz, die ersten beiden Autoren die Implikation, die von der Kohärenz zu den wahrscheinlichkeitstheoretischen Axiomen führt. Der Beweis dieser für die Rechtfertigung allein relevanten Implikation soll an späterer Stelle erbracht werden.

Leider weichen die Terminologien der verschiedenen Autoren stark voneinander ab. Statt des von LEHMANN stammenden und von CARNAP übernommenen Ausdrucks „kohärent" finden sich die folgenden Ausdrücke, die von anderen Autoren in derselben Bedeutung verwendet werden: „fair", „rational", „konsistent". Alle diese Ausdrücke sind wegen der damit verbundenen Assoziationen irreführend. Unter einem System fairer Wetten versteht man in der Regel mehr als bloß ein kohärentes Wettsystem. Dasselbe gilt vom Ausdruck „rational": die Kohärenz ist *nur eine*, aber nicht die einzige Rationalitätsbedingung. Und das Wort „konsistent" wird von fast allen Logikern in dem deduktionslogischen Sinn der logischen Widerspruchsfreiheit (logischen Erfüllbarkeit) verstanden. Die Statistiker verstehen darunter wiederum etwas anderes (vgl. III, 10).

Wie später im einzelnen gezeigt wird, läßt sich die Äquivalenz (3), in der nur von Wetten im üblichen Sinn die Rede ist, auf den Fall *bedingter Wetten* übertragen. Dazu führen wir gemäß D_3 die bedingte Credence-Funktion Cr^* ein. Es ist jetzt nur zu beachten, daß Cr nicht mehr wie früher die psychologische Glaubensfunktion Cr einer realen Person charakterisiert, sondern die Glaubensfunktion unseres idealen Subjektes, von dem wir vollständige Rationalität fordern. Dementsprechend ist Cr^* jetzt die bedingte *rationale* Glaubensfunktion. Analog wie sich ‚vernünftige' übliche Wetten[4] auf Cr stützen, so sind rationale bedingte Wetten auf Cr^* bezogen. Es gilt dann die erwähnte Verallgemeinerung von (3):

(3*) *Eine bedingte Glaubensfunktion Cr^* ist genau dann kohärent, wenn Cr^* die Grundaxiome für die bedingte Wahrscheinlichkeit erfüllt (unter Einschluß des allgemeinen Multiplikationsprinzips).*

SHIMONY hat einen gegenüber der Kohärenz stärkeren Begriff eingeführt, der als *strenge Kohärenz* bezeichnet wird. Diese Eigenschaft kommt einer Glaubensfunktion Cr genau dann zu, wenn erstens Cr kohärent im früheren Sinn ist und zweitens kein mit Cr im Einklang stehendes endliches Wettsystem, in dem auf molekulare Propositionen gewettet wird, existiert, so daß Gewinn unmöglich, jedoch Verlust möglich ist (die Gesamtbilanz also in mindestens einem der möglichen Fälle einen Verlust ergibt).

Es liegt nahe, die strenge Kohärenz in die Rationalitätsbedingungen mit einzubeziehen. Denn es ist offenbar nicht erst unvernünftig, ein System von Wetten zu akzeptieren, bei dem man mit Sicherheit einen Verlust erleiden wird, *sondern es ist bereits unvernünftig, ein Angebot auf Abschluß endlich vieler Wetten anzunehmen, bei denen man mit Sicherheit keinen Gewinn, möglicherweise aber einen Verlust erleiden wird*. Der Unterschied zum ersten Fall ist nur der, daß hier noch eine gewisse, mehr oder weniger große Chance besteht, mit ausgeglichener Gesamtbilanz (ohne Gewinn und Verlust) davonzukommen. Wir erhalten somit eine

---

[4] Unter „üblicher Wette" verstehen wir hier nichts weiter als eine Wette, die nicht unter einer Bedingung abgeschlossen wird. Später werden wir den Fall *bedingter Wetten* mit einbeziehen.

zweite Rationalitätsbedingung. *Eine Person X ist zu einer Zeit T nur dann als rational anzuerkennen, wenn ihre Glaubensfunktion $Cr_{X,T}$ streng kohärent ist.*

Wir führen jetzt eine weitere Definition ein:

D₄ Eine Glaubensfunktion Cr ist *regulär* genau dann, wenn Cr die Grundaxiome der Wahrscheinlichkeitstheorie erfüllt (also ein Wahrscheinlichkeitsmaß ist)[5] und wenn für jede molekulare Proposition H gilt: $Cr(H) = 0$ nur dann, wenn H logisch unmöglich ist (anders ausgedrückt: wenn $Cr(H) = 0$, dann ist H logisch unmöglich).

In Analogie zu (3) läßt sich nun die folgende Behauptung beweisen:

(4) *Eine Glaubensfunktion Cr ist genau dann streng kohärent, wenn Cr regulär ist.*

Ähnlich wie (3) läßt sich auch (4) für den Fall bedingter Glaubensfunktionen zu einer Aussage (4*) verallgemeinern.

Dieses Ergebnis ist nicht nur für die Durchführung des Carnapschen Projektes von außerordentlicher Wichtigkeit, sondern zugleich *eine sehr einfache und anschauliche Illustration für* CARNAPs *strategisches Vorgehen*. Es geht ihm ja darum, den durch die Wahrscheinlichkeitsaxiomatik gesteckten weiten Rahmen sukzessive einzuengen, d.h. aus der Klasse der Glaubensfunktionen, die sämtliche Wahrscheinlichkeitsaxiome erfüllen, engere und engere Teilklassen auszusondern, in denen alle rational zulässigen Glaubensfunktionen vorkommen. Der Übergang von den Glaubensfunktionen Cr, von welchen nichts weiter verlangt wird, als daß sie Wahrscheinlichkeitsmaße darstellen, zu den regulären Glaubensfunktionen, bildet einen derartigen Übergang zu einer engeren Klasse: Alle jene Funktionen Cr, die zwar die erste Rationalitätsbedingung erfüllen, die zweite jedoch verletzen, werden aus der Klasse der regulären Funktionen ausgeschlossen, wie der Satz (4) zeigt. Es fragt sich, ob man auf diese Weise wirklich den Spielraum der Glaubensfunktionen, die ein vernünftiges induktives Räsonieren repräsentieren, hinlänglich scharf umgrenzen kann.

Aber ist denn eine solche engere Umgrenzung überhaupt notwendig? Obwohl sich wenigstens für den bisher vollzogenen Einengungsschritt eine bejahende Antwort fast von selbst ergibt, muß bei dieser Frage noch für einen Augenblick verweilt werden. *Denn an diesem Punkt beginnt die Meinungsdifferenz zwischen* CARNAP *und den personalistischen Wahrscheinlichkeitstheoretikern* (oder *Personalisten*, wie wir sie von jetzt an kurz nennen wollen). Nach der Auffassung der Personalisten kann man *und braucht man auch nur* die Grundaxiome zu rechtfertigen. Alles, was darüber hinausgeht, spiegelt bloß subjektive Unterschiede in den Cr-Funktionen verschiedener Personen wider, so daß es nach personalistischer Überzeugung ein hoffnungsloses Unter-

---

[5] Es sei nochmals daran erinnert, daß wir uns hier und im folgenden vorläufig nur auf diejenigen Axiome beziehen, welche in die Definition des endlich additiven Wahrscheinlichkeitsraumes eingehen.

fangen wäre, gewisse dieser Funktionen gegenüber anderen als die einzig vernünftigen auszeichnen zu wollen. Ein derartiger Versuch würde nach Überzeugung der Personalisten über Pseudorechtfertigungen nicht hinauskommen.

Die Überlegungen, welche zur zweiten Rationalitätsbedingung der strengen Kohärenz führten, zeigen, daß dieser Pessimismus in bezug auf die Rechtfertigungsmöglichkeit weiterer einschränkender Bedingungen für die Glaubensfunktionen unbegründet ist – unbegründet zumindest in der eben vorgetragenen Allgemeinheit. Denn um diesen Pessimismus gegenüber CARNAPs Forderung der Beschränkung auf streng kohärente Glaubensfunktionen verteidigen zu können, müßte man versuchen zu zeigen, daß es vernünftig sein könne, sich auf Systeme von Wetten einzulassen, bei denen man mit Sicherheit keinen Gewinn erzielen kann, im günstigsten Fall ohne Verlust davonkommt, im ungünstigen Fall hingegen einen Verlust hinnehmen muß. Ein derartiger Verteidigungsversuch muß mißglücken.

CARNAP verfügt aber über einen noch viel allgemeineren und zwingenderen Grund, über die erste Rationalitätsbedingung hinausgehende Rationalitätskriterien zu verlangen. Dieser Grund ist in dem folgenden beweisbaren Satz enthalten:

(5) *Es sei r eine beliebige, zwischen 0 und 1 gelegene reelle Zahl ($0 < r < 1$).*
E und H seien zwei molekulare Propositionen, welche die beiden Bedingungen erfüllen:
   (a) H ist keine logische Folgerung von E,
   (b) H ist mit E nicht logisch unverträglich,
im übrigen aber beliebig wählbar sind.
Dann existiert eine Glaubensfunktion Cr^*, welche alle Grundaxiome der Wahrscheinlichkeitstheorie (für bedingte Wahrscheinlichkeit) erfüllt, so daß gilt: $Cr^*(H, E) = r$.

Wie dieser Satz zeigt, wird durch die wahrscheinlichkeitstheoretischen Grundaxiome noch immer *ein ungeheures Maß an Willkür* zugelassen: *Jede beliebige (molekulare) Proposition wird durch jede beliebige andere in einem beliebigen Grad glaubhaft gemacht*, vorausgesetzt nur, die beiden Propositionen sind in dem in (a) und (b) von (5) präzisierten Sinn logisch unabhängig voneinander.

Man kann diesen Mangel auch so ausdrücken: Geht man von der bedingten Glaubensfunktion Cr^* zum abstrakten bedingten Wahrscheinlichkeitsmaß W über, so kann man mit Recht fragen, welche Aussagen von der Gestalt „$W(H|E) = r$" beweisbar werden, wenn von W nichts weiter vorausgesetzt wird als die Erfüllung der Grundaxiome. Die Antwort ist niederschmetternd: *Derartige Aussagen lassen sich unter dieser Voraussetzung überhaupt nur für die beiden trivialen Fälle beweisen, daß r gleich 0 oder gleich 1 ist.*

Es erscheint CARNAP daher mit Recht als absurd, alle kohärenten Glaubensfunktionen *als rationale* Funktionen zuzulassen. Die Suche nach weiteren Einschränkungen — und dies bedeutet: die Suche nach weiteren restringierenden Axiomen — ist daher zwingend motiviert. Es wird sich allerdings erweisen, daß die Einführung der noch ausstehenden zusätzlichen Axiome nicht so einfach und überzeugend erfolgen kann wie die des Regularitätsaxioms. Für das letztere genügte es, wieder auf das rationale Wettverhalten zurückzugreifen und die Verschärfung des Begriffs der Kohärenz zu dem der strengen Kohärenz einsichtig zu machen. Die Begründung der restlichen Axiome wird anders erfolgen müssen. Es bleibt eine potentielle Aufgabe für die Zukunft herauszufinden, ob die Begründung in diesen anderen Fällen ähnlich durchsichtig gemacht werden kann wie im Fall des Regularitätsaxioms.

Es sei hier nicht verschwiegen, daß auch mit der Beschränkung auf die streng kohärenten Funktionen Cr nicht viel geleistet wird. Das eben zitierte unbefriedigende Resultat gilt nämlich noch immer: *Auch für ein streng kohärentes Cr^* ist eine Aussage von der Gestalt $Cr^*(H, E) = r$ nur für $r = 0$ oder $r = 1$ beweisbar.* Der intellektuelle Zwang, nach weiteren Rationalitätsbedingungen Ausschau zu halten, bleibt also der strengen Kohärenz gegenüber in derselben Weise bestehen wie gegenüber der einfachen Kohärenz.

1.c Von der Glaubensfunktion zur Glaubhaftigkeitsfunktion (Credibility-Funktion). Um den bisherigen Ansatz durch Formulierung zusätzlicher Rationalitätsbedingungen verschärfen zu können, ist es erforderlich, die rein *statistische* Analyse der Glaubensfunktion zu überwinden und sie durch eine *dynamische* zu ersetzen. $Cr_{X,T}$ liefert sozusagen nur eine *Momentphotographie* des Glaubenszustandes der Person X zur Zeit T. (Da sich Cr als *theoretische* Größe nach einer früheren Andeutung auf einen Mikrozustand des zentralen Nervensystems von X bezieht, müßte es eigentlich genauer heißen, daß ein *theoretisches Momentanbild* dieses Mikrozustandes zur Zeit T gegeben werde.) Es muß nun weiter untersucht werden, *wie sich die Glaubensfunktion einer rationalen Person im Verlauf der Zeit ändert*. Es wird sich dabei herausstellen, daß diese zeitliche Dynamisierung der Betrachtungsweise wesentlich mehr liefert als eine bloße Ergänzung der bisherigen Überlegungen: Wir werden dadurch in die Lage versetzt, hinter die periphere und stets auf einen Zeitpunkt bezogene Eigenschaft Cr einer Person zurückzugehen und zu einer tiefer liegenden und permanenten, d.h. zeitunabhängigen Disposition vorzustoßen. Der Unterschied in den Auffassungen CARNAPs und der Personalisten wird sich dann mit Hilfe der Unterscheidung zwischen manifesten Eigenschaften und dispositionellen Eigenschaften charakterisieren lassen.

Die Zeit werde in diskrete Abschnitte zerlegt. T_{n+1} soll der auf T_n folgende Zeitabschnitt sein. Die Glaubensfunktion von X zur Zeit T_n werde statt Cr_{X,T_n} einfachheitshalber mit Cr_n bezeichnet; analog die zur Zeit T_{n+1} mit Cr_{n+1} usw. Den Index „X" lassen wir fort, da wir uns stets auf ein und dieselbe idealisierte rationale Person beziehen.

Die Erfahrungen, welche X zwischen den Zeiten T_n und T_{n+1} gesammelt hat, mögen in der Proposition E_{n+1} zusammengefaßt sein. Um uns nicht mit all jenen Komplikationen zu belasten, zu denen das Basisproblem der Erfahrungserkenntnis führt, setzen wir voraus, daß die durch E_{n+1} repräsentierten Erfahrungen aus Beobachtungsdaten bestehen.

Von einer rationalen Person werden wir verlangen müssen, *daß sie aus der Erfahrung lernt*. Über die Art und Weise, *wie* sie dieses Lernen aus der Erfahrung bewerkstelligt, sollen vorläufig noch gar keine speziellen Annahmen gemacht werden. Die allgemeinste Minimalforderung, die man hier aufstellen kann, besteht darin, zu verlangen, daß die Glaubensfunktion nur von dem gewonnenen Beobachtungswissen abhängt, d.h. genauer: der Übergang von der auf die Zeit T_n bezogenen Funktion Cr_n zur Funktion Cr_{n+1}, welche auf die Zeit T_{n+1} bezogen ist, soll nur von den Erfahrungen E_{n+1} zwischen diesen beiden Zeiten abhängen. Eine etwas bestimmtere Aussage gewinnt man, wenn man für die Art der Abhängigkeit von zwischenzeitlich gemachten Erfahrungen auf die bedingte Glaubensfunktion Cr^* zurückgreift. So gelangen wir zur nächsten Rationalitätsforderung; der Teil (*a*) bezieht sich auf die allgemeinere, der Teil (*b*) auf die speziellere Fassung:

Dritte Rationalitätsbedingung.

(*a*) *Der Übergang von der Funktion Cr_n zur Funktion Cr_{n+1} hängt nur von der Proposition E_{n+1} ab.*

(*b*) *Die Abhängigkeit der Funktion Cr_{n+1} von Cr_n ist bestimmt durch die Identität:* $Cr_{n+1}(H) = Cr_n^*(H|E_{n+1})$. (Wegen **D₃** bedeutet das letztere dasselbe wie: $\frac{Cr_n(E_{n+1} \cap H)}{Cr_n(E_{n+1})}$.)

Es möge genau beachtet werden, welche Art von Rationalität von X hier verlangt wird: Die Person X braucht zwischen den beiden angegebenen Zeiten ihre Glaubensfunktion überhaupt nicht zu ändern. Aber *wenn* sie den Grad ihres Glaubens an bestimmte Propositionen ändert, *dann* darf diese Änderung nur durch die gemachten Erfahrungen bestimmt sein, nicht jedoch z.B. durch inzwischen aufgetretene Befürchtungen und Hoffnungen. Solche Faktoren sind als irrational zu werten und auszuschalten. Natürlich treten sie in jedem lebenden Menschen auf und sind mehr oder weniger für seine Überzeugungen mitbestimmend, sind also faktisch niemals ganz zu eliminieren. Diese Tatsache würde aber keinen Einwand gegen Carnaps Vorgehen bilden. Es geht hier nicht um die Frage, wie sich die Menschen tatsächlich (immer oder meist) verhalten, sondern darum, *wie sie sich vernünftigerweise verhalten sollten*. Und für die Beantwortung dieser normativen Frage bildet die geschilderte Idealisierung einer rationalen Person, die von irrationalen Emotionen frei ist, die einzige sichere Ausgangsbasis.

Die Bedingung (b) ist stärker als (a), d.h. (a) ist eine Folge von (b), aber nicht umgekehrt. (b) läßt sich nur für den Fall $Cr_n(E) \neq 0$ anwenden. Die letztere Bedingung ist jedoch bei beliebigem Beobachtungsresultat E stets erfüllt, sofern nur Cr_n eine streng kohärente Glaubensfunktion darstellt. Falls X zwischen den beiden Zeiten keine neuen Erfahrungen macht, bleibt die Glaubensfunktion unverändert: $Cr_{n+1}(H) = Cr_n(H)$. Gemäß (b) folgt dies daraus, daß unter dieser speziellen Annahme E sich auf die logische Wahrheit reduziert.

Die Idealisierung werde jetzt ein weiteres Stück vorangetrieben. Wir nehmen diesmal an, daß wir es nicht nur mit zwei Zeiten und einem dazwischen liegenden Zeitabschnitt zu tun haben, sondern mit einer ganzen Folge solcher Zeiten; dabei sei jeweils Cr_{n+i+1} die Glaubensfunktion zur Zeit T_{n+i+1}, die aus Cr_{n+1} auf Grund der inzwischen gemachten Erfahrung E_{n+i+1} entsteht ($i = 0, 1, 2, \ldots$). Man kann dann Schritt für Schritt die obige Regel (b) anwenden. Wie man leicht erkennt, genügt es, die Regel *ein einziges Mal* auf die kombinierte Proposition $E_{n+1} \cap E_{n+2} \cap \cdots \cap E_{n+i+1}$ anzuwenden.

Beweis. Wir zeigen die Behauptung für $n + 2$. Es gilt:

(1) $Cr_{n+2}(H) = Cr_{n+1}(E_{n+2} \cap H)/(Cr_{n+1}(E_{n+2})$
(Anwendung der Regel (b) mit „$n + 1$" statt „n")

(2) $Cr_{n+1}(E_{n+2} \cap H) = Cr_n(E_{n+1} \cap E_{n+2} \cap H)/(Cr_n(E_{n+1}))$
(Anwendung von (b) mit „$E_{n+2} \cap H$" für „H")

(3) $Cr_{n+1}(E_{n+2}) = Cr_n(E_{n+1} \cap E_{n+2})/Cr_n(E_{n+1})$
(Anwendung von (b) mit „E_{n+2}" für „H")

In (2) und (3) sind Zähler und Nenner der rechten Seite von (1) mittels Cr_n ausgedrückt. Setzt man diese beiden Ausdrücke in (1) ein, so hebt sich der Faktor $Cr_n(E_{n+1})$ im Zähler und Nenner fort und wir gewinnen die zu beweisende Behauptung:

(4) $Cr_{n+2}(H) = Cr_n(E_{n+1} \cap E_{n+2} \cap H)/Cr_n(E_{n+1} \cap E_{n+2})$

Durch Schluß von n auf $n + 1$ (vollständige Induktion) erhält man die generelle Behauptung:

(5) $Cr_{n+k}(H) = Cr_n\left(\bigcap_{i=1}^{k} E_{n+i} \cap H\right)/Cr_n(\bigcap_{i=1}^{k} E_{n+i})$

Wenn es sich in $\bigcap_{i=1}^{k} E_{n+i}$ um eine sehr große Zahl k handelt, so könnte gegen dieses Vorgehen eingewendet werden, darin werde eine *unrealistische* Annahme gemacht, nämlich die Annahme, ein Mensch verfüge über ein so *perfektes Gedächtnis*, daß er sich an all die zahllosen Einzelheiten erinnern könne, die in den Propositionen E_{n+i} enthalten sind. Da es uns hier jedoch nicht um die deskriptive, sondern um die normative Entscheidungstheorie geht, wäre ein derartiger Einwand abermals unberechtigt. Nur im ersten Fall müßten wir eine höchst anfechtbare empirische Hypothese aufstellen. Jetzt hingegen geht es uns um die Gewinnung weiterer Rationalitätsbedingungen. Dafür beschließen wir einfach, eine weitere Idealisierung vorzunehmen, die darin besteht, daß X nicht nur eine vollkommen rationale Person ist, sondern außerdem über ein *unfehlbares Gedächtnis* verfügt.

Das Arbeiten mit Idealisierungen, die sich allzu weit von der Wirklichkeit entfernen, stößt gewöhnlich auf Mißtrauen, selbst dann, wenn es gar nicht darum geht, empirisch nachprüfbare Hypothesen aufzustellen. Wie CARNAP bemerkt, erhalten alle diese und die folgenden Überlegungen einen weniger unrealistischen Anstrich, wenn wir uns X nicht als eine menschliche Person, sondern als einen *Roboter* vorstellen, der mit gewissen Fähigkeiten ausgestattet ist: Wahrnehmungsorganen, Speicher (der das Gedächtnis vertritt), einem Mechanismus zur Verarbeitung der Wahrnehmungsdaten, ferner geeignete Einrichtungen für das Fällen von Entscheidungen und Handeln.

Bisher sind wir von einem bestimmten Zeitpunkt im Leben von X ausgegangen. Nun soll noch eine letzte, allerdings sehr radikale Idealisierung vorgenommen werden. Wir betrachten Folgen von Glaubensfunktionen Cr_n, Cr_{n+1}, ..., *die mit $n = 0$ beginnen*. Es ist wichtig zu erkennen, von welcher Art diese letzte Idealisierung ist. Cr_1 ist die Glaubensfunktion von X, welche sich auf E_1 als das einzige Beobachtungsdatum stützt. Cr_0 stellt die *Ausgangsglaubensfunktion* dar, bevor überhaupt ein Erfahrungsdatum verfügbar ist. Es ist dies die tabula-rasa-Situation von X. Würde es uns um die Beschreibung der tatsächlichen Gewinnung von Erfahrungsmaterial im Menschen gehen, so wäre auch diese Annahme höchst anfechtbar: Wie kann man einem Menschen eine rationale Glaubensfunktion für einen Zeitpunkt zuschreiben, da er noch ein geistig vollkommen unentwickeltes Baby ist und über keine ausgebildeten Fähigkeiten zu vernünftigem Denken und zu zielbewußtem Handeln verfügt? Für die nichtempirischen Zwecke der gegenwärtigen Untersuchungen ist es zulässig, ein solches ‚idealisiertes Baby' anzunehmen, wieder etwa in der Gestalt des oben erwähnten Roboters.

Angefangen von der Zeit T_0 des ‚Erfahrungsnullpunktes' bis zur Zeit T_n habe X die Folge der Erfahrungsdaten durchschritten: $E_1, ..., E_n$. Das gesamte Beobachtungswissen unserer Person zur Zeit T_n ist also $W_n = \bigcap_{i=1}^{n} E_i$. Nach dem obigen Resultat sind dann sämtliche Glaubensfunktionen Cr_n für ein beliebiges n durch die Ausgangsglaubensfunktion Cr_0 bestimmt, d.h. wir erhalten:

(6) Für eine beliebige Proposition H gilt:
$Cr_n(H) = Cr_0(W_n \cap H)/Cr_0(W_n) = Cr_0^*(H|W_n)$
Hierbei ist Cr_0^* wieder die gemäß **D**$_3$ eingeführte *bedingte* Ausgangsglaubensfunktion.)

Die vorgeschlagene Idealisierung macht in gewissen Fällen eine Als-ob-Rekonstruktion möglich: Wenn wir finden, daß X zu T_n die Glaubensfunktion Cr_n hat, so brauchen wir nicht zu behaupten, daß sich diese Funktion aus der Ausgangsfunktion Cr_0 und den Daten $E_1, ..., E_n$, die X tatsächlich beobachtete, gebildet hat. Es genügt anzunehmen, *daß dies so hätte sein können*, d.h. daß es mögliche Beobachtungsdaten $E_1, ..., E_n$ mit

$W_n = \bigcap_{i=1}^{n} E_i$ gibt und daß ferner eine rationale Ausgangsfunktion Cr_0 hätte vorliegen können, so daß die Anwendung der Regel (6) zu diesem vorgegebenen Cr_n geführt hätte.

Für die bedingte Glaubensfunktion Cr_0^* führt CARNAP wegen ihrer Wichtigkeit eine neue Bezeichnung und einen neuen Namen ein: *Glaubhaftigkeitsfunktion (Credibility-Funktion) Cred*. Bei dem bisherigen Vorgehen bildete diese Funktion keinen Grundbegriff; denn sie ist ja identisch mit Cr_0^*, die ihrerseits (nach $\mathbf{D}_3$) auf Cr_0 zurückgeführt wurde.

Man kann aber auch umgekehrt vorgehen, nämlich *Cred* als Grundbegriff wählen und die übrigen Begriffe definitorisch darauf zurückführen. Wenn nämlich L die logisch notwendige Proposition darstellt, so gilt für beliebiges H: $Cr_0(H) = Cred(H|L)$. Mittels des so eingeführten Cr_0 können dann nach dem obigen Verfahren die restlichen Funktionen definiert bzw. direkt auf die Funktion *Cred* zurückgeführt werden.

In der abstrakten Carnapschen Theorie entspricht dem Unterschied zwischen Cr_0 und *Cred* der Unterschied zwischen den M- und C-Funktionen. Die ersteren sind absolute, die letzteren bedingte Wahrscheinlichkeitsfunktionen. Während in der mathematischen Wahrscheinlichkeitstheorie die Analoga zu den M-Funktionen die eigentlich wichtigen Maßfunktionen darstellen, bilden sie in CARNAPs Theorie des induktiven Räsonierens bloße Hilfsfunktionen für die Einführung der bedingten Wahrscheinlichkeit. Auf die beiden Entsprechungen zwischen Cr_0 und M einerseits, *Cred* und C andererseits kommen wir weiter unten nochmals zurück.

Gestützt auf (6) soll nun ein Grundpostulat für die Credibility-Funktion aufgestellt werden:

(7) *Grundpostulat für die Funktion Cred: Es sei Cred eine Funktion, deren Argumente Paare von Propositionen und deren Werte reelle Zahlen sind. Diese Funktion soll alle bereits aufgestellten und noch zu formulierenden Rationalitätsbedingungen erfüllen. H sei eine beliebige Proposition und E eine von der logisch unmöglichen Proposition verschiedene Proposition. X sei eine Person (ein beobachtendes Wesen), T sei ein Zeitpunkt. Sofern Cred die Glaubhaftigkeitsfunktion von X ist und E das gesamte Beobachtungswissen von X zur Zeit T darstellt, so ist der Glaube (Credence) $Cr_{X,T}(H)$ von X zur Zeit T an H identisch mit $Cred(H|E)$.*

Die Wendung „bereits aufgestellte Rationalitätsbedingungen" bezieht sich auf die beiden ersten derartigen Bedingungen. Dies bedeutet, daß *Cred* eine streng kohärente Funktion für bedingte Wahrscheinlichkeit sein muß. Die dritte Rationalitätsbedingung ist automatisch erfüllt; denn die neue Funktion *Cred* ist ja gerade auf dem Wege der Erfüllung dieser Bedingung eingeführt worden. Dies kommt in der Identitätsbehauptung des letzten Satzes von (7) zur Geltung. Auf die später noch aufzustellenden Bedingungen ist ebenfalls bereits hier Bezug genommen. Denn während verschiedene dieser Bedingungen erst bei Schilderung des Carnapschen Axiomensystems angeführt werden, wird zu ihrer Rechtfertigung stets auf die Deutung der Carnapschen C-Funktion als einer Glaubhaftigkeitsfunktion zurückgegriffen werden.

Vergegenwärtigt man sich den Inhalt dieses Postulates nur oberflächlich, so scheint es nichts weiter zu beinhalten als eine neue Formulierung von (6), unter Benützung der neuen Funktion *Cred*. Tatsächlich ist jedoch im Übergang von (6) zu (7) eine ganz wesentliche Verallgemeinerung enthalten, die man schlagwortartig so ausdrücken könnte: *Wir sind von einer faktischen Wissenssituation* (bzw. von einer Folge derartiger Situationen) *unserer Person übergegangen zur Klasse aller überhaupt denkmöglichen Wissenssituationen*. Die Folge der Funktionen $Cr_0, Cr_1, \ldots, Cr_n, \ldots$, von denen in (6) die Rede ist, spiegelt schrittweise die Bildung und den Wandel der Überzeugungen wider, zu denen die Person X auf der Grundlage ihres sukzessive anwachsenden faktischen Beobachtungswissens $W_1, W_2, \ldots, W_n, \ldots$ *tatsächlich* gelangte. Zum Unterschied von W_i, welches tatsächliches Beobachtungswissen beinhaltet, kann E von (7) *irgendeine beliebige nicht logisch falsche Proposition* sein; es wird nicht verlangt, daß E von X zu irgendeiner Zeit tatsächlich geglaubt wird. Während also die Funktionen Cr_i stets mit den tatsächlichen Erfahrungen der Person belastet sind, gilt dies für die Funktion *Cred* nicht. Alltagssprachlich müßte der Unterschied zwischen den beiden Fällen in der Weise ausgedrückt werden, daß man für die Wiedergabe von (6) den Indikativ wählt, während für (7) ein *subjektiver Konditionalsatz* zu benützen wäre. Wir halten dies in der nächsten Aussage fest; (a) entspricht (6), (b) hingegen (7):

(8) (a) Cr sei die Glaubensfunktion von X zur Zeit T. Wenn W das tatsächliche gesamte Beobachtungswissen von X zur Zeit T darstellt, so ist ihr Glaube $Cr(H)$ an H zur Zeit T gleich $Cr_0^*(H|W)$;

(b) Die Credibility-Funktion von X sei $Cred$[6]. Falls E das gesamte Beobachtungswissen von X zu einer Zeit T darstellte, so wäre der Grad, in dem X zur Zeit T an H glaubt, gleich $Cred(H|E)$.

(a) kann aus (b) dadurch gewonnen werden, daß für E das faktische Wissen W eingesetzt wird.

Die Definition $\mathbf{D}_2$ des subjektiven Wertes einer Handlung H_i für X kann nun nach Einführung der Funktion *Cred* ebenfalls dadurch geändert werden, daß die Glaubensfunktion durch die Glaubhaftigkeitsfunktion ersetzt wird. Wenn wir in dieser Formel das tatsächliche Wissen von X zur Zeit T mit $W_{X,T}$ bezeichnen, so erhalten wir anstelle von $\mathbf{D}_2$ die folgende Bestimmung:

$\mathbf{D}_5$ $S_{X,T}(H_i) = \sum_k [N_{X,T}(R_{ik}) \times Cred_X(U_k|W_{X,T})]$

An dem Übergang von der Glaubensfunktion Cr zur Glaubhaftigkeitsfunktion *Cred* läßt sich jetzt *der entscheidende wissenschaftstheoretische Unterschied zwischen der Auffassung* CARNAPS *und der der Personalisten* charakterisie-

---

[6] Man beachte, daß zum Unterschied von (a) *keine* Bezugnahme auf eine Zeit notwendig ist.

ren. Die Funktion $Cr_{X,T}$ bezieht sich auf einen *momentanen* Zustand in der geistigen Verfassung der Person X; und zwar charakterisiert sie diese augenblickliche Verfassung soweit, als diese die Überzeugung der Person X betrifft. Die zeitunabhängige Funktion $Cred_X$ bezieht sich demgegenüber auf *eine dauerhafte Grundstruktur der Persönlichkeit* X; sie betrifft, so könnte man sagen, einen Zug des *intellektuellen Charakters* von X. Dieser Charakterzug bildet die permanente *Disposition* von X, auf der Grundlage von Beobachtungen Überzeugungen zu bilden.

Diese Unterscheidung gilt sowohl für den jetzt betrachteten Fall der *normativen* Entscheidungstheorie als auch für den früher geschilderten Fall der *deskriptiven* Entscheidungstheorie. Es wurde in 1.a darauf hingewiesen, daß der deskriptive Begriff $Cr_{X,T}$ vom neurophysiologischen Standpunkt aus die Beschreibung eines Mikro*zustandes* des zentralen Nervensystems von X zur Zeit T beinhaltet. Analog würde der deskriptive Begriff $Cred_X$ die Beschreibung einer dauerhaften *Disposition* des zentralen Nervensystems von X beinhalten. Würde es sich nicht bereits bei $Cr_{X,T}$ um einen theoretischen Begriff handeln, so könnte man sagen, der Übergang von der Untersuchung der Glaubensfunktionen von X zur Analyse der Glaubhaftigkeitsfunktion von X bestehe im Übergang von einer *manifesten* Eigenschaft zu einem zugrundeliegenden *dispositionellen* Merkmal. So aber erscheint es als adäquater, das Carnapsche Vorgehen als den Übergang von einer theoretischen Augenblicksdisposition zu der ihr zugrundeliegenden dauerhaften theoretischen Disposition zu charakterisieren.

Zwei Arten von prinzipiellen Überlegungen rechtfertigen diesen Übergang:

(1) In allen theoretischen Wissenschaften vollzieht sich die Entwicklung in der Weise, daß man zunächst manifeste Merkmale oder unmittelbar beobachtbare Eigenschaften präzise beschreibt, im weiteren Verlauf jedoch, bei der Suche nach allgemeinen Gesetzmäßigkeiten, zunächst zu tiefer liegenden momentanen Dispositionen und später zu noch fundamentaleren permanenten Dispositionen vorstößt. So z.B. schreitet die Physik von Begriffen, welche die sichtbaren Bewegungen von Objekten beschreiben, fort zu Begriffen, wie dem der momentanen Anziehungskraft oder der momentanen elektrischen Kraft, und schließlich zu abstrakten theoretischen Begriffen, wie dem des dauerhaften elektrischen Feldes und der Gravitation. In den Wissenschaften vom Menschen verhält es sich nicht anders: Von der Beschreibung des tatsächlichen Verhaltens einer Person, etwa des Wahlverhaltens in Situationen mit verschiedenen möglichen Alternativen, schreitet man z.B. fort zur Zuschreibung momentaner Wünsche und Neigungen, um schließlich das Verhalten der Person mittels permanenter Persönlichkeitsstrukturen zu erklären.

(2) Entscheidender als durch diese Gründe wird der Übergang von $Cr_{X,T}$ zu $Cred_X$ durch die Aufgabenstellung der normativen Entscheidungstheorie motiviert: Nur für die Funktion $Cred$, welche permanenten Charakter hat, nicht aber für die Glaubensfunktion, lassen sich – wie die Erfahrung zeigt – weitere Rationalitätsbedingungen angeben. Dadurch

unterscheiden sich die noch aufzustellenden derartigen Bedingungen von den Bedingungen der Kohärenz sowie der strengen Kohärenz, *die bereits für Glaubensfunktionen formuliert werden konnten.*

Jetzt erst kann auch eine klare Antwort auf die Frage gegeben werden, worin der eigentliche Unterschied in den Auffassungen CARNAPs einerseits, der Personalisten andererseits besteht. Daß die letzteren nicht bereit sind, über den Begriff der Kohärenz (bzw. höchstens der strengen Kohärenz) hinauszugehen, ist bereits an früherer Stelle gesagt worden. Offen blieb die Frage, warum sie dazu nicht bereit sind. Die Antwort lautet: Weil sie dazu von der Glaubensfunktion einer erwachsenen Person zu der permanenten Disposition *Cred* übergehen müßten, jedoch davor zurückschrecken, die damit verbundene Idealisierung und Wirklichkeitsfremdheit in Kauf zu nehmen.

CARNAP verteidigt sein Vorgehen zusätzlich durch eine kurze vergleichende Analyse der Methoden, aufgrund deren wir *die moralische Natur einer Person* (kurz: ihre *Moralität*) und ihre *Rationalität* beurteilen. Eine Person auf Grund einer bloßen Beschreibung ihrer Handlungen moralisch zu beurteilen, ist äußerst oberflächlich. Wir werden vielmehr auf Grund der zur Verfügung stehenden Informationen Rückschlüsse auf ihre Charakteranlagen, ihre moralischen Bewertungen und ihre Motive machen. Es kann dann durchaus der Fall sein, daß in unserer Beurteilung eine Person X_1 schlechter wegkommt als eine Person X_2, obzwar wir die Handlungen von X_2 negativer beurteilen denn die von X_1. Wir können uns dann z. B. sagen, daß es ein reiner Zufall gewesen sei, daß X_1 niemals in so schwierige Konfliktsituationen geraten sei wie X_2 und daß sie, *wenn sie derartigen Situationen ausgesetzt gewesen wäre,* sich wesentlich schlechter verhalten hätte als X_1.

Die Analogie wurde hier etwas weiter vorangetrieben als es bei CARNAP geschieht. Dies diente der Verdeutlichung. Allerdings wäre CARNAP vermutlich bereit gewesen, die *Relevanz* dieser Art von Überlegungen für die Ethik zu betonen. Analog der Zuordnung einer Funktion *Cred* zu einer Person könnte man sich die Moralität einer Person X durch eine *Moralfunktion von X* beschrieben denken. Tatsächlich ließe sich eine solche Funktion als Teilfunktion der in diesem Kontext nicht näher untersuchten Nutzenfunktion bzw. der dieser zugrundeliegenden permanenten dispositionellen Funktion deuten. Das $N_{X,T}$ von $\mathbf{D_2}$ bzw. $\mathbf{D_4}$ wäre dann also das Analogon zu $Cr_{X,T}$ und eine zeitunabhängige Funktion N_X würde der ersteren ähnlich zugrundeliegen wie *Cred* dem *Cr* zugrundeliegt. Die Moralität von X wäre somit als Teilfunktion von N_X zu beschreiben. Daß CARNAP an so etwas gedacht hat, läßt sich zwingend daraus erschließen, daß er bei der Funktion N den Zeitindex wegließ, diese somit von vornherein als das Analogon zu *Cred* und nicht zu *Cr* deutete.

Ähnlich dürfen wir uns bei der Beurteilung der Rationalität einer Person nicht mit dem Studium ihrer tatsächlichen gegenwärtigen Überzeugungen begnügen. Wir müssen vielmehr untersuchen, auf welche Weise sie auf der Grundlage von verfügbaren Daten ihre Überzeugungen bildete. *Wenn zwei Personen X_1 und X_2 dasselbe glauben (vom selben überzeugt sind),* so *braucht der Grad der Vernünftigkeit ihres Glaubens keineswegs derselbe zu sein.* Die den beiden Personen verfügbaren Daten können voneinander vollkommen abweichen. Bei Kenntnis dieser Daten werden wir vielleicht sagen müssen: Der Glaube von X_1 an die Proposition P_1 war auf der Grundlage der ihr zur Verfügung stehenden Daten E_1 ganz unvernünftig, während der Glaube von X_2 an dieselbe Proposition P_1 auf Grund der X_2 zur Verfügung stehenden Daten sehr vernünftig war. Dies zeigt aber deutlich, daß wir uns für die Beurteilung nicht auf den tatsächlichen Glauben stützen: Unter Bezugnahme auf das faktisch Geglaubte allein würden wir uns widerspruchsvoll verhalten, wollten wir über X_1 ein Verdammungsurteil fällen und uns über X_2 positiv äußern, wenn beide tatsächlich *dasselbe* glauben. Was wir verwerfen, ist die Credibility-Funktion $Cred_{X_1}$, die wir als irrational bewerten, wohingegen $Cred_{X_2}$ uns als rational erscheint.

Es kann u. U. außerordentlich schwierig sein, zu einem klaren Urteil über die Vernünftigkeit einer Person X zu gelangen. Denn ihre Funktion $Cred_X$ kann nur auf sehr indirektem Wege erschlossen werden. Der für die Beurteilung günstige Fall, daß eine irrationale Funktion $Cred$ aufgrund der zu T_n verfügbaren Daten zu einer irrationalen Funktion Cr_n führt, braucht ja keineswegs vorzuliegen. Die Verwerfung von $Cred_X$ darf sich nicht allein darauf stützen, daß diese Funktion zu unvernünftigen Glaubensfunktionen Cr_X führt. Es ist für eine solche Verwerfung durchaus hinreichend, erkannt zu haben, daß es *mögliche* Situationen gibt, die X zu unvernünftigen Cr-Werten führen *würden* und in denen sie auf der Basis dieser irrationalen Überzeugungen zu unvernünftigen Entscheidungen gelangen *könnte*.

Für die Beurteilung des Verhältnisses CARNAPs zu den Personalisten ist es wichtig, den Gegensatz in der eben geschilderten Weise zu fixieren. Es wäre dagegen fehlerhaft, den Unterschied dadurch zu kennzeichnen, daß die personalistische Wahrscheinlichkeitstheorie eine *deskriptive* Theorie darstelle, während erst CARNAP eine *normative* Theorie entwerfe. Zu dieser Fehldeutung könnten Äußerungen personalistischer Wahrscheinlichkeitstheoretiker, auch DE FINETTIs, leicht Anlaß geben. Darin wird nämlich häufig betont, daß es nur um den *tatsächlichen* Glauben bzw. um das *tatsächliche* Wettverhalten von Menschen gehe.

Zu diesem Punkt hat ein Brief DE FINETTIs an CARNAP Klarheit geschaffen. Auf eine Anfrage CARNAPs antwortete DE FINETTI, daß es für seine Theorie keine Rolle spiele, ob die Menschen sich tatsächlich mehr oder weniger kohärent verhielten. Diese Mitteilung ist interessant; denn sie stellt klar, daß es auch DE FINETTI nicht um eine empirisch-hypothetische Theorie geht. Ein gewisses Kuriosum liegt darin, daß CARNAP in seiner Anfrage praktisch das Poppersche Falsifizierbarkeitskriterium benützt hat, allerdings nicht als Abgrenzungskriterium zwischen Wissenschaft und Pseudowissenschaft, sondern *als Abgrenzungskriterium zwischen Deskriptivem und Normativem*: Wenn jemand eine Theorie über menschliches Verhalten aufstellt, so ist seine Theorie *als eine deskriptive Theorie* intendiert, wenn er sie bei Beobachtung menschlicher Verhaltensweisen, die damit in Widerspruch stehen, als empirisch widerlegt ansieht; sie ist hingegen von ihm *als normative Theorie intendiert*, wenn für ihn Handlungen von Menschen, die damit in Widerspruch stehen, lediglich ein Symptom dafür bilden, daß diese Menschen sich unvernünftig verhalten.

Daß CARNAP so sehr an dieser Antwort interessiert war, zeigt ganz deutlich, daß er seine Vermutung bestätigt haben wollte, daß die Theorie DE FINETTIs, *ebenso wie seine eigene,* eine *normative* Theorie darstellt.

1.d Übergang zur abstrakten Theorie der induktiven Wahrscheinlichkeit. Die beiden grundlegenden Begriffe der bisherigen Überlegungen waren die Begriffe Cr_0 und *Cred*. Beide nahmen auf ein imaginäres Subjekt Bezug, das sich vollkommen rational verhält und außerdem mit einem unfehlbaren Gedächtnis ausgestattet ist. CARNAP spricht daher von zwei quasi-psychologischen Begriffen. Der Übergang zur entsprechenden rein logischen Theorie ist vollzogen, wenn jede Bezugnahme auf reale oder imaginäre Beobachter und räsonierende Handelnde fallen gelassen wird. Dem Begriff der rationalen Cr_0-Funktion entspricht der logische Begriff der *absoluten* induktiven Maß- oder Wahrscheinlichkeitsfunktion M. Dem Begriff der rationalen *Cred*-Funktion entspricht der logische Begriff der *bedingten* induktiven Maß- oder Wahrscheinlichkeitsfunktion C.

Mit Nachdruck möchte ich betonen, daß ich diesem Übergang von der Entscheidungstheorie zur logischen Theorie eine andere und vor allem *eine viel harmlosere Deutung* gebe als CARNAP. Die Aussage, daß die beiden Funktionsbegriffe M und C im Rahmen der systematischen Theorie *als logische Begriffe* eingeführt werden, bezieht sich auf gar nichts anderes als auf die Art ihrer Definition. *Es werden bei dieser Definition nur logische Begriffe benützt*, wobei der Ausdruck „Logik", wie heute meist üblich, in dem weiten Sinn genommen wird, der die gesamte Mengenlehre einschließt.

Wenn dagegen CARNAP von den beiden *logischen* Begriffen M und C spricht, so verbindet er damit zusätzlich eine ganz bestimmte inhaltliche Deutung, welche in seine Theorie Eingang findet, wonach die bedingte induktive Wahrscheinlichkeit *als Bestätigungsgrad* und dieser Begriff seinerseits wieder *als Grad der partiellen logischen Folgerung* zu deuten ist. Seine Theorie ist in dem viel spezielleren Sinn *als eine logische Theorie intendiert*, daß er sie *als die Theorie eines logischen Begriffs* auffaßt, nämlich des Begriffs der partiellen logischen Implikation. Bereits die erste Gleichsetzung (induktive Wahrscheinlichkeit = Bestätigungsgrad) erwies sich als höchst anfechtbar. Von der zweiten Gleichsetzung (induktive Wahrscheinlichkeit = partielle logische Implikation) konnte gezeigt werden, daß sie auf einer Fehlintuition beruht, die zudem in eine Inkonsistenz einmündet[7]. Diese nach meiner Auffassung unhaltbare inhaltliche Deutung der Carnapschen Theorie will ich im folgenden nicht übernehmen.

Während das Symbol „M" den ersten Buchstaben des unverfänglichen Ausdruckes „Maßfunktion" darstellt, bildet das Symbol „C" den Anfangsbuchstaben von „confirmation". Da wir diese Deutungs- und Leseweise nicht übernehmen,

---

[7] Vgl. dazu den Abschnitt 4 der Einleitung sowie meinen Aufsatz [Induktion], S. 56—62.

läge es nahe, für die bedingte logische Wahrscheinlichkeit auch ein neues Symbol zu wählen. Wir behalten das ursprünglich von CARNAP eingeführte Symbol jedoch bei, damit für diejenigen Leser, welche in CARNAPs Originalschriften Details nachschlagen oder genauer studieren wollen, der Übergang nicht unnötig erschwert wird.

Die logische Theorie der M- und C-Funktionen werde auch *abstrakte Theorie der induktiven Wahrscheinlichkeit* genannt. Während diese Theorie in ihrem systematischen Aufbau – in der Formulierung der Definitionen, Axiome und Theoreme – von der Begriffsapparatur der Entscheidungstheorie keinen Gebrauch macht, bleibt sie doch in einer ganz wesentlichen Hinsicht an diese Theorie rückgekoppelt. Das System soll nämlich axiomatisch aufgebaut werden. Wie bereits hervorgehoben worden ist, lassen sich nur wenige dieser Axiome mit Hilfe der bisherigen Rationalitätsbedingungen rechtfertigen. Für jedes weitere Axiom muß eine Rechtfertigung gegeben werden. Dafür erweist sich die Deutung der M-Funktion als rationale Cr_0-Funktion sowie der C-Funktion als rationale *Credibility*-Funktion als unerläßlich.

Am Beispiel des Symmetrie-Axioms soll das Rechtfertigungsverfahren veranschaulicht werden. Dieses Beispiel wird darüber hinaus einen Grund für die Meinungsdifferenz zwischen CARNAP und den Personalisten aufdecken. Der Bereich der Individuen bestehe aus höchstens abzählbar vielen Objekten. Wir betrachten n verschiedene dieser Individuen, etwa $a_1, a_2, \ldots, a_n$, und ordnen ihnen umkehrbar eindeutig n verschiedene Individuen $a_{j1}, \ldots, a_{jn}$ des Bereiches zu (alle übrigen Objekte werden sich selbst zugeordnet). Eine derartige Zuordnung wird auch *endliche Permutation der Individuen* genannt. Wenn nun H eine Proposition ist, in der auf mindestens ein Individuum a_i Bezug genommen ist, so soll H' diejenige Proposition sein, die aus H dadurch entsteht, daß jede Bezugnahme auf Objekte a_i durch Bezugnahme auf die entsprechenden Objekte a_{ji} im Sinn der oben beschriebenen Zuordnung ersetzt wird. Dann besagt das

Symmetrie-Axiom. *Es soll gelten:* $M(H) = M(H')$
(umgangssprachlich formuliert: *Die Maßfunktion M soll invariant sein in bezug auf eine beliebige endliche Permutation der Individuen.*)

Anmerkung. Wegen der wechselseitigen Definierbarkeit von M- und C-Funktionen läßt sich dieses Symmetrieprinzip auch für C-Funktionen definieren. Davon wird im folgenden Aufbau Gebrauch gemacht werden.

Wir nehmen jetzt eine Fallunterscheidung vor:

1. Fall (personalistische Deutung): Angenommen, wir wären ebenso wie die personalistischen Wahrscheinlichkeitstheoretiker (z.B. RAMSEY, DE FINETTI und SAVAGE) davor zurückgeschreckt, jene stärkere Idealisierung vorzunehmen, die hinter die Glaubensfunktionen Cr_n bis zur Glaubhaftigkeitsfunktion $Cred$ zurückführt. Es stünden uns daher nur Glaubensfunktionen erwachsener rationaler Personen zur Verfügung, die bereits eine größere oder kleinere Menge von Erfahrungen gesammelt hätten. Die Maßfunktion M müßte im Rahmen des inhaltlichen Rechtfertigungsverfahrens mit einer derartigen Glaubensfunktion Cr_n identifiziert werden. *Der Rechtfertigungsversuch bricht jedoch sofort zusammen*: Die Beurteilung von Propositionen auf Grund von Cr_n stützt sich ja auf die *gesamten* Erfahrungen, welche unsere Person X bis zur Zeit T_n gemacht hat. Und auf Grund dieser Erfahrungen kann gelten: $Cr_n(H) \neq Cr_n(H')$, weil X um die Unterschiede der in H und H' erwähnten verschiedenen Individuen weiß. Es kann sogar der Grenzfall eintreten, daß für X z.B. gilt: $Cr_n(H) = 1$ und $Cr_n(H') = 0$.

2. *Fall (*CARNAPS *Deutung)*: Wir können jetzt mit dem Begriff Cr_0 operieren, welcher die Glaubensfunktion zu einer Zeit repräsentiert, da noch keinerlei Erfahrungen gemacht worden sind. Die M-Funktion bildet die logische Entsprechung zu Cr_0. Tatsächlich erscheint es als vernünftig zu verlangen, daß gilt: $Cr(H) = Cr_0(H')$. Dazu ist folgendes zu bedenken: H und H' haben dieselbe logische Form, sprechen aber teilweise über andere Individuen. Wenn in H etwas über das Individuum a_i und in H' dasselbe über das davon verschiedene Individuum a_{ji} behauptet wird, so kann es zwar der Fall sein, daß diese Individuen ganz verschieden sind und daß *bei Kenntnis dieser Verschiedenheit* der Glaubensgrad von H anders bewertet werden müßte als der von H'. Die Ausgangsglaubensfunktion Cr_0 bezieht sich aber auf den Zeitpunkt T_0, und zu diesem Zeitpunkt ist X dieser Unterschied nicht bekannt; denn diese Person hatte ja noch keine Gelegenheit, irgendwelche Erfahrungen zu sammeln. Da H und H' außerdem dieselbe logische Form besitzen, wäre es unvernünftig, wenn X sich zu T_0 entschlösse, diese beiden Propositionen verschieden zu beurteilen. Zu einem späteren Zeitpunkt T_n verfügt X über die seit T_0 angesammelten Beobachtungsdaten $E_1, \ldots, E_n$. Da $Cr_n(H)$ dasselbe ist wie $Cr_0^*\left(H \mid \bigcap_{i=1}^{n} E_i\right)$

(d.h. dasselbe wie $\dfrac{Cr_0\left(H \cap \left(\bigcap_{i=1}^{n} E_i\right)\right)}{Cr_0\left(\bigcap_{i=1}^{n} E_i\right)}$), können die Cr_n-Werte für H und

H' natürlich stark voneinander abweichen, da in der jetzt verfügbaren Gesamterfahrung $\bigcap E_i$ ein Wissen um die Verschiedenheit der Individuen enthalten sein kann, die einerseits in H, andererseits in H' erwähnt sind.

Diese Überlegungen führen zur Aufstellung der

vierten Rationalitätsbedingung. *Es seien a_i und a_j zwei verschiedene Individuen. H und H' seien zwei Propositionen, welche genau dieselbe Struktur besitzen und sich nur dadurch unterscheiden, daß sich H in genau derselben Weise auf a_i bezieht wie sich H' auf a_j bezieht. Dann ist eine Cr_0-Funktion nur dann rational, wenn für sie gilt*: $Cr_0(H) = Cr_0(H')$.

(Die Rationalitätsbedingung wurde in der schwächsten Fassung, d.h. bezogen auf die Permutation zweier Individuen, formuliert. Die stärkeren Fassungen sind daraus ableitbar.)

In dieser Rationalitätsbedingung liegt die nachträgliche Rechtfertigung des Symmetrie-Axioms. Die Fallunterscheidung dürfte deutlich gemacht haben, warum den Personalisten die Annahme der vierten Carnapschen Rationalitätsbedingung unmöglich ist. Ganz Analoges wird für spätere Bedingungen gelten. Auch diese werden sich nur formulieren lassen, sofern man bereit ist, die Idealisierung zu akzeptieren, die den Übergang von der Glaubensfunktion zur Glaubhaftigkeitsfunktion ermöglicht[8].

1.e Invarianzaxiome und klassisches Indifferenzprinzip. Das angeführte Symmetrie-Axiom ist geeignet, einen ersten Schritt zur Klärung einer alten Streitfrage der Wahrscheinlichkeitstheorie zu liefern. Es handelt sich um das sog. *Indifferenzprinzip*, auch *Prinzip vom fehlenden zureichenden Grunde* genannt. Dieses von LAPLACE sowie von anderen Vertretern der klassischen Wahrscheinlichkeitstheorie häufig benützte Prinzip läßt sich knapp folgendermaßen formulieren: *Wenn wir keinen Grund haben, von n Möglichkeiten einer bestimmten Möglichkeit gegenüber den anderen Möglichkeiten den Vorzug zu geben, so sind diese Möglichkeiten als gleichwahrscheinlich anzusehen.* Nach CZUBER läßt sich das Prinzip auch durch die These ausdrücken, *daß ein absolutes Nichtwissen über die Bedingungen zu dem Schluß führt, alle möglichen Fälle seien gleichwahrscheinlich* (z.B. eine völlige Unkenntnis der Bedingungen, unter denen ein Würfel fällt, führe zu dem berechtigten Schluß, daß jeder der sechs Würfelseiten dieselbe Wahrscheinlichkeit 1/6 zukomme).

Man kann den historischen Ursprung dieses Prinzips leicht angeben. Nach der klassischen Lehre der Wahrscheinlichkeit, wie sie z.B. ganz entschieden von LAPLACE vorgetragen worden ist, muß man für die Definition der Wahrscheinlichkeit auf gleichmögliche Fälle zurückgehen; denn die Wahrscheinlichkeit ist für diese Theorie per definitionem der Bruch, bestehend aus der Anzahl der ‚günstigen' Fälle im Zähler und der Anzahl der ‚gleichmöglichen' Fälle im Nenner. Danach erhält man z.B. für die Wahrscheinlichkeit, mit einem vollkommen symmetrischen Würfel entweder eine 3 oder eine 5 zu werfen, den Wert 1/3: es gibt 6 ‚gleichmögliche' Fälle, nämlich die 6 Würfelseiten, und 2 ‚günstige' Fälle, die in den beiden möglichen, einander ausschließenden Resultaten *Augenzahl 3* und *Augenzahl 5* bestehen; die gesuchte Wahrscheinlichkeit ist daher $2/6 = 1/3$.

Nun ist leicht zu erkennen, daß diese klassische Definition, wenn sie nicht in geeigneter Weise ergänzt wird, *zirkulär* ist. Wahrscheinlichkeit wird durch Wahrscheinlichkeit definiert; denn die Rede von den gleichmöglichen Fällen besagt ja nichts anderes als daß diesen Fällen *dieselbe*

---

[8] Der Leser stoße sich nicht an der äußerlichen Tatsache, daß die vierte Bedingung nicht für $Cred$, sondern für Cr_0 formuliert wurde. Wie bereits früher gezeigt worden ist, sind Cr_0 und $Cred$ wechselseitig durcheinander definierbar.

Wahrscheinlichkeit zukommt: Gleichmöglichkeit *bedeutet* Gleichwahrscheinlichkeit. *Mit der klassischen Definition ist also bestenfalls die Aufgabe, den allgemeinen Wahrscheinlichkeitsbegriff einzuführen, auf die spezielle Aufgabe reduziert worden, den Begriff der Gleichwahrscheinlichkeit zu definieren.* Um diese noch ausstehende Aufgabe zu lösen, wird das Prinzip vom fehlenden zureichenden Grunde eingeführt: Wenn wir keinen Grund haben, eine von mehreren Möglichkeiten vorzuziehen, so *sind* diese Möglichkeiten gleichwahrscheinlich. Will man also die klassische Wahrscheinlichkeitstheorie als eine nichtzirkuläre Theorie aufbauen, so muß man sie in der eben skizzierten Weise rekonstruieren: Im ersten Definitionsschritt wird „Wahrscheinlichkeit" auf „Gleichwahrscheinlichkeit" zurückgeführt. Im zweiten Definitionsschritt wird der Begriff der Gleichwahrscheinlichkeit mittels des Indifferenzprinzips erklärt. Bei dieser Interpretation der klassischen Theorie ist das Indifferenzprinzip *ein Definitionsbestandteil* des Wahrscheinlichkeitsbegriffs.

Gegen diese klassische Deutung der Wahrscheinlichkeit sind zahlreiche Einwendungen vorgebracht worden, von denen die drei wichtigsten angeführt seien. Der *erste Einwand* besagt, daß wir in vielen Fällen Wahrscheinlichkeitsbehauptungen aufstellen können, *ohne imstande zu sein, das darin benützte Wahrscheinlichkeitsmaß durch Zurückführung auf gleichmögliche Fälle zu analysieren*. Betrachten wir etwa die statistische Hypothese, wonach die Wahrscheinlichkeit von Knabengeburten gegenüber der von Mädchengeburten leicht erhöht ist (etwa 50,9 gegen 49,1; diese Hypothese würde mit der Hypothese gleichwertig sein, daß ich eine Münze werfe, bei welcher die Wahrscheinlichkeit für *Kopf* 50,9, die Wahrscheinlichkeit für *Schrift* hingegen 49,1 beträgt). Ein Verteidiger der klassischen Theorie müßte hier eine an den Haaren herbeigezogene biologische Hypothese aufstellen, wonach eine genaue Analyse der genetischen Mikroprozesse, durch welche das Geschlecht des geborenen Kindes bestimmt wird, zu gleichmöglichen Alternativen führt. Für die Stützung einer derartigen Hypothese finden sich nicht die geringsten Anzeichen. Noch schlagender wird der erste Einwand, wenn man vom diskreten zum kontinuierlichen Fall übergeht; denn hier gibt es in allen interessanten Fällen kein Verfahren, um auf gleichmögliche Fälle zurückzugehen.

Dies ist auch der tiefere Grund dafür, warum man im stetigen Fall die Wahrscheinlichkeitsdichte *nicht als Wahrscheinlichkeit* deuten darf: Die Dichtefunktion kann für jeden Punkt des Wahrscheinlichkeitsraumes einen positiven Wert haben, während die Wahrscheinlichkeit des diesem Punkt entsprechenden Elementarereignisses stets den Wert 0 hat. Erst die Integrationen über die Dichtefunktion liefern diesmal Wahrscheinlichkeiten. Daher ist für die Wahrscheinlichkeitstheoretiker die *kumulative* Verteilungsfunktion $F(x)$, die sich auch im stetigen Fall als Wahrscheinlichkeit deuten läßt, wichtiger als die *Wahrscheinlichkeitsverteilung* bzw. *Wahrscheinlichkeitsdichte* $f(x)$, die nur im diskreten Fall eine Wahrscheinlichkeit darstellt. Würde man nur den diskreten Fall vor Augen haben, so wäre es viel natürlicher, die Wahrscheinlichkeitsverteilung $f(x)$ als die grundlegende und die kumulative Funktion $F(x)$ als eine abgeleitete Funktion zu deuten. Beim Übergang zum stetigen Fall wäre man dann gezwungen, radikal umzudenken.

Im *zweiten Einwand* wird der klassischen Wahrscheinlichkeitstheorie vorgeworfen, *vom Begriff des Wissens einen magischen Gebrauch zu machen*[9]: totale Unkenntnis wird in positives Wissen umgedeutet. Wenn ich keine Gründe habe, dann weiß ich eben nichts und darf daher über die vorliegenden Wahrscheinlichkeiten auch nichts aussagen. Nicht aber darf ich dieses mein Nichtwissen (= meine fehlenden Gründe, einer Alternative den Vorzug vor einer anderen zu geben) gewaltsam so uminterpretieren, als wüßte ich um die gleiche Wahrscheinlichkeit.

Das stärkste Geschütz wird mit dem *dritten Einwand* aufgefahren: *Das Indifferenzprinzip führt zu logischen Widersprüchen*. Angenommen etwa, ein Auto fährt auf der Autobahn von einem Punkt A zu dem 120 km weiter entfernten Punkt B. Die uns verfügbare Information besagt, daß das Auto mindestens eine Stunde und höchstens zwei Stunden für die Fahrt benötigt; mehr wissen wir nicht. Nach dem Indifferenzprinzip müßten wir schließen, daß die Wahrscheinlichkeit, das Auto habe 1 bis 1 1/2 Stunden benötigt, gleich groß sei wie die Wahrscheinlichkeit, daß das Auto 1 1/2 bis 2 Stunden benötigt habe. Jetzt übersetzen wir die verfügbaren Daten in die Sprache der Durchschnittsgeschwindigkeiten. Danach muß das Auto eine Durchschnittsgeschwindigkeit von mindestens 60 km pro Stunde und von höchstens 120 km pro Stunde gehabt haben. Also ist nach dem Indifferenzprinzip die Wahrscheinlichkeit, daß die durchschnittliche Geschwindigkeit zwischen 60 und 90 km betrug, dieselbe wie die Wahrscheinlichkeit, daß die durchschnittliche Geschwindigkeit zwischen 90 und 120 km betrug. *Dieses Resultat widerspricht jedoch dem ersten*. Falls nämlich das Auto 1 1/2 Stunden gebraucht hat, so betrug seine Durchschnittsgeschwindigkeit 80 km. Wenn man das Ergebnis der ersten Überlegung in die Sprache der Durchschnittsgeschwindigkeiten übersetzt, so erhält man daher im Widerspruch zur zweiten Überlegung das Resultat, daß die Wahrscheinlichkeit, die durchschnittliche Geschwindigkeit habe zwischen 60 und 80 km betragen, gleich groß ist wie die Wahrscheinlichkeit, die durchschnittliche Geschwindigkeit habe zwischen 80 und 120 km betragen.

Die mathematische Wurzel für diesen Widerspruch liegt in folgendem Sachverhalt: Geschwindigkeit und Zeit verhalten sich reziprok zueinander; die beiden Größen sind also nicht durch eine lineare Funktion ineinander überführbar. Für eine nichtlineare Funktion $f(x)$ entspricht jedoch im allgemeinen das arithmetische Mittel zwischen zwei Werten x_1 und x_2, also $(x_1 + x_2)/2$, *nicht* dem arithmetischen Mittel $(f(x_1) + f(x_2))/2$ zwischen den entsprechenden Funktionswerten $f(x_1)$ und $f(x_2)$.

Ähnliche Widersprüche lassen sich in beliebiger Zahl erzeugen. Wenn wir z. B. wissen, daß drei mögliche Alternativen A_1, A_2 und A_3 in Frage kommen, so müßten wir jeder von ihnen eine Wahrscheinlichkeit von 1/3

---

[9] Vgl. dazu auch W. SALMON, [Scientific Inference], S. 66.

zuschreiben. Falls wir zwischen A_1 und A_2 nicht differenzieren können oder wollen, hätten wir es mit zwei Alternativen ($A_1 \lor A_2$) und A_3 zu tun, deren jeder die Wahrscheinlichkeit 1/2 zukäme[10].

Trotz aller Kritik ist immer wieder die Vermutung geäußert worden, ‚daß an dem Prinzip doch etwas dran sei'. CARNAP vertrat die Auffassung, daß das Prinzip zwar in viel zu starker Form formuliert worden ist, aber nicht vollkommen unvernünftig sei. CARNAPs Auffassung läßt sich in erster Approximation in der folgenden Aussage festhalten:

(9) *Solange keine Erfahrungen zur Verfügung stehen, sollen im Rahmen der normativen Entscheidungstheorie strukturgleiche Propositionen, d.h. Propositionen von derselben logischen Form, gleich behandelt werden.*

(9) enthält den rationalen Bestandteil des Indifferenzprinzips. Die vierte Rationalitätsbedingung kann *als eine Spezialisierung von (9)* aufgefaßt werden, nämlich als jener Spezialfall, in welchem die Strukturgleichheit durch eine Permutation von Individuen erzeugt wird. Später werden andere Verfahren zur Erzeugung derartiger Strukturgleichheiten und damit andere Spezialisierungen von (9) angegeben, z.B. solche, in denen nicht auf die in den Propositionen erwähnten Individuen, sondern auf die darin erwähnten *Attribute* Bezug genommen wird. Dies wird dann zu weiteren Rationalitätsbedingungen führen, die ihrerseits zur Rechtfertigung zusätzlicher Axiome dienen können. Die gesamten Axiome, die sich auf diese Weise rechtfertigen lassen und zu denen insbesondere das bereits angeführte Symmetrie-Axiom gehört, werden von CARNAP *Invarianzaxiome* genannt.

Es empfiehlt, hier noch für einen Augenblick zu verweilen. Die meisten Wahrscheinlichkeitstheoretiker, darunter auch die Personalisten, lehnen das klassische Indifferenzprinzip schlechthin ab. CARNAP hingegen ist der Meinung, daß man damit eine Ungerechtigkeit gegenüber den klassischen Wahrscheinlichkeitstheoretikern begeht. Das Prinzip enthält nach ihm einen vernünftigen Kern, der in den Invarianzaxiomen festgehalten wird. Warum weigern sich die übrigen Wahrscheinlichkeitstheoretiker, dies anzuerkennen? Die Antwort muß dieselbe sein wie die, welche an früherer Stelle gegeben worden ist, als es darum ging, den Grund für die Meinungsdifferenz zwischen CARNAP und den Personalisten aufzuzeigen: Die Wendung „solange keine Erfahrungen zur Verfügung stehen" in (9) ist ganz wesentlich. Wenn man *Glaubensfunktionen erwachsener Personen* zugrundelegt, in die bereits zahllose Erfahrungen Eingang gefunden haben, läßt sich weder (9) noch eine daraus zu gewinnende Spezialisierung rechtfertigen. Weiß man um die Verschiedenheiten von Individuen und Attributen, so wäre es gänzlich unvernünftig, sie in bezug auf Wahrscheinlichkeitsbeurteilungen für beliebig austauschbar zu halten.

---

[10] Für eine Kritik am klassischen Prinzip vgl. auch J. M. KEYNES, [Treatise], S. 42ff. und S. 83ff.

Die Situation ändert sich vollkommen, wenn man von derartigen Funktionen zu Cr_0 bzw. zu *Cred* übergeht. Hier befindet sich das räsonierende Subjekt in einer tabula-rasa-Position, von der aus verschiedene Individuen nichts weiter sind als verschiedene Nummern. Erst der Übergang von der peripheren, sich stets wandelnden temporären Glaubensfunktion zu der permanenten theoretischen Disposition, die eine Schicht tiefer liegt und die eine rationale Person als solche charakterisiert, ermöglicht es, den richtigen Teilgehalt des klassischen Indifferenzprinzips herauszuarbeiten und sich dabei gleichzeitig von der fehlerhaften Übertreibung zu befreien, deren sich LAPLACE und andere Klassiker schuldig machten und die mit Recht von der modernen Wahrscheinlichkeitstheorie als absurd verworfen wird.

1.f Warum überhaupt eine logische Theorie der M- und C-Funktionen? Was wir die abstrakte Theorie der induktiven Wahrscheinlichkeit nannten, könnte etwas genauer als die *logische Variante der normativen Theorie des induktiven Räsonierens* bezeichnet werden. Der Ausdruck „logisch" wird dabei in dem oben präzisierten Sinn verstanden. Wir könnten auch CARNAPs Ausdruck „induktive Logik" beibehalten, wenn sich dieser Ausdruck bei CARNAP nicht auf den *Gegenstand* der Betrachtung bezöge, nämlich die partielle logische Implikation. Da jedoch ein Begriff der partiellen logischen Folgerung nicht den Gegenstand einer Theorie des induktiven Räsonierens bilden kann, wäre es äußerst mißverständlich, die Carnapsche Bezeichnung beizubehalten, ihr aber einen ganz neuen Sinn zu geben. Wir verzichten daher darauf und nehmen lieber die längere obige Bezeichnung in Kauf, die weniger mißverständlich ist.

Ist es aber überhaupt notwendig, eine solche logische Variante aufzubauen? Könnte man sich nicht weiterhin darauf beschränken, von Credence- und Credibility-Funktionen zu sprechen? Der Grund ist rein technischer Natur. Verschiedene Begriffe, die wir immer wieder benützen, sind im Rahmen der bisherigen Betrachtungen rein intuitiv und ohne genaue Präzisierung verwendet worden. In der abstrakten Theorie müssen diese Begriffe mit möglichster Präzision eingeführt werden. Beispiele solcher Begriffe sind: Modell, Proposition, Wahrscheinlichkeitsraum (Möglichkeitsraum), Körper (σ-Körper) von Propositionen. Die Einführung des absoluten Wahrscheinlichkeitsmaßes M und des bedingten Wahrscheinlichkeitsmaßes C für die Elemente des Körpers bzw. des σ-Körpers bildet dabei das Schlußstück. Es wäre eine unnötige psychologische Belastung und würde auch dem Vorgehen in Logik und Mathematik widersprechen, wollte man diese Begriffe nicht ebenfalls als abstrakte Begriffe in die Axiome einführen, sondern sie bereits bei ihrer Einführung mit den Assoziationen aus der Entscheidungstheorie belasten. Es erscheint als sinnvoller, im Rahmen der abstrakten Theorie vom Begriff rational handelnder Personen vollkommen zu abstrahieren und nur an den Stellen, wo es um die *Rechtfertigung* von Axiomen geht, auf den Kontext der Entscheidungstheorie zurückzugreifen.

Dann muß tatsächlich jedesmal die Funktion M als Ausgangsglaubensfunktion Cr_0 und die Funktion C als Funktion $Cred$ einer vollkommen rationalen Person mit unfehlbarem Gedächtnis gedeutet werden. Mit der oben vorgenommenen Rechtfertigung des Symmetrie-Axioms haben wir einen derartigen Rückgriff vorweggenommen und die Rechtfertigungsmethode an einem konkreten Fall sozusagen vorexerziert.

2. Das logische Grundgerüst: Individuen; Attribute; Modelle; atomare Propositionen

Im folgenden soll die im [Basic System] entwickelte Theorie CARNAPs geschildert und kommentiert werden. Unser Vorgehen wird vor allem in zwei Hinsichten von demjenigen CARNAPs abweichen: Erstens beginnen wir nicht wie CARNAP mit der Schilderung von Sprachen, sondern mit der Skizze des nichtlinguistischen modelltheoretischen Apparatur seines Systems. Dadurch dürfte der Unterschied gegenüber dem früheren Vorgehen viel deutlicher zutage treten: *Den Objektbereich bildet nicht mehr ein Sprachsystem, sondern ein rein begriffliches System nichtsprachlicher Entitäten.* Die Einführung von Sprachen, die für die Wiedergabe solcher begrifflicher Systeme als adäquat angesehen werden können, erfolgt an späterer Stelle. Zweitens *soll das Material in anderer Weise geordnet werden*: CARNAP führt nach einer kurzen Charakterisierung der maßtheoretischen Grundbegriffe sofort die wahrscheinlichkeitstheoretischen Grundaxiome ein, während er die Begriffe *Modell* und *Proposition* erst an viel späterer Stelle präzisiert. Da die C- und M-Funktionen jedoch als Argumente Propositionen haben, die ihrerseits mittels des Modellbegriffs definiert sind, bleibt bei diesem Vorgehen das, worauf sich diese Funktionen beziehen, für den Leser zunächst im Dunkeln. Es erscheint als zweckmäßiger, die maßtheoretischen Begriffe und Axiome erst einzuführen, nachdem sämtliche logischen Grundbegriffe eingeführt wurden. Dies empfiehlt sich auch deshalb, weil zum Unterschied von dem in der Logik üblichen Vorgehen im Rahmen des neuen Carnapschen Systems an die Stelle von logischen Operationen *mengentheoretische* Operationen treten, und die Entsprechung zwischen diesen beiden Gesamtheiten von Operationen nicht als geläufig vorausgesetzt werden darf. Inhaltliche Erläuterungen sowie das Rechtfertigungsverfahren werden sukzessive an die formalen Präzisierungen und Axiome angefügt.

Das früher geschilderte linguistische Vorgehen hatte drei technische Nachteile. Erstens bezogen sich alle Untersuchungen auf *Objektsprachen von relativ primitiver Struktur und schwachem Ausdrucksgehalt*. Zweitens wurde diesen Sprachen noch zusätzlich eine stark einschränkende Bedingung auferlegt, nämlich *die Forderung der logischen Unabhängigkeit aller nichtlogischen Konstanten.* Drittens mußte noch eine Voraussetzung über das Verhältnis der linguistischen zu den nichtlinguistischen Entitäten gemacht werden. Diese zerfiel in zwei Teilvoraussetzungen, nämlich (a) die Forderung, *daß jedes Individuum genau einen Namen besitzt*, und (b) die Forderung, *daß jedes Attribut durch ein Prädikat designiert wird* (Forderung der deskriptiven Vollständigkeit des Systems der Grundprädikate). Vor allem diese letzte Forderung (b) war äußerst gravierend. Sie bestand in der Übernahme des *Prinzips der begrenzten Mannigfaltigkeit der Welt* von KEYNES, also der fragwürdigen ontologischen

Hypothese, wonach sich zwei Objekte stets nur in endlich vielen Hinsichten unterscheiden.

Einige dieser Nachteile könnten dadurch überwunden werden, daß man das System auf Sprachen von reicherem Ausdrucksgehalt erweitert, in denen außerdem nichttriviale intensionale Relationen zwischen den Grundkonstanten zugelassen sind (Einführung von Bedeutungspostulaten). Das linguistische Vorgehen wäre hier im Prinzip beibehalten worden. CARNAP hat sich dagegen zu einem gänzlich anderen Vorgehen entschlossen, nämlich die absoluten und bedingten Wahrscheinlichkeitsfunktionen nicht mehr für Sätze als Argumente zu definieren, sondern für außerlinguistische Entitäten, nämlich für *Propositionen*.

Dieses neue Vorgehen hat drei große Vorteile. Erstens kann dadurch, wie wir sehen werden, viel mehr Entitäten eine Wahrscheinlichkeit zugeordnet werden als beim linguistischen Vorgehen; denn die Zahl der Propositionen ist ungeheuer viel größer als die Zahl der Sätze, die in einer der üblichen Sprachen ausdrückbar sind. Zweitens gelang es CARNAP durch einen genialen Trick — nämlich durch die Wahl der in geeigneter Weise konstruierten Modelle als Punkte des Wahrscheinlichkeitsraumes —, die gesamte Apparatur der modernen Maß- und Wahrscheinlichkeitstheorie, einschließlich der Begriffe des σ-Körpers und des σ-additiven Maßes, auf seine Theorie des induktiven Räsonierens anwenden zu können. Drittens gewinnt man bei diesem Vorgehen einen viel freieren Ausblick auf die mögliche Verallgemeinerung für reichere Systeme als beim linguistischen Vorgehen.

Der *Individuenbereich Ind*, in der Statistik auch häufig *die Population* genannt, bestehe aus genau abzählbar vielen Objekten $a_1, a_2, \ldots, a_n, \ldots$. Die Individuen können also numeriert werden. Die Nummer i des Individuums a_i heiße der Index dieses Individuums. Die Menge der Individuennummern bildet eine *Zahlmenge*, die als Indexmenge von *Ind* bezeichnet und durch „$Ix(Ind)$" abgekürzt werden möge. (Auch im folgenden wird die Indexmenge einer Menge N von indizierbaren Objekten mit „$Ix(N)$" bezeichnet werden.) Die Abzählbarkeitsvoraussetzung wird nur für die speziellen Untersuchungen gemacht, die CARNAP anstellt. Schon in diesem ersten Schritt ist eine prinzipielle Verallgemeinerungsfähigkeit enthalten, welche in der Annahme überabzählbar vieler Objekte bestünde. Die Individuen müßten dann allgemein durch „a_x" mit dem kontinuierlichen Index „x" bezeichnet werden.

Die Individuen sind dadurch bestimmt, daß ihnen qualitative oder quantitative *Modalitäten* zukommen. Der Ausdruck „Modalität" hat nichts mit der Verwendung dieses Wortes in der Logik der Modalitäten zu tun. Er wird am besten durch Beispiele erläutert. Physische Dinge können etwa nach der Modalität der *Farben* (rot, grün usw.), der *räumlichen Gestalten* (kugelförmig, würfelförmig etc.), der *Substanzen* (Kupfer, Aluminium usw.)

beurteilt werden. *Quantitative Modalitäten* von Personen oder anderen organischen Wesen wären etwa: Alter, Körperlänge, Körpergewicht. Der Ausdruck „Modalität" ist also offenbar ein Prädikatenprädikat.

Greifen wir eine bestimmte Modalität heraus, etwa die Modalität der bunten Farben. Man kann diese Modalität mit dem identifizieren, was auch Farbraum[11] genannt wird. Im allgemeinen Fall hätten wir es mit einem Attributraum zu tun. Der Farbraum (Attributraum) kann erschöpfend in einander ausschließende Teilräume zerlegt werden. Diese Teilräume sollen als *Regionen* oder als *Attribute* bezeichnet werden. In unserem konkreten Beispiel handelt es sich bei diesen Regionen um Farben. Von den Attributen, die durch eine solche Zerlegung einer Modalität entstanden sind, sagen wir, daß sie *eine Familie von Attributen* bilden. Es möge beachtet werden, daß durch eine Modalität die Familie noch nicht festgelegt ist. Vielmehr kann man in der Regel einer Modalität auf unendlich viele verschiedene Weisen Attributfamilien zuordnen. Der Raum der bunten Farben kann etwa durch die folgende diskrete Familie, welche aus sechs Farbregionen besteht, charakterisiert werden: Rot, Orange, Gelb, Grün, Blau, Violett. Derselbe Farbraum könnte aber auch in unendlich viele Attribute zerlegt werden, etwa in kontinuierlich viele Farbpunkte (in diesem letzten Fall sollen Punkte des Raumes um so näher beieinander liegen, je ähnlicher die den Punkten korrespondierenden Farben sind).

Im folgenden werde vorausgesetzt, daß wir es zunächst mit einer festen endlichen Anzahl n von Modalitäten zu tun haben, die wir in einer Folge anordnen können. Jede dieser Modalitäten werde in eine Familie von Attributen zerlegt, die i-te Modalität in die Familie F^i. Diese Zerlegungen sind so zu verstehen, daß jedem Objekt des Individuenbereiches genau ein Attribut jeder Familie zukommt. Die Klasse $\mathfrak{F}$ aller Familien kann dargestellt werden durch: $\mathfrak{F} = \{F^1, F^2, \ldots, F^n\}$. Jede Familie hat einen Index und für die Indexmenge von $\mathfrak{F}$ gilt nach unserer Voraussetzung $Ix(\mathfrak{F}) = n$.

Weiter nehmen wir vorläufig an[12], daß jede Familie F^i aus höchstens abzählbar vielen Attributen $P^i_1, P^i_2, \ldots$ besteht. Da also auch diese Attribute durchnumeriert werden können, läßt sich eine dritte Art von Indexmenge konstruieren, nämlich für jedes i aus $Ix(\mathfrak{F})$ die Indexmenge $Ix(F^i)$ der i-ten Familie. Insgesamt haben wir also die folgenden Indexmengen (die sich der Leser für das spätere einprägen möge):

(1) $Ix(Ind)$, welche die Nummern der Individuen des Bereiches enthält;

(2) $Ix(\mathfrak{F})$, welche die Familien durchnumeriert;

---

[11] Der Ausdruck „Farbe" bezieht sich hier auf *bunte* Farben.
[12] Wo davon gesprochen wird, daß wir etwas *vorläufig* oder *zunächst* annehmen, so soll dies heißen, daß diese Annahmen zwar in die meisten folgenden systematischen Überlegungen Eingang finden, daß aber an geeigneten Stellen auf die möglichen Liberalisierungen dieser Annahmen hingewiesen werden wird.

(3) $Ix(F^m)$ für jedes $m \in Ix(\mathfrak{F})$, welche die Attribute der m-ten Familie durchnumeriert.

Die Indexmenge (1) ist also höchstens abzählbar, die Menge (2) als endlich vorausgesetzt. Bei (3) handelt es sich um endlich viele höchstens abzählbare Indexmengen; die Anzahl dieser Mengen ist durch die Indexmenge (2) bestimmt. Im folgenden werden wir wiederholt Elementschaftsaussagen bezüglich dieser Mengen formulieren: „$i \in Ix(Ind)$" besagt danach, daß i ein Individuenindex ist, „$m \in Ix(\mathfrak{F})$", daß m ein Familienindex ist, und „$j \in Ix(F^m)$", daß j der Index eines Attributs aus der m-ten Familie ist.

Wir bezeichnen das hier skizzierte Begriffsgerüst mit $\mathfrak{B}$. Angenommen, dieses System von Entitäten werde durch eine *formale Sprache* beschrieben. Wären alle genannten Indexmengen endlich, also auch die Menge (1) sowie die in (3) angeführten Mengen, so hätten wir es mit einer *endlichen Sprache* zu tun. Sie enthielte endlich viele Individuenkonstanten sowie endlich viele Prädikatfamilien von je endlich vielen Prädikaten. Sofern (1) oder mindestens eine der Mengen (3) (oder beide) unendlich sind, haben wir es mit einer *unendlichen Sprache* zu tun, die genauer als eine *abzählbare Sprache* zu charakterisieren wäre. Ließe man hingegen zu, daß z.B. (1) oder eine der Mengen (3) die Mächtigkeit des Kontinuums habe, so könnte dieses begriffliche System nicht mehr vollständig durch eine der üblichen Sprachen wiedergegeben werden. Man müßte zu Konstruktionen *kontinuierlicher Sprachen* übergehen. Bei (1) läge z.B. dann ein Kontinuum vor, wenn man die Gesamtheit aller Raum-Zeit-Punkte des Universums als Individuenbereich wählte. Für eine mögliche überabzählbare[13] Indexmenge der dritten Art denke man etwa an die oben angedeutete Konstruktionsmöglichkeit des Farbraumes mit kontinuierlich vielen Farbpunkten als Elementen.

Der Einwand liegt nahe, daß die zuletzt angedeuteten Verallgemeinerungen auf den überabzählbaren Fall, nämlich die Einführung kontinuierlicher Sprachen, illusorisch seien, da keine menschliche Sprache ausreichen würde, alle hier auftretenden Sachverhalte durch Sätze zu beschreiben, und daß wir auch nicht imstande seien, Kunstsprachen aufzubauen, die dies leisten könnten. Darauf wäre zu erwidern, daß CARNAPs erster gedanklicher Kunstgriff gerade darin besteht, sich von diesem potentiellen Einwand frei zu machen. Die eben eingeschobenen Bemerkungen über die möglichen Sprachformen sind für das Folgende ohne Relevanz; denn die weiteren Begriffe des Modells und der Proposition werden nur durch Bezugnahme auf

---

[13] Wenn hier und im folgenden von überabzählbaren Mengen die Rede ist, so soll sich dies immer auf Mengen beziehen, die *nach herkömmlicher mathematischer Sprechweise* überabzählbar sind. Von der Frage, wie derartige Mengen z.B. im Rahmen eines konstruktiven Aufbaus der Mathematik einzuführen wären, müssen wir in diesem Kontext abstrahieren.

Das logische Grundgerüst 421

die angegebenen außerlinguistischen Entitäten eingeführt, und nur für Propositionen, nicht aber für Sätze, werden später Wahrscheinlichkeiten definiert.

Obwohl wir als Beispiel eines Attributraumes einen Raum von *Qualitäten* gewählt haben, ist dieser Begriff auch auf *Quantitäten* anwendbar. Der Individuenbereich bestehe etwa aus der Gesamtheit der Einwohner Schwedens am 3. Novembers 1970, 8^h morgens. Es interessiere uns die Modalität „Lebensalter". Als Attributraum wählen wir die reellen Zahlen zwischen 0 und 150, die als Werte der Funktion „das Alter der Person x, ausgedrückt in Jahren" in Frage kommen. Dieser Attributraum könnte z.B. in eine Familie von 150 Attributen oder Intervallen unterteilt werden, deren jedes die Länge 1 hat. Man würde dann einfach beschließen, nur ganze Zahlen zu wählen. Selbstverständlich wären aber auch Familien mit ungleichen Intervallen zulässig. So z.B. könnte man beschließen, die Personen im Alter von 100 bis 150 Jahren in einer Klasse zusammenzufassen, ebenso die Personen im Alter zwischen 85 und 100 Jahren usw.

Wie dieses Beispiel gezeigt haben dürfte, wird bei der Wahl quantitativer Modalitäten bereits eine Metrisierung vorgenommen. *Die Methode der Attributräume gestattet eine einheitliche Behandlung qualitativer Begriffe sowie quantitativer Funktionsbegriffe.* Es ist daher nicht notwendig, Funktionen als eigene Entitäten einzuführen. Die meisten üblichen metrischen Begriffe haben allerdings einen kontinuierlichen Wertebereich und müßten daher durch einen kontinuierlichen Attributraum charakterisiert werden.

Die Methode der Attributräume, die in CARNAPs System nur für den einstelligen Fall im Detail ausgearbeitet worden ist, läßt sich ohne Mühe für mehrstellige Attribute und Funktionen verallgemeinern.

Es kann nun der nächste wichtige Begriff, nämlich der Begriff des Modells, eingeführt werden. Durch ein *Modell* soll ein möglicher Zustand unseres Universums eindeutig festgelegt sein. (Tatsächlich bilden die Modelle die nichtlinguistischen Entsprechungen zu dem, was CARNAP früher Zustandsbeschreibungen nannte.) Es muß also für *jedes* Individuum sowie für *jede* Attributfamilie genau bestimmt sein, welches Attribut dieser Familie dem fraglichen Individuum zukommt. Da sowohl die Klasse der Individuen als auch die Klasse der Familien als auch für jede Familie die Klasse der Attribute durch je eine Indexmenge charakterisiert wurde, können Modelle als zweistellige Funktionen von der Gestalt $Z(m, i) = j$ eingeführt werden. Die eben angeschriebene Gleichung ist folgendermaßen zu lesen: Dem Individuum mit der Indexnummer i kommt das j-te Attribut aus der m-ten Attributfamilie zu. Eine derartige Modellfunktion erfüllt ihre Aufgabe offenbar nur dann, wenn sie für sämtliche Zahlen $m \in Ix(\mathfrak{F})$ sowie für sämtliche Zahlen $i \in Ix(Ind)$ erklärt ist.

Die präzise Definition dieser Funktion ist etwas umständlich, da die möglichen Funktionswerte je nach der Wahl des ersten Arguments etwas anderes bedeuten. $Z(1, 3) = 2$ z.B. besagt, daß dem Individuum Nr. 3 das zweite Attribut der *ersten* Familie zukommt; $Z(4, 3) = 2$ besagt, daß demselben Individuum das zweite Attribut der *vierten* Familie zukommt.

CARNAP führt daher zunächst als Hilfsbegriff den Begriff der Modellkomponente ein. Unter einer Modellkomponente der Familie F^m soll eine einstellige Funktion mit dem Argumentbereich $Ix(Ind)$ und dem Bildbereich $Ix(F^m)$ verstanden werden. (Ersterer besteht also aus den Nummern der Individuen, letzterer aus den Nummern der Attribute der m-ten Familie.) Die Klasse aller Modellkomponenten von F^m werde $\mathfrak{Z}^m$ genannt. Es gibt n solche Klassen, nämlich je eine für jede der n Attributfamilien. „Z^m" sei eine variable Bezeichnung für ein Element aus $\mathfrak{Z}^m$. Ein Z^m wird eine *m-te Modellkomponente* genannt (zu verstehen im Sinn von: „eine Modellkomponente der m-ten Attributfamilie"). Die Gleichung $Z^m(i) = l$ besagt inhaltlich, daß dem Individuum mit der Nummer i das l-te Attribut der m-ten Familie zukommt.

Nach Einführung des Begriffs der Modellkomponente läßt sich der *allgemeine Begriff des Modells Z* zwanglos einführen. Mit $\mathfrak{Z}$ als Bezeichnung für die Klasse aller Modelle definieren wir die Aussage „Z ist ein Modell" wie folgt:

D2–1 $Z \in \mathfrak{Z}$ gdw Z eine zweistellige reelle Funktion ist und eine Folge $\langle X^1; X^2; \ldots; X^n \rangle$ existiert, so daß für jedes $m \in Ix(\mathfrak{F})$ gilt:

(a) $X^m \in \mathfrak{Z}^m$;

(b) $Z(m, i) = X^m(i)$.

Durch diese Definition wird der Begriff des Modells auf den der Folge der Modellkomponenten zurückgeführt. Man hätte stattdessen den Modellbegriff auch einfach mit dieser Folge von Modellkomponenten identifizieren können. Da der formale Umgang mit einer Folge einstelliger Funktionen jedoch komplizierter ist als der Umgang mit einer zweistelligen Funktion, empfiehlt es sich, die Carnapsche Wahl zu akzeptieren.

Zwei erläuternde Anmerkungen sollen helfen, mögliche Mißverständnisse auszuschließen: Erstens ist zu beachten, daß der Begriff des Modells eine Präzisierung des Begriffs der *möglichen* Welt enthält. Welche dieser Welten die ‚wahre' Welt ist, bleibt dabei vollkommen offen. Der Begriff des Modells bei CARNAP entspricht dem Begriff der *möglichen Realisierung* in der Semantik von TARSKI. (In der deutschsprachigen logischen Literatur wird dagegen der Modellbegriff häufig im Sinn des *wahren* Modells verwendet, so z.B. in den Schriften von H. SCHOLZ und von H. HERMES.) Zweitens ist der Carnapsche Modellbegriff ein rein *extensionaler* Begriff. Davon kann man sich am einfachsten dadurch überzeugen, daß man das erste Argument der Funktion Z, etwa 2, und einen Wert aus dem zugehörigen Wertbereich, z.B. 4, festhält. Die Gleichungen $Z(2, x) = 4$ liefern dann eine Klasse von Individuen, nämlich die Klasse der Individuen, für die diese Gleichung richtig wird, d.h. also die Klasse der Objekte, denen das vierte Attribut aus der zweiten Attributfamilie zukommt. Daraus wird ersichtlich, daß durch die Modelle alle Attribute nur soweit festgelegt werden, als sie *Klassen* von Individuen bestimmen. Unterschiede zwischen Attributen, die sich nicht in Unterschieden der korrespondierenden Klassen widerspiegeln, können durch Modellfunktionen *nicht* ausgedrückt werden. Dies ist auch der Grund dafür, daß CARNAP von Modellen und nicht von Interpretationen spricht. Den Begriff der *Interpretation* verwendet er nur, wenn auch die Bedeutungen im Sinn intensionaler Entitäten festgelegt sind. Wenn also eine Sprache $\mathfrak{B}$ gegeben ist, so spricht CARNAP von einem *Modell* oder von einer *Interpretation* der Sprache, je nachdem, ob den Prädikaten nur Extensionen oder darüber hinaus auch Intensionen zugeordnet werden. Im Unterschied der Begriffe *Modell* und *Interpretation* kommt somit der Unterschied zwischen der extensionalen und der intensionalen Semantik zum Ausdruck. *Alle in diesem Abschnitt eingeführten und noch einzuführenden semantischen Begriffe sind rein extensionaler Natur.*

Nach der Einführung des Modellbegriffs besteht der entscheidende nächste Schritt in der Einführung des Begriffs der *Proposition*. Dieser Begriff muß in rekursiver Weise definiert werden. CARNAPS intuitive Vorstellung ist dabei die, eine Proposition mit dem zu identifizieren, was innerhalb der früheren linguistischen Version seiner Theorie als Spielraum des diese Proposition ausdrückenden Satzes bezeichnet worden ist. Dabei ist nur zu bedenken, daß als Elemente des Spielraumes jetzt nicht mehr Zustandsbeschreibungen, sondern Modelle zu wählen sind.

Wir beginnen zunächst mit einer beliebig gewählten, aber festen atomaren Proposition. Eine solche Proposition gibt für ein ganz bestimmtes Individuum an, daß ihm ein ganz bestimmtes Attribut aus einer ganz bestimmten Familie zukommt. Für drei feste Zahlen m, i und j mit $m \in Ix(\mathfrak{F})$, $i \in Ix(Ind)$ und $j \in Ix(F^m)$ sei $P_j{}^m a_i$ die *Proposition*, welche besagt, *daß dem Individuum mit dem Index i das j-te Attribut der m-ten Familie zukommt*. Die formale Definition läuft darauf hinaus, diesen Begriff mit der Menge[14] der Modelle Z zu identifizieren, die für m als erstes und i als zweites Argument den Wert j liefern, also:

D2–2 $P_j{}^m a_i =_{\text{Df}} \{Z | Z \in \mathfrak{Z} \land Z(m, i) = j\}$.

Folgendes ist zu beachten: Die Kenntnis dieser Atomproposition läßt es erstens vollkommen offen, welche Attribute aus *anderen Familien* dem Individuum a_i zukommen; zweitens läßt sie es auch offen, was für Attribute aus den verschiedenen Familien *anderen Individuen* zukommen. Dieses Offenlassen findet in der formalen Definition seinen Niederschlag darin, daß die Modellfunktionen in diesen anderen Hinsichten frei variieren können, d. h.

---

[14] Falls Mißverständnisse auftreten könnten, sprechen wir von *Mengen von* Objekten, dagegen von *Klassen von Mengen von* Objekten. Der Ausdruck „Klasse" wird also in solchen Kontexten für Mengen zweiter Stufe aufgespart.

genauer: daß die Atomproposition $P_j{}^m a_i$ mit der Menge der Modelle identifiziert wird, die sich in diesen Hinsichten unterscheiden und nur für die drei festen Zahlen m, i, j die angegebene Relation erfüllen. Falls der Individuenbereich oder auch nur eine Attributfamilie unendlich ist, *so ist also bereits jede atomare Proposition eine Menge, die unendlich viele Elemente enthält.*

Wir deuten noch zwei mögliche Verallgemeinerungen an. Die erste betrifft den Übergang zu einer theoretischen Sprache, deren Individuenbereich die Mächtigkeit des Kontinuums zukommt und der überdies quantitative Attributfamilien zugrundeliegen, von denen mindestens eine ebenfalls die Mächtigkeit der reellen Zahlenmenge hat. Wenn m die Nummer der fraglichen Attributfamilie ist, so variieren in der Atomproposition $P_j{}^m a_i$ *beide* Indizes j und i stetig und unabhängig voneinander. Dies bedeutet, daß (wieder in der üblichen mathematischen Sprechweise) die Anzahl der atomaren Propositionen größer ist als die Mächtigkeit des Kontinuums, nämlich *so groß wie die Mächtigkeit der Klasse aller reellen Funktionen.* An dieser Überlegung zeigt sich besonders deutlich, wie durch den modelltheoretischen Ansatz der linguistische Rahmen gesprengt wird. Es gibt keine Sprache, in der man alle diese atomaren Propositionen durch Sätze ausdrücken könnte.

Die zweite mögliche Verallgemeinerung würde die Einführung mehrstelliger relationaler Attribute betreffen. Es möge etwa die Familie mit der Nummer l eine Familie k-stelliger Attribute sein (mit $k \geq 2$). Der Ausdruck „Familie" ist diesmal so zu verstehen, daß zwischen jedem k-Tupel von Individuen des Bereiches nur eine Relation dieser Familie besteht. Eine atomare Proposition würde jetzt die Gestalt haben: $P_j^l a_{i_1} \cdots a_{i_k}$. Um derartige Propositionen definitorisch auf den Modellbegriff zurückführen zu können, müssen die Modellfunktionen dahingehend modifiziert werden, daß an zweiter Argumentstelle k-Tupel von Zahlen zugelassen sind. Die eben angeschriebene Atomproposition z. B. wäre mit der Klasse aller Modelle Z zu identifizieren, so daß $Z(l, \langle i_1, \ldots, i_k \rangle) = j$.

Im folgenden sollen nur Familien einstelliger Attribute betrachtet werden. Die Zulassung mehrstelliger Relationen führt nicht zu prinzipiellen Schwierigkeiten, sondern nur zu mathematisch-technischen Komplikationen.

3. Das maßtheoretische Grundgerüst: Möglichkeitsraum (Wahrscheinlichkeitsraum). Körper und σ-Körper von Propositionen. Propositionale Stichproben

Das logische Grundgerüst führte nicht weiter als bis zu den atomaren Propositionen. Der allgemeine Begriff der Proposition soll im Rahmen der Schilderung des maßtheoretischen Grundgerüstes eingeführt werden. Der

Grund hierfür wird sofort ersichtlich werden. Unter dem maßtheoretischen Grundgerüst verstehen wir dabei diejenige Begriffsapparatur, über die man verfügen muß, *bevor* man den Begriff des Wahrscheinlichkeitsmaßes einführt. Wie wir von der abstrakten Wahrscheinlichkeitstheorie her wissen, sind dies die Begriffe des Wahrscheinlichkeitsraumes (in der Statistik bekanntlich auch Stichprobenraum genannt), ferner des Körpers und des σ-Körpers von Ereignissen.

CARNAP vollzieht an dieser Stelle einen wichtigen gedanklichen Trick: *Er identifiziert die im vorigen Abschnitt eingeführten Modelle mit den Punkten des Wahrscheinlichkeitsraumes.* Da jedes Modell eine mögliche Welt repräsentiert, bezeichnet CARNAP diese Punktgesamtheit als *Möglichkeitsraum*. Die Punkte dieses Raumes sind also die zweistelligen Funktionen Z. (Diese Methode hat eine über den gegenwärtigen Rahmen hinausgehende Bedeutung; denn damit dürfte zum ersten Mal die in der mathematischen Logik beheimatete Modelltheorie mit der modernen Maß- und Wahrscheinlichkeitstheorie in Verbindung gebracht worden sein.) Wir erhalten somit als erste Definition:

D3–1 *Als Möglichkeitsraum ist die Klasse $\mathfrak{Z}$ aller Modelle zu wählen.*

Das Motiv für diese Wahl ist folgendes: Wahrscheinlichkeitsmaße werden in der abstrakten Wahrscheinlichkeitstheorie für geeignete Körper bzw. σ-Körper von Ereignissen über einem Wahrscheinlichkeitsraum definiert. Die Ereignisse sind Klassen von Punkten dieses Raumes. CARNAP zielt darauf ab, den Wahrscheinlichkeitsbegriff für alle Propositionen zu definieren. Wie bereits die Einführung der atomaren Propositionen in Abschnitt 2 zeigte, werden Propositionen *als Mengen von Modellen* definiert. Es liegt daher nahe, die Menge aller Modelle als Wahrscheinlichkeitsraum zu wählen und die Propositionen mit den Elementen geeigneter Körper bzw. σ-Körper über diesem Raum zu identifizieren. Die Definition des Begriffs der Proposition steht noch aus. Wir wenden uns der schrittweisen Lösung dieser Aufgabe zu.

Zunächst ist die Klasse der atomaren Propositionen $\mathfrak{E}^{at}$ einzuführen. Auch dieser Begriff steht noch nicht zur Verfügung; denn in Abschnitt 2 wurde ja nur die Bedeutung des Symbols „$P_j^m a_i$" *für ganz bestimmte* atomare Propositionen erklärt. Als Hilfsbegriff wird zunächst die Klasse der atomaren Propositionen mit dem Zahlenpaar $\langle m, i \rangle$ eingeführt:

D3–2 *Die Klasse $\mathfrak{E}^{at}_{m,i}$ der atomaren Propositionen mit dem Zahlenpaar $\langle m, i \rangle$ soll identisch sein mit der Klasse $\{P_j^m a_i \mid j \in Ix(F^m)\}$.* (Zu beachten ist: Falls die *m*-te Attributfamilie abzählbar unendlich viele Elemente enthält, so kommen auch in der Klasse der atomaren Propositionen mit dem Zahlenpaar $\langle m, i \rangle$ abzählbar unendlich viele atomare Propositionen vor.)

Diese Klasse enthält dieselbe Zahl von Elementen wie die m-te Attributfamilie. (Der Leser ziehe nicht den fehlerhaften Schluß, daß in dieser Definition Mengen von der Art der in **D2−2** angeführten vereinigt würden. Dort war eine atomare Proposition als eine Menge von Modellen dargestellt worden; hier wird eine Klasse von atomaren Propositionen, also *eine Klasse von Mengen von Modellen*, eingeführt.) Die Klasse aller Propositionen kann nun dadurch gebildet werden, daß man die Vereinigung aller Klassen $\mathfrak{C}_{m,i}^{at}$ bildet, wobei m alle Indizes von Attributfamilien und i alle Individuenindizes durchläuft:

D3−3 *Die Klasse der atomaren Propositionen* $\mathfrak{C}^{at}$ ist identisch mit

$\cup \{\mathfrak{C}_{m,i}^{at} \mid m \in Ix(\mathfrak{F}) \wedge i \in Ix(Ind)\}$.

Man beachte, daß durch den Klassenoperator zunächst Klassen von Klassen von Mengen von Modellen erzeugt werden. Die Vereinigungsoperation reduziert, typentheoretisch gesprochen, den Typus um 1 und erzeugt somit alle Klassen von Mengen von Modellen, die als atomare Propositionen in Frage kommen.

Dem Stichprobenraum Ω in der abstrakten Theorie entspricht unser jetziges $\mathfrak{Z}$. Während im diskreten Fall als σ-Körper, für den das Wahrscheinlichkeitsmaß einzuführen ist, einfach die Potenzmenge von Ω gewählt werden darf, muß im allgemeinen Fall dieser σ-Körper ausdrücklich angegeben werden. Wir erinnern an den relevanten Begriff: Unter dem durch die Klasse $\mathfrak{A}$ von Teilmengen von Ω *erzeugten* σ-Körper über Ω versteht man den kleinsten σ-Körper über Ω, der $\mathfrak{A}$ einschließt (oder, was auf dasselbe hinausläuft, den Durchschnitt aller $\mathfrak{A}$ einschließenden σ-Körper über Ω).

Nun überlegen wir uns, wie die weiteren Rekursionsschritte auszusehen haben. Bekanntlich erhält man alle Sätze von molekularer Struktur aus den Atomsätzen durch Anwendung der beiden logischen Operationen der Negation und der Adjunktion. Da Propositionen als Modellmengen eingeführt werden, sind diese logischen Operationen durch die entsprechenden mengentheoretischen Operationen zu ersetzen: der Negation entspricht die Komplementbildung bezüglich $\mathfrak{Z}$, der Adjunktion die Mengenvereinigung. Dies aber sind gerade die beiden Operationen, die zur Bildung von Mengenkörpern benötigt werden. Da für die molekularen Propositionen die atomaren Propositionen in ähnlicher Weise die Ausgangsbasis darstellen wie die Sätze von atomarer Struktur für die molekularen Sätze, kann die Klasse $\mathfrak{C}^{mol}$ der molekularen Propositionen mit dem durch die Klasse $\mathfrak{C}^{at}$ erzeugten Körper über $\mathfrak{Z}$ identifiziert werden.

D3−4 *Die Klasse $\mathfrak{C}^{mol}$ der molekularen Propositionen* ist identisch mit dem durch $\mathfrak{C}^{at}$ erzeugten Körper über $\mathfrak{Z}$.

Bei der Formung genereller Aussagen muß noch die Operation der Existenzquantifikation hinzutreten. Ihr entspricht im mengentheoretischen Fall die allerdings wesentlich allgemeinere Operation der unendlichen Vereinigung. Da dies aber gerade diejenige Operation ist, welche bei der Bildung von σ-Körpern zusätzlich benötigt wird, kann die Klasse der Propositionen $\mathfrak{E}$ in der folgenden Weise eingeführt werden:

D3-5 *Die Klasse $\mathfrak{E}$ der Propositionen* ist identisch mit dem durch $\mathfrak{E}^{at}$ erzeugten σ-Körper über $\mathfrak{Z}$.

Durch **D4** und **D5** ist festgelegt, daß die molekularen Propositionen bzw. die Propositionen aus den atomaren Propositionen durch die Operationen der Komplementbildung bezüglich $\mathfrak{Z}$ sowie der endlichen bzw. der abzählbaren Vereinigung gebildet werden.

Gemäß der Definition des Körpers bzw. des σ-Körpers ist der Wahrscheinlichkeitsraum, also jetzt die Klasse $\mathfrak{Z}$ aller Modelle, Element des Körpers und somit eine Proposition. Wir nennen $\mathfrak{Z}$ die *(logisch) notwendige Proposition*; sie entspricht dem sicheren Ereignis in der Wahrscheinlichkeitsrechnung. Da auch $\mathfrak{Z} - \mathfrak{Z} = \emptyset$ zu jedem Körper gehört, ist die leere Klasse $\emptyset$ der Modelle ebenfalls eine Proposition. Sie werde die *(logisch) unmögliche Proposition* genannt, in Entsprechung zum unmöglichen Ereignis in der abstrakten Wahrscheinlichkeitstheorie. Eine von $\emptyset$ verschiedene Proposition heiße *(logisch) möglich*. (Wir lassen den qualifizierenden Zusatz „logisch" im folgenden stets fort, da von keinen anderen Notwendigkeiten, Unmöglichkeiten und Möglichkeiten die Rede sein wird als von den eben definierten.) Eine weder notwendige noch unmögliche Proposition werde *kontingent* genannt.

Die Bildung spezieller Propositionen ergibt sich aus den Regeln für die Gewinnung von Elementen eines σ-Körpers. *Diejenigen Propositionen, welche uns die schärfsten Informationen liefern, sind die Einerklassen von Modellen.* Sie entsprechen den elementaren Ereignissen der abstrakten Wahrscheinlichkeitstheorie und den Zustandsbeschreibungen in der ursprünglichen Fassung von CARNAPs Theorie.

Daß für jedes Modell Z tatsächlich die Einerklasse $\{Z\}$ eine Proposition darstellt, sieht man so ein: Es sei ein Modell Z vorgegeben. Z ordnet jedem Zahlenpaar $\langle m, i \rangle$ eine Attributnummer j zu. Wir betrachten die Gesamtheit der atomaren Propositionen $P_j^m a_i$, für die gilt: Bei gegebenem m und i stimmt der Index j mit dem Funktionswert von Z überein (d. h. $Z(m, i) = j$). Wegen der Endlichkeit der Zahl der Familien und der Abzählbarkeit der Gesamtheit der Individuen ist auch diese Klasse atomarer Propositionen abzählbar. Da $\mathfrak{E}$ als σ-Körper mit jeder abzählbaren Folge von Elementen auch deren abzählbaren Durchschnitt enthält, bildet insbesondere der Durchschnitt dieser atomaren Propositionen wieder eine Proposition. Dieser Durchschnitt aber ist identisch mit $\{Z\}$.

Gilt $E_1 \in \mathfrak{E}$ und $E_2 \in \mathfrak{E}$, so sagen wir: E_2 wird von E_1 genau dann *logisch impliziert*, wenn $E_1 \subset E_2$. Die logische Folgebeziehung ist also infolge der mengentheoretischen Charakterisierung der Propositionen einfach auf die Einschlußrelation zurückführbar. Daß E_2 genau dann aus E_1 logisch folgen soll, wenn die Klasse der Modelle, die Elemente von E_1 sind, auch Elemente von E_2 darstellen, ist nur eine formale Präzisierung der intuitiven Idee, daß eine Proposition aus einer anderen genau dann folgt, wenn die Klasse der möglichen Welten, mit denen die letztere verträglich ist, eine Teilklasse der Klasse der möglichen Welten bildet, mit denen die erstere verträglich ist. Statt „E_1 impliziert logisch E_2" sagen wir auch: „E_1 ist in E_2 eingeschlossen".

An einem einfachen Beispiel möge erläutert werden, inwiefern die unendliche Vereinigungsoperation, welche zum σ-Körper der Proposition führt, *mehr* leistet als die Existenzquantifikation. Dazu können wir uns auf den von CARNAP allein untersuchten diskreten Fall beschränken. Es sei ein abzählbar unendlicher Individuenbereich gegeben, ferner mindestens eine Attributfamilie F_1, die mindestens zwei Attribute enthält. Dann stellt die folgende Klasse eine Proposition dar:

$\{Z \mid$ für jedes i gilt: falls i eine Primzahl ist, so $Z(1, i) = 1$; ansonsten $Z(1, i) = 2\}$

Nur in einer Sprache, die Ausdrücke von unendlicher Länge zuläßt, könnte eine derartige Proposition durch einen Satz wiedergegeben werden.

Für die weitere Untersuchung wird es sich als zweckmäßig erweisen, eine Eigenschaft des in $\mathbf{D_2}$ eingeführten Begriffs festzuhalten:

Satz 3–1 *Die Klasse $\mathfrak{E}^{at}_{m,i}$ liefert für jedes feste zulässige Zahlenpaar*[15] *$\langle m, i \rangle$ eine abzählbare, disjunkte und vollständige Zerlegung der Klasse $\mathfrak{Z}$ aller Modelle.*

Beweis. (a) $\mathfrak{E}^{at}_{m,i}$ *ist disjunkt*; denn es handelt sich dabei um eine Klasse von Propositionen, die, wie wir uns erinnern, dieselbe Zahl von Elementen enthält wie die m-te Familie Attribute enthält. Jedes Element der Klasse, also jede Proposition, ist nach Definition $\mathbf{D2-2}$ eine Menge von Modellen. Wir behaupten, daß die Klasse $\mathfrak{E}^{at}_{m,i}$ in einander ausschließende Mengen zerfällt. In der Tat: Wenn wir zwei Modelle Z_1 und Z_2 betrachten, die zu verschiedenen Elementen von $\mathfrak{E}^{at}_{m,i}$ gehören, also etwa das erste zu $P^m_{j_1} a_i$ und das zweite zu $P^m_{j_2} a_i$ mit $j_1 \neq j_2$, so ordnet Z_1 dem Individuum a_i das j_1-te Attribut der m-ten Familie zu, während Z_2 demselben Individuum a_i das davon verschiedene j_2-te Attribut der m-ten Familie zuordnet. Also ist es unmöglich, daß ein und dasselbe Modell zu verschiedenen atomaren Propositionen gehört, die Elemente von $\mathfrak{E}^{at}_{m,i}$ sind.

(b) *Die Vereinigung von $\mathfrak{E}^{at}_{m,i}$ erschöpft die Klasse aller Modelle*, d.h. es gilt: $\bigcup \mathfrak{E}^{at}_{m,i} = \mathfrak{Z}$. Wenn nämlich Z ein beliebiges Modell (d.h. ein beliebiges Element von $\mathfrak{Z}$) ist, so gibt es ein $j \in Ix(F^m)$, so daß $Z(m, i) = j$. Wegen $\mathbf{D2-2}$ gilt von diesem Z: $Z \in P^m_j a_i$. Für diese atomare Proposition wiederum gilt wegen $\mathbf{D2}$ $P^m_j a_i \in \mathfrak{E}^{at}_{m,i}$. Beides zusammen liefert $Z \in \bigcup \mathfrak{E}^{at}_{m,i}$. Die umgekehrte Implikation ist selbstverständlich, da die Elemente von Elementen von $\mathfrak{E}^{at}_{m,i}$ Modelle sind und daher zu $\mathfrak{Z}$ gehören.

---

[15] Ein solches Zahlenpaar heißt zulässig, wenn $m \in Ix(\mathfrak{F})$ und $i \in Ix(Ind)$, also wenn die beiden Zahlen in den zugehörigen Indexmengen vorkommen.

Im Rahmen linguistischer Untersuchungen spielt häufig der Begriff des wesentlichen Vorkommens eines Ausdrucks eine Rolle. Ein Name kommt z. B. in einem Satz wesentlich vor, wenn es keinen mit diesem Satz logisch äquivalenten Satz gibt, in dem dieser Name nicht vorkommt. Im gegenwärtigen Kontext kommt es darauf an, *die wesentliche Bezugnahme auf ein Individuum oder auf eine Attributfamilie* zu definieren. (Mit der wesentlichen Bezugnahme auf ein bestimmtes Attribut kann man dagegen wegen der wechselseitigen Abhängigkeit der Attribute einer Familie keinen klaren Sinn verbinden.) Der allgemeine Begriff, aus dem diese beiden Begriffe durch Spezialisierung gewonnen werden, beinhaltet die wesentliche Bezugnahme einer Proposition E auf ein Zahlenpaar, z. B. $\langle 2, 4\rangle$, wobei die erste Zahl wieder die Nummer einer Attributfamilie, die zweite Zahl die Nummer eines Individuums ist. Die intuitive Grundlage für diesen Begriff ist die folgende: Eine wesentliche Bezugnahme liegt vor, wenn es nicht möglich ist, die Proposition E auf solche Weise zu konstruieren, daß man alle atomaren Propositionen mit dem Zahlenpaar $\langle 2, 4\rangle$ außer Betracht läßt. Wenn man auf die Konstruktionsweise der Propositionen zurückgeht, so führt dies unmittelbar zum Teil (a) der folgenden Definition; (b) und (c) enthalten dann die Spezialisierungen, welche die beiden gesuchten Begriffe liefern.

D3–6 Es gelte $E \in \mathfrak{E}$.

(a) E enthält eine wesentliche Bezugnahme auf das Zahlenpaar $\langle m, i\rangle$ gdw E nicht zu dem durch die Differenzklasse $\mathfrak{E}^{at} - \mathfrak{E}^{at}_{m,i}$ erzeugten σ-Körper gehört;

(b) *E bezieht sich wesentlich auf die Attributfamilie F^m* gdw es eine Zahl i gibt, so daß E eine wesentliche Bezugnahme auf das Zahlenpaar $\langle m, i\rangle$ enthält;

(c) *E bezieht sich wesentlich auf das Individuum a_i* gdw es eine Zahl m gibt, so daß E eine wesentliche Bezugnahme auf das Zahlenpaar $\langle m, i\rangle$ enthält.

Man kann sich leicht überlegen, daß nur kontingente Propositionen wesentliche Bezugnahmen enthalten. Weder die notwendige noch die unmögliche Proposition beziehen sich auf irgend etwas wesentlich.

Der Begriff der Stichprobe ist in der Statistik von großer Wichtigkeit. In der Carnapschen Theorie wird eine Stichprobe durch eine Proposition wiedergegeben. Wir sprechen daher von *propositionalen Stichproben*. Zum Unterschied von dem, was man üblicherweise unter Stichprobe versteht, enthält CARNAPs Begriff eine wesentliche Bezugnahme *sowohl* auf bestimmte Individuen *als auch* auf bestimmte Attributfamilien. Es sei also Ind_1 eine (gewöhnlich als endlich vorausgesetzte) Teilklasse aus der Klasse aller Individuen, also $Ind_1 \subset Ind$; analog sei $\mathfrak{F}_1 \subset \mathfrak{F}$. Wir führen die folgenden Abkürzungen ein: $I' = Ix(Ind_1)$; $F' = Ix(\mathfrak{F}_1)$. Unter der Klasse $\mathfrak{E}^{at}_{F', I'}$ der atomaren Propositionen, die auf F' und I' bezogen sind, soll die folgende Klasse verstanden werden: $\bigcup \{\mathfrak{E}^{at}_{k,l} | k \in F' \wedge l \in I' \cdot\}$. Inhaltlich gesprochen werden hier also die Klassen von Propositionen mit Zahlenpaaren $\langle k, l \rangle$ — so daß k und l den eben eingeführten beschränkten Indexmengen angehören — vereinigt. Zu dieser Vereinigungsklasse gehören alle Propositionen, die eine wesentliche Bezugnahme auf mindestens ein Individuum von Ind_1 und auf mindestens eine Familie von $\mathfrak{F}_1$ enthalten. Jetzt können wir den gewünschten Begriff einführen:

D3—7 E ist eine *propositionale Stichprobe* (abgekürzt: *p.s.*) *für* Ind_1 *bezüglich* $\mathfrak{F}_1$ gdw eine Klasse $\mathfrak{A} \subset \mathfrak{E}^{at}_{F',I'}$ existiert, so daß gilt:

(a) für jedes Zahlenpaar $\langle m, i \rangle \in F' \times I'$ enthält $\mathfrak{A}$ genau eine Atomproposition aus $\mathfrak{E}^{at}_{m,I}$;

(b) E ist identisch mit $\cap \mathfrak{A}$.

Erläuterung. Diejenigen Leser, welche mit der mengentheoretischen Denkweise noch nicht sehr vertraut sind, werden diese Definition der Stichprobe etwas schwer verständlich finden. Es handelt sich jedoch um nichts weiter als um eine Präzisierung des üblichen Begriffs und seine Übersetzung in den neuen Carnapschen Begriffsapparat. Zunächst ist zu beachten, daß die Propositionen, die eine wesentliche Bezugnahme auf eine bestimmte Attributfamilie oder auf ein bestimmtes Individuum enthalten, Klassen von beliebigen Modellen sind, die nur der *einen* Einschränkung unterworfen wurden, daß sie entweder in bezug auf die fragliche Familie oder in bezug auf das fragliche Individuum etwas Bestimmtes verlangen. In einem ersten Schritt wird nun die Klasse der atomaren Propositionen gebildet, die eine wesentliche Bezugnahme auf ein Individuum oder auf ein Attribut *der Stichprobe* enthalten. Dies ist die Klasse $\mathfrak{E}^{at}_{F',I'}$. Aus dieser Klasse, die als Klasse von Mengen von atomaren Propositionen von der in **D2** beschriebenen Art aufgefaßt werden kann, wird nun — in gewisser Analogie zu dem vom Auswahlaxiom verlangten Auswahlverfahren — für jedes Zahlenpaar $\langle m, i \rangle$ genau eine Proposition ausgewählt, die dem Individuum a_i ein bestimmtes Attribut aus der m-ten Familie zuordnet. Die auf diese Weise entstehende Klasse ist $\mathfrak{A}$. Die Konjunktion der Elemente aus $\mathfrak{A}$, mengentheoretisch durch $\cap \mathfrak{A}$ wiedergegeben, ist unsere (propositionale) Stichprobe E. Sie enthält genau diejenigen Modelle, die in sämtlichen atomaren Propositionen vorkommen, welche Elemente von $\mathfrak{A}$ sind.

Wenn $\mathfrak{F}_1$ nur *eine* Attributfamilie F^m enthält (wenn also die Atompropositionen der propositionalen Stichprobe nur mit Hilfe von Attributen dieser einen Familie gebildet wurden), so sagen wir auch, daß die p.s. E die Kardinalzahlen $s_1, \ldots, s_k$ habe gdw s_j für alle $j \leq k$ die Zahl der atomaren Propositionen A mit $E \subset A$[16] ist, die den Attributindex j haben (d.h. die von der Gestalt $P_j^m a_i$ für ein i sind). Gelegentlich werden wir s_j auch als die *Besetzungszahl* des Attributes P_j in E bezeichnen und davon sprechen,

---

[16] Es sei daran erinnert, daß die Einschlußrelation die logische Folgebeziehung repräsentiert. Die obige Aussage nimmt also auf k Klassen von atomaren Propositionen Bezug, die aus der p.s. E logisch folgen.

daß die p.s. *E das k-Tupel* $(s_1, \ldots, s_k)$ *habe. Wenn* $s = \sum_{i=1}^{k} s_i$*, so heiße s die Summe des k-Tupels.*

Einige weitere Abkürzungen erweisen sich als zweckmäßig: Eine Menge von s Individuen heiße s-Stichprobe[17]. Viele Überlegungen werden dadurch vereinfacht, daß man nur die ersten s Individuen in der Numerierung heranzieht. Die entsprechende Stichprobe werde s-*Vorderstichprobe* genannt[18]. $\mathfrak{F}_1 \subset \mathfrak{F}$ sei vorgegeben. Dann soll $\mathfrak{B}^{(s)}$ die Klasse aller propositionalen Stichproben für die s-Vorderstichprobe bezüglich $\mathfrak{F}_1$ sein.

4. Das wahrscheinlichkeitstheoretische Grundgerüst: Absolute und bedingte Wahrscheinlichkeitsmaße

Wie bereits in Abschnitt 1 erwähnt worden ist, werden beim Übergang von der rationalen Entscheidungstheorie zur abstrakten Theorie die Funktionen Cr_0 durch die M-Funktionen und die Funktionen $Cred$ durch die C-Funktionen ersetzt. Die M-Funktionen entsprechen den *absoluten Wahrscheinlichkeitsmaßen*, die C-Funktionen den *bedingten Wahrscheinlichkeitsmaßen*. In der mathematischen Wahrscheinlichkeitstheorie werden die absoluten Wahrscheinlichkeitsmaße als die grundlegenden Begriffe betrachtet, demgegenüber die bedingten Wahrscheinlichkeitsmaße nur eine abgeleitete Stellung innehaben. Im Rahmen der Carnapschen Theorie wird diese Rangordnung umgekehrt. Da nämlich die Analysen zur Entscheidungstheorie gezeigt haben, daß die *Credibility-Funktionen* die *grundlegenden* Funktionen sind, müssen in der abstrakten Variante dieser Theorie die C-Funktionen als fundamentale Funktionen angesehen werden. Die M-Funktionen bilden demgegenüber bloße Hilfsfunktionen. *Daher sollen die Grundaxiome für die C-Funktionen formuliert werden.* Später soll der Zusammenhang mit dem üblichen Aufbau der Wahrscheinlichkeitstheorie in der Weise hergestellt werden, daß wir erstens die Kolmogoroff-Axiome für die M-Funktionen angeben und zweitens die wechselseitige Definierbarkeit der M- und C-Funktionen explizit schildern.

Die Funktion C bildet den undefinierten Grundbegriff. Die beiden Argumente dieser Funktion sind Elemente der Klasse $\mathfrak{E}$ aller Propositionen. Vom zweiten Argument wird überdies vorausgesetzt, daß es nicht die

---

[17] Man beachte, daß zum Unterschied von dem in **D7** definierten technischen Begriff der propositionalen Stichprobe eine s-Stichprobe von Individuen nichts anderes ist als eine willkürlich ausgewählte endliche Menge von s Individuen aus dem Bereich. Jeder propositionalen Stichprobe entspricht allerdings für ein gewisses s eine s-Stichprobe, nämlich die Klasse Ind_1 mit s Individuen.

[18] Durch die Beschränkung der Analysen auf solche Stichproben wird keine Einschränkung an Allgemeinheit erzeugt, da wegen der Willkür der Numerierung von Individuen *jede* s-Stichprobe so gedeutet werden kann, als enthielte sie nur die ersten s Individuen.

unmögliche Proposition darstellt. (In abstrakterer Weise könnte man dies so ausdrücken, daß C eine für eine Klasse $\mathfrak{E}' \times (\mathfrak{E}' - \{\emptyset\})$ mit $\mathfrak{E}' \subset \mathfrak{E}$ definierte Funktion ist.)

A1. *Axiom der unteren Grenze:* $C(H \mid E) \geqq 0$.
A2. *Axiom der oberen Grenze:* $C(E \mid E) = 1$.
A3. *Axiom des Komplementes:* $C(H \mid E) + C(-H \mid E) = 1$.
A4. *Allgemeines Multiplikationsprinzip:* Wenn die Proposition $E \cap H$ möglich ist, so gilt: $C(H \cap H' \mid E) = C(H \mid E) \cdot C(H' \mid E \cap H)$.

Die ersten drei Axiome sind nur scheinbar schwächer als die üblichen. In dieser Form hat sie erstmals v. WRIGHT aufgestellt. In vielen Axiomensystemen wird statt des dritten Axioms das spezielle Additionsprinzip als Axiom gewählt, welches innerhalb der vorliegenden Axiomatisierung als Theorem **T1**(h) abgeleitet wird.

Es folgen einige Theoreme:

T4–1. (a) $C(H \mid E) \leqq 1$;
  (b) wenn $E \subset H$, dann $C(H \mid E) = 1$;
  (c) wenn $E \subset -H$, dann $C(H \mid E) = 0$;
  (d) $C(\mathfrak{Z} \mid E) = 1$;
  (e) $C(\emptyset \mid E) = 0$;
  (f) $C(H \mid E) = C(H \cap H' \mid E) + C(H \cap -H' \mid E)$;
  (g) *allgemeines Additionsprinzip:*
    $C(H \cup H' \mid E) = C(H \mid E) + C(H' \mid E) - C(H \cap H' \mid E)$;
  (h) *spezielles Additionsprinzip:* Wenn $E \cap H \cap H'$ die unmögliche Proposition darstellt, dann gilt:
    $C(H \cup H' \mid E) = C(H \mid E) + C(H' \mid E)$.

Beweis:

(a) Nach **A3**, da $C(-H \mid E) \geqq 0$ nach **A1**.

(b) Da wegen der Voraussetzung $E \cap H = E$, erhält man nach **A2** und **A4**:

$1 = C(E \mid E) = C(E \cap H \mid E) = C(E \mid E) \cdot C(H \mid E) = C(H \mid E)$.

(c) Aus der Voraussetzung folgt nach (b): $C(-H \mid E) = 1$. Die Behauptung ergibt sich jetzt aus **A3**.

(d) folgt aus (b), (e) aus (c), da für jede Proposition $E: E \subset \mathfrak{Z}$.

(f) Nach **A3** erhält man: $C(H' \mid E \cap H) + C(-H' \mid E \cap H) = 1$. Wenn man beide Seiten mit $C(H \mid E)$ multipliziert, die zwei linken Glieder gemäß **A4** umformt und schließlich die beiden Seiten vertauscht, so erhält man das Resultat.

(g) Es gelten die folgenden beiden mengentheoretischen Relationen: $(A \cup B) \cap B = B$ sowie $(A \cup B) \cap -B = A \cap -B$. Dies wird im zweiten Schritt verwendet, nachdem zunächst (f) angewendet wird:

$C(H \cup H' \mid E) = C((H \cup H') \cap H' \mid E) + C((H \cup H') \cap - H' \mid E)$
$= C(H' \mid E) + C(H \cap - H' \mid E)$.
$C(H \cap - H' \mid E)$ kann man abermals unmittelbar nach (f) umformen, indem man dort das erste rechte Glied auf die andere Seite schafft. Damit ist das Resultat bereits gewonnen.

(h) Wegen der Voraussetzung gilt: $E \subset - (H \cap H')$. Jetzt kann man (c) auf das letzte Glied von (g) anwenden, welches dadurch den Wert 0 erhält.

Eine zweistellige reelle Funktion, die für $\mathfrak{E}_1 \times (\mathfrak{E}_1 - \{\emptyset\})$ definiert ist, wobei $\mathfrak{E}_1 \subset \mathfrak{E}$ und außerdem $\mathfrak{E}_1$ ein Körper über $\mathfrak{Z}$ ist, wird *bedingte Wahrscheinlichkeitsfunktion* genannt, wenn diese Funktion die Axiome A_1 bis A_4 erfüllt. Die Funktion C ist jedenfalls eine derartige bedingte Wahrscheinlichkeitsfunktion, sofern in der Voraussetzung, welche der Formulierung der Axiome vorangestellt wurde, die Klasse $\mathfrak{E}_1$ einen Körper darstellt. (Die σ-Additivität von C wird vorläufig noch nicht verlangt; sie wird erst später bei den Limesaxiomen formuliert.) Wir sprechen in diesem Fall von einer *C-Funktion über* $\mathfrak{E}_1$.

Es soll jetzt noch kurz der Zusammenhang zwischen der zweistelligen C-Funktion und dem Begriff des absoluten Wahrscheinlichkeitsmaßes bzw. der einstelligen M-Funktion hergestellt werden. In einem Zwischenergebnis wird zunächst gezeigt, daß die Relativierung von C auf eine (nicht unmögliche) Proposition als zweites Argument ein absolutes Wahrscheinlichkeitsmaß erzeugt.

T4–2. C sei eine C-Funktion über einem Körper $\mathfrak{E}_1$ mit $\mathfrak{E}_1 \subset \mathfrak{E}$. Dann ist die auf ein $E \in \mathfrak{E}_1$ mit $E \neq \emptyset$ relativierte *einstellige* Funktion C_E ein absolutes Wahrscheinlichkeitsmaß über $\mathfrak{E}_1$. Die Relativierung C_E ist dabei definiert durch $C_E(A) =_{Df} C(A \mid E)$ für ein beliebiges $A \in \mathfrak{E}_1$.

Beweis. Ein normiertes Maß W über $\mathfrak{A}$ ist, wie wir uns erinnern, durch die folgenden Bestimmungen definiert: $\mathfrak{A}$ ist ein Körper, der den Argumentbereich von W bildet; W nimmt als Wert nichtnegative Zahlen an; für zwei getrennte Mengen A und B aus $\mathfrak{A}$ gilt: $W(A \cup B) = W(A) + W(B)$; schließlich muß $W(\cup \mathfrak{A}) = 1$ gelten (Normierung). Die erste Bestimmung ist trivial erfüllt, die zweite wegen **A1**, die dritte wegen **T1 (h)**. Die Normierung folgt aus **T1 (d)**; denn wegen der Körpereigenschaft von $\mathfrak{E}_1$ gilt: $\mathfrak{Z} \in \mathfrak{E}_1$ und somit $\cup \mathfrak{E}_1 = \mathfrak{Z}$. Damit ist gezeigt, daß für die relativierte C-Funktion die Kolmogoroff-Axiome gelten. Es möge aber beachtet werden, daß hier keine σ-Additivität verlangt wird.

Im folgenden sei $\mathfrak{E}_1$ stets ein Körper von Propositionen. C ist eine (zweistellige) C-Funktion auf $\mathfrak{E}_1$, und M sei ein beliebiges absolutes Wahrscheinlichkeitsmaß auf $\mathfrak{E}_1$. Letzteres kürzen wir dadurch ab, daß wir M als *M-Funktion über* $\mathfrak{E}_1$ bezeichnen. Wir sagen, daß die beiden Funktionen C

und M *aufeinander bezogen* sind, wenn für ein beliebiges H und ein nichtleeres $E \in \mathfrak{E}_1$ gilt: $M(E \cap H) = M(E) \cdot C(H \mid E)$.

T4–3. Es seien C eine C-Funktion und M eine M-Funktion über $\mathfrak{E}_1$. Notwendig und hinreichend dafür, daß M und C aufeinander bezogen sind, ist die Gültigkeit der Gleichung: $M = C_\mathfrak{B}$.

Beweis. Die Bedingung besagt, daß für ein beliebiges $H \in \mathfrak{E}_1$ gilt: $M(H) = C(H \mid \mathfrak{B})$.

(a) Angenommen, M und C seien aufeinander bezogen. Dann folgt die Behauptung unmittelbar aus der Definition (wenn man bedenkt, daß $M(\mathfrak{B}) = M(\cup \mathfrak{E}_1) = 1$).

(b) Es gelte die angegebene Gleichung: Zwei Fälle sind zu unterscheiden: *1. Fall:* $M(E) = 0$. Dann ist wegen der Additivität von M auch $M(E \cap H) = 0$, und die Definition von „aufeinander bezogen" ist trivial erfüllt. *2. Fall:* $M(E) > 0$. Nach Voraussetzung bedeutet dies dasselbe wie $C(E \mid \mathfrak{B}) > 0$. Da für C **A4** gilt, erhält man wegen $E \cap \mathfrak{B} = E$: $C(E \cap H \mid \mathfrak{B}) = C(E \mid \mathfrak{B}) \cdot C(H \mid E)$. Nach Voraussetzung ist dies dasselbe wie $M(E \cap H) = M(E) \cdot C(H \mid E)$.

Dieses Theorem besagt, daß es genau eine auf C bezogene M-Funktion gibt, die durch $C_\mathfrak{B}$ erklärt ist. Man gelangt also von der hier eingeführten bedingten Wahrscheinlichkeitsfunktion zu einer eindeutig bestimmten absoluten Wahrscheinlichkeitsfunktion, welche die üblichen Kolmogoroff-Axiome (mit Ausnahme der σ-Additivität) erfüllt.

Man hätte natürlich auch umgekehrt vorgehen können, nämlich in einem ersten Schritt die M-Funktion als absolute Wahrscheinlichkeitsfunktion einzuführen und für ein nichtleeres E die C-Funktion durch die Definition zu erklären: $C(H \mid E) =_{\text{Df}} M(E \cap H) / M(E)$.

Die wechselseitigen Definitionsmöglichkeiten von M- und C-Funktionen stehen im Einklang mit der Feststellung von Abschnitt 1, daß die Glaubens-0-Funktion Cr_0 durch die Credibility-Funktion definiert werden kann und umgekehrt.

5. Erster über die Grundaxiome hinausführender Rationalisierungsschritt: Das Regularitätsaxiom

Wie bereits in Abschnitt 1 hervorgehoben wurde, unterscheidet sich CARNAPs Vorgehen von dem der personalistischen Wahrscheinlichkeitstheoretiker dadurch, daß er zusätzliche Rationalitätsbedingungen aufstellt, die zu einer Verschärfung des Axiomensystems führen. Die erste dieser Bedingungen besteht in der Forderung der Regularität, die sowohl für die C-Funktionen als auch für die M-Funktionen definiert werden soll. (Man beachte, daß es sich um bedingte Definitionen handelt, in die drei Voraussetzungen eingehen.)

D5–1 Die beiden Propositionen E und H mögen die folgenden drei Bedingungen erfüllen:

1. $E \cap H \neq \emptyset$ (insbesondere sind also sowohl E als auch H möglich);
2. E und H sind molekular;
3. E und H beziehen sich wesentlich nur auf endliche Attributfamilien.

Dann sagen wir:

(a) M ist eine *reguläre M-Funktion* gdw $M(H) > 0$.

(b) C ist eine *reguläre C-Funktion* gdw $C(H \mid E) > 0$.

So wie früher genügt es auch jetzt, ein Axiom für C zu formulieren.

A5 *C ist regulär.*

Nur unter den angegebenen Voraussetzungen läßt sich die früher angekündigte entscheidungstheoretische Rechtfertigung des Axioms durchführen. Würde das Axiom ohne die zweite Bedingung formuliert werden, so müßten alle zum λ-Kontinuum gehörenden C-Funktionen verworfen werden, da diese selbst bei Erfüllung der beiden übrigen Bedingungen zu $C(H|E) = 0$ führen, sofern H eine Allproposition in bezug auf einen unendlichen Individuenbereich darstellt. Für die dritte Bedingung spricht die folgende Plausibilitätsbetrachtung: Es sei eine unendliche Attributfamilie gegeben; E sei eine p.s., welche keine wesentliche Bezugnahme auf ein bestimmtes Attribut der Familie hat; H sei eine atomare Proposition, die aus gerade diesem in E nicht erwähnten Attribut sowie einem Individuum besteht, das ebenfalls in E nicht wesentlich erwähnt ist. Bei Vorliegen geeigneter weiterer Bedingungen könnte es dann als ratsam erscheinen, $C(H|E) = 0$ zu wählen.

Die Regularitätsbedingung für C ist unter den angegebenen Voraussetzungen offenbar äquivalent mit der Aussage: $C(H \mid E) < 1$. Denn die drei Voraussetzungen sind dann auch für E und $- H$ erfüllt, so daß **A3** zu diesem Resultat führt und umgekehrt. Wenn M und C aufeinander bezogen sind (im Sinn der Definition von Abschnitt 4) und C regulär ist, so ist auch M regulär. Dies folgt unmittelbar aus **T4–3**[19]. Nochmals $\mathfrak{Z}$ für E genommen führt dann zu $M(H) < 1$.

CARNAP beweist im § 7 von [Basic System] verschiedene hinreichende und notwendige Regularitätsbedingungen. Ferner führt er einen schwächeren Begriff „semiregulär" ein, unter den auch die nichtreguläre Funktion ^0C fällt, die zur Proportionalregel führt.

Ein wichtiges Resultat lautet: *Reguläre M- und C-Funktionen entsprechen sich umkehrbar eindeutig.* Nichtregulären M-Funktionen entsprechen dagegen viele voneinander abweichende C-Funktionen. Um dies einzusehen, hat man nur zu bedenken, daß für ein nichtreguläres M mindestens eine mögliche Proposition E existieren muß, so daß $M(E) = 0$, daher a fortiori $M(E \cap H) = 0$. Die Defini-

---

[19] Es ist zu beachten, daß $\mathfrak{Z}$ bereits zum Körper $\mathfrak{E}^{mol}$ gehört und daher eine molekulare Proposition bildet; ferner daß $\mathfrak{Z}$ sich auf überhaupt nichts wesentlich bezieht.

tionsgleichung von „aufeinander bezogen", nämlich $M(E \cap H) = M(E)$ $\times C(H|E)$ ist dann aber trivial erfüllt, *welchen Wert auch immer das Glied mit der C-Funktion annehmen mag.*

6. Entscheidungstheoretische Rechtfertigung der Grundaxiome und des Regularitätsaxioms: Kohärenz und strenge Kohärenz

Die in Abschnitt 1 aufgestellten Behauptungen (3) und (4) bzw. die entsprechenden allgemeineren Behauptungen (3*) und (4*) sollen jetzt bewiesen werden. Wir übernehmen den dortigen entscheidungstheoretischen Formalismus mit den folgenden Modifikationen, Verallgemeinerungen und Präzisierungen:

(1) Bereits in Abschnitt 1 ist gezeigt worden, daß die bedingte Glaubensfunktion durch die Funktion *Cred* zu ersetzen ist. Dieser entspricht jetzt die abstrakte C-Funktion C. In **D1–4** ist also „$Cred_X$" durch „C" zu ersetzen. Da in der abstrakten Theorie nicht einmal mehr eine Bezugnahme auf ein imaginäres Subjekt X erfolgt, fällt der untere Index „X" überall fort. In den inhaltlichen Erläuterungen tritt dieses imaginäre Subjekt aber noch gelegentlich auf.

(2) Entsprechend der einheitlichen Theorie von R. JEFFREY werden nicht mehr drei Arten von Entitäten: Handlungen, Umstände (Weltzustände) und Resultate unterschieden, sondern es wird alles unter den einheitlichen Begriff der Proposition subsumiert. Es sei C eine C-Funktion auf $\mathfrak{E}_1 \subset \mathfrak{E}^2$[20].

Die folgenden drei Klassen seien Teilklassen von $\mathfrak{E}_1$:

(a) $\mathfrak{U} = \{U_1, U_2, \ldots\}$: Die *Klasse der Umstände* oder der Naturzustände, die X für *möglich hält*;

(b) $\mathfrak{A} = \{A_1, A_2, \ldots\}$: die Klasse der *möglichen Handlungen* (Aktionen), die X in Erwägung zieht;

(c) $\mathfrak{R} = \{\ldots, R_{ik}, \ldots\}$: die Klasse der *möglichen Resultate*, die für X von Interesse sind. Jedes Resultat R_{ik} ist eindeutig bestimmt durch die Handlung A_i und den Umstand U_k. (In technischer Sprechweise: R mit den Werten R_{ik} kann als *Zufallsfunktion* über dem Produktraum $\mathfrak{A} \times \mathfrak{U}$ gedeutet werden.)

(3) Es wird vorausgesetzt, daß X seine *quantitative Nutzenfunktion N* kennt. Der Definitionsbereich dieser Funktion ist $\mathfrak{R}$.

(4) W_T sei das X zur Zeit T verfügbare Tatsachenwissen. Es wird angenommen, daß X die Wahrscheinlichkeit des Eintretens jedes möglichen Naturzustandes berechnen kann. In Verallgemeinerung von **D1–4** nehmen wir aber jetzt an, daß für das Eintreten von U_k auch die mögliche Handlung

---

[20] Wir erinnern daran, daß dies bedeutet: C ist für $\mathfrak{E}_1 \times (\mathfrak{E}_1 - \{\emptyset\})$ definiert.

A_i von Relevanz sein kann; in der früheren Sprechweise formuliert: wir setzen nicht voraus, daß die Naturzustände handlungsunabhängig sind, sondern lassen zu, daß ihr Eintreten dadurch mitbestimmt sein kann, welche der möglichen Handlungen tatsächlich vollzogen wird. Wir erhalten somit Ausdrücke von der Gestalt: $C(U_k \mid W_T \cap A_i)$, zu lesen etwa als: die bedingte (personelle) Wahrscheinlichkeit für das Eintreten des Zustandes U_k, gegeben das Tatsachenwissen W_T und die erwogene Handlung A_i.

(5) In **D1-4** war vom subjektiven Wert der Handlung A_i die Rede. Wie das Definiens zeigt, handelt es sich dabei, wahrscheinlichkeitstheoretisch gesprochen, um einen Erwartungswert. Was unsere rationale Person zu bestimmen hat, ist also *die Erwartung des Nutzens, den das Resultat bei Durchführung der Handlung A_i liefert*. Wenn wir dafür die Abkürzung $\mathbf{E}(N(R) \mid W_T \cap A_i)$ einführen, so erhalten wir: $\mathbf{E}(N(R) \mid W_T \cap A_i)$ $= \sum_k [N(R_{ik}) \cdot C(U_k \mid W_T \cap A_i)]$

Die numerische Präferenzordnung der Handlungen wird durch die Größenverhältnisse zwischen diesen Erwartungswerten festgelegt. Die *Entscheidungsregel von* BAYES ist jetzt so zu formulieren, daß eine unter denjenigen Handlungen zu vollziehen ist, für welche der linke Wert (= die Nutzenerwartung) einen Maximalwert liefert, welche also in der Präferenzordnung einen Spitzenwert einnimmt. Die daraus folgende *Wettregel* lautet:

Eine Wette auf eine Voraussage H ist für eine Person X nur dann rational, wenn der Wettquotient nicht größer ist als der C-Wert von H, bezogen auf das verfügbare Wissen.

Es soll jetzt ein *starker* Grund für die Annahme aller bisherigen fünf Axiome angegeben werden. Dieser Grund besteht in dem Nachweis dafür, daß jede *C*-Funktion, die nur eines dieser Axiome verletzt, in bestimmten möglichen Situationen zu irrationalen Entscheidungen führt. (Ein *schwacher* Grund für die Annahme eines Axioms bestünde demgegenüber in dem Nachweis, daß die Beschränkung von *C*-Funktionen auf solche, welche das Axiom erfüllen, *plausibel* ist. Einige Gründe für spätere Axiome werden bloße schwache Gründe sein.)

Es sei zunächst der Begriff der Wette präzisiert. Dabei genügt es, auf den Wettquotienten und Gesamteinsatz Bezug zu nehmen (der Leser vergleiche die folgende Definition mit der früher gegebenen, in welcher von den beiden Einsätzen die Rede war). „*X* schließt mit *Y* eine *Wette auf H* mit dem Wettquotienten *q* und dem Gesamteinsatz *s* ab" soll bedeuten: „*X* schließt mit *Y* einen Vertrag, wonach *Y* dem *X* den Geldbetrag $(1-q)s$ zu bezahlen hat, wenn *H* sich als richtig erweist, dagegen *X* dem *Y* den Geldbetrag qs zahlen muß, wenn *H* sich als falsch herausstellt, wobei $0 \leq q \leq 1$" (über *s* wird weiter unten eine Angabe gemacht).

Wenn X in der geschilderten Weise auf H wettet, so sieht *die Tabelle der möglichen Reingewinne und Reinverluste* folgendermaßen aus (in der Spaltenüberschrift ist nur von Reingewinn die Rede; ein Reinverlust ist ein Reingewinn mit negativem Zahlenwert):

X *wettet auf* H:

	Reingewinn von X	Reingewinn von Y
H erweist sich als richtig	$(1-q)s$	$-(1-q)s$
H erweist sich als falsch	$-qs$	qs

Statt zu sagen: „X wettet *auf* H" kann man auch sagen: „Y wettet *gegen* H". Wir setzen dabei s als positiv voraus. Sollten X und Y bereit sein, ihre Rollen zu vertauschen (d. h. X wettet *gegen* H, Y *auf* H), so wären die Zahlenwerte in den beiden Spalten zu vertauschen. Das Ergebnis dieser Vertauschung kann — wie ein Blick auf die Tabelle lehrt — auch dadurch erzeugt werden, daß man „s" durch „$-s$" ersetzt. Dies ermöglicht eine Vereinfachung der Sprechweise: statt zu sagen daß X gegen H mit dem Einsatz s wettet, können wir sagen, *daß X auf H mit dem Einsatz $-s$ wettet*. Wenn wir auch den Grenzfall eines Einsatzes $s=0$ zulassen so haben wir mit der Wendung „*Wette auf H mit Einsatz s*" bereits *alle* denkbaren Fälle erfaßt, wenn $s \gtreqless 0$ zugelassen ist. Als *fair* wird eine Wette von jedem Vertragspartner nur dann empfunden werden, *wenn er zu dem geschilderten Rollentausch mit seinem Partner bereit ist*.

Der Begriff der Wette kann noch zu dem der *bedingten Wette* erweitert werden. Hier wird *auf H unter der Annahme der Gültigkeit von E* gewettet. Erweist sich E als falsch, so ist die Wette als nicht abgeschlossen zu betrachten. (In der obigen Tabelle würden dann beide Spalten unter der Rubrik „E ist wahr" laufen, während für „E ist falsch" die Eintragungen in beiden Gewinnspalten 0 sein müßten.) Für die formale Definition sei wieder $\mathfrak{B}$ ein Begriffsystem und $\mathfrak{E}$ die Klasse der innerhalb dieses Begriffsgerüstes eingeführten Propositionen. Die formale Definition der Wette lautet dann:

D6–1 D ist *eine Wette in* $\mathfrak{B}$ *auf H bezüglich E mit dem Wettquotienten q und dem Einsatz s* gdw $D = \langle \mathfrak{B}, H, E, q, s \rangle$, also D dieses geordnete Quintupel ist, wobei $H, E \in \mathfrak{E}$ und q sowie s reelle Zahlen sind und q die Bedingung erfüllt: $0 \leq q \leq 1$.

Diese Definition schließt die nichtbedingte Wette auf H als Grenzfall ein; denn diese kann als bedingte Wette auf H bezüglich der notwendigen Proposition $\mathfrak{z}$ aufgefaßt werden.

Als nächstes definieren wir den *Reingewinn*, den eine Person bei einer Wette D auf H bezüglich E erzielt. Der Ausgang der Wette, d. h. das Resultat, werde durch eine Proposition R beschrieben. (Für ein richtiges

Verständnis der Definition muß sich der Leser daran erinnern, daß die logische Folgebeziehung zwischen Propositionen durch die Einschlußrelation wiedergegeben wird.) Ein Verlust wird als negativer Reingewinn bezeichnet. Der Fall einer Wette gegen H ist bereits in der vorigen Definition enthalten, welche die Wahl eines negativen Wertes s zuläßt.

D6–2 D sei eine Wette $\langle \mathfrak{B}, H, E, q, s \rangle$. F sei eine mögliche Proposition in $\mathfrak{B}$, die eine der drei folgenden Propositionen zur logischen Folge hat: $E \cap H, E \cap -H, -E$. Der *Reingewinn* $g(D, F)$ *der Wette D beim Ausgang F* ist folgendermaßen bestimmt:

(a) wenn $F \subset E \cap H$, dann $g(D, F) = (1 - q)\,s$;
(b) wenn $F \subset E \cap -H$, dann $g(D, F) = -qs$;
(c) wenn $F \subset -E$, dann $g(D, F) = 0$.

Es folgt jetzt eine kurze inhaltliche Zwischenbetrachtung: In Abschnitt 1 ist die Funktion *Cred* eingeführt worden, um den Übergang von der tatsächlichen Wissenssituation einer Person zu möglichen Wissenssituationen vollziehen zu können. In der gegenwärtigen abstrakten Theorie entspricht dem *Cred* die Funktion C. Wir sind daher berechtigt, nicht nur solche Wetten einer Person X zu berücksichtigen, die auf ihrem tatsächlichen Wissen $W_{X,T}$ beruhen und zu dem faktischen Wettquotienten $q = C(H \mid W_{X,T})$ einer Wette auf H führen, sondern auch *mögliche* Situationen zu erwägen, in denen das faktische Wissen von X in W^* bestünde. In diesem Fall ergibt es zwar keinen Sinn, vom tatsächlichen Gewinn zu sprechen, den X erzielt; aber wir können die mit W^* verträglichen möglichen Situationen untersuchen und den Gewinn von X in jedem dieser möglichen Fälle bestimmen.

Statt einer einzigen Wette betrachten wir dabei ein ganzes System DS von Wetten. Wir wissen ja bereits von Abschnitt 1, daß nur für ein *System* von Wetten die für die Rechtfertigung der Axiome wichtigen Begriffe der Kohärenz und der strengen Kohärenz eingeführt werden können.

Die zum System DS gehörenden Wetten sollen so numeriert werden, daß die k-te Wette D_k eine Wette auf H_k bezüglich E_k ist. Ferner sei das hypothetisch angesetzte Gesamtwissen $W^* = \cup E_k$. Dies hat insbesondere zur Folge, daß $E_k \subset W^*$ für jedes E_k und daß $W^* \cap E_k = E_k$.

D6–3 DS ist ein *mit der Funktion C im Einklang stehendes Wettsystem* gdw DS ein geordnetes Tripel $\langle \mathfrak{B}, \mathfrak{D}, C \rangle$ ist, für welches folgendes gilt:

(1) $\mathfrak{D}$ ist eine nichtleere Klasse von Wetten in $\mathfrak{B}$, wobei D_i für jedes $D_i \in \mathfrak{D}$ die Wette $\langle \mathfrak{B}, H_i, E_i, q_i, s_i \rangle$ mit $E_i \neq \emptyset$ ist;
(2) C ist eine zweistellige reelle Funktion mit dem Argumentbereich $\mathfrak{E}_1 \times (\mathfrak{E}_1 - \{\emptyset\})$ für $\mathfrak{E}_1 \subset \mathfrak{E}$;
(3) für jedes i von (1) ist $q_i = C(H_i \mid E_i)$.

Es möge ausdrücklich darauf aufmerksam gemacht werden, daß über *C* keine weiteren Voraussetzungen gemacht worden sind als in (2). *Insbesondere braucht C keine C-Funktion zu sein!* Um die bisherigen Axiome zu rechtfertigen, müssen wir auch solche Funktionen in Betracht ziehen, welche die Axiome nicht erfüllen. Ein Wettsystem ist zwar nicht per definitionem endlich, doch wird im folgenden eine Beschränkung auf endliche Wettsysteme erfolgen.

Als vorbereitenden Schritt für die Einführung des Begriffs des Gesamtgewinns müssen wir die Klasse der möglichen Naturzustände $\mathfrak{N}_{DS}$ definieren, die für das Wettsystem *DS* relevant sind.

D6−4 *DS* sei das Wettsystem $\langle \mathfrak{B}, \mathfrak{D}, C \rangle$ mit der Klasse der *m* Wetten $\mathfrak{D} = \{D_1, D_2, ..., D_m\}$. Es sei $W^* = \bigcup_{i=1}^{m} E_i$. Ferner sei für jedes $i \leq m$: $F_1^i = E_i \cap H_i$; $F_2^i = E_i - H_i$; $F_3^i = W^* - E_i$. Dann soll *die Klasse der für das Wettsystem DS relevanten Naturzustände* $\mathfrak{N}_{DS}$ identisch sein mit der Klasse $\{N \mid$ es gibt eine Folge von Zahlen $n_1, ..., n_m$, wobei jedes Glied dieser Folge eine der drei Zahlen 1, 2 oder 3 ist und $N = \bigcap_{i=1}^{m} F_{n_i}^i$ und $N \neq \emptyset\}$.

Erläuterung. Der ganz einfache Sachverhalt sieht wegen der etwas undurchsichtigen Indizierung komplizierter aus als es tatsächlich der Fall ist. Die drei Arten von Propositionen F_j^i entsprechen den drei möglichen Ausgängen, wie sie in **D2** beschrieben worden sind. Der obere Index *i*, der von 1 bis *m* läuft, mußte hinzugefügt werden, weil wir es jetzt nicht mehr mit drei möglichen Ausgängen bei *einer* Wette zu tun haben, sondern mit je drei möglichen Ausgängen *bei m verschiedenen Wetten*. Jedes Element *N* der Klasse der relevanten Naturzustände faßt für jedes *i* je einen der drei möglichen Ausgänge konjunktiv zusammen (die Konjunktion ist durch das Symbol „$\bigcap_{i=1}^{m}$" wiedergegeben). Man erkennt unmittelbar, daß stets gilt $F_{n_i}^i \subset W^*$ (es ist ja z.B. $E_i \cap H_i \subset E_i \subset \bigcup_{i=1}^{m} E_i$; ferner $W^* - E_i \subset W^*$). Also $N \subset W^*$ für jedes $N \in \mathfrak{N}_{DS}$.

In Analogie zu dem in **D2** definierten Begriff des Reingewinns der Wette *D* beim Ausgang *F* soll jetzt der Begriff $G(DS, N)$ definiert werden, der den (positiven, negativen oder nullwertigen) Gesamtgewinn des Wettsystems *DS* bei Realisierung des Naturzustandes *N* darstellt. *N* darf hier bei gegebenem Wettsystem *DS* alle Elemente von $\mathfrak{N}_{DS}$ durchlaufen.

D6−5 *DS* sei das Wettsystem $\langle \mathfrak{B}, \mathfrak{D}, C \rangle$, wobei $\mathfrak{D}$ die *m* Wetten $D_1, ..., D_m$ enthalte. Ferner sei $N \in \mathfrak{N}_{DS}$. Dann ist *der Gesamtgewinn des Wettsystems DS bei Realisierung des Naturzustandes N* definiert durch:

$$G(DS, N) = \sum_{i=1}^{n} g(D_i, N).$$

Kohärenz und strenge Kohärenz

(Ein Vergleich der Definitionen **D2** und **D4** lehrt, daß das zweite Argument N rechts eine Proposition ist, die für sämtliche m Wetten einen möglichen Ausgang F von der Art (a), (b) oder (c) im Sinn von **D2** wiedergibt.)

In der nächsten Definition sollen aus Zweckmäßigkeitsgründen für die fünf Gewinnmöglichkeiten von Wettsystemen Kurzbezeichnungen eingeführt werden.

D6–6 DS sei ein Wettsystem. Wir sagen, daß für dieses Wettsystem

- (a) *Verlust notwendig* ist gdw
  $G(DS, N) < 0$ für jedes $N \in \mathfrak{N}_{DS}$;
- (b) *Verlust möglich* ist gdw
  $G(DS, N) < 0$ für mindestens ein $N \in \mathfrak{N}_{DS}$;
- (c) *positiver Gewinn unmöglich* ist gdw
  $G(DS, N) \leq 0$ für jedes $N \in \mathfrak{N}_{DS}$;
- (d) *positiver Gewinn möglich* ist gdw
  $G(DS, N) > 0$ für mindestens ein $N \in \mathfrak{N}_{DS}$;
- (e) *kein Ergebnis erzielt wird* gdw
  $G(DS, N) = 0$ für jedes $N \in \mathfrak{N}_{DS}$.

In der nächsten Definition wird der wichtige Begriff der Kohärenz eingeführt.

D6–7 Es sei C eine zweistellige reelle Funktion von der in **D3** (2) beschriebenen Art. C heißt *kohärent* gdw für kein mit C im Einklang stehendes Wettsystem Verlust notwendig ist.

Nun folgt das entscheidende Theorem, welches einer Teilbehauptung der Aussage (3) von Abschnitt 1 entspricht (mit den angegebenen Verallgemeinerungen und Präzisierungen). Die Rolle, welche dieses Theorem für die Frage der Rechtfertigung der Grundaxiome spielt, wurde bereits in Abschnitt 1 eingehend erörtert.

T6–1 *Eine kohärente Funktion C erfüllt alle wahrscheinlichkeitstheoretischen Grundaxiome* **A1** *bis* **A4**.

Beweis. Für den Nachweis wählen wir die Kontraposition des Theorems. Sie besagt: Wenn eine Funktion C auch nur eines der vier Axiome verletzt, dann existiert ein mit C im Einklang stehendes Wettsystem, für welches Verlust notwendig ist. Wir werden dementsprechend folgendermaßen verfahren: Wir setzen das Begriffsystem $\mathfrak{B}$ als gegeben voraus, ohne darüber speziellere Annahmen zu machen. Ferner nehmen wir an, daß von vier Funktionen $C_1, \ldots, C_4$ die Funktion $C_k (k = 1, \ldots, 4)$ jeweils das k-te Axiom verletzt. Es wird dann in allen vier Fällen ein Wettsystem DS_k konstruiert, für welches im Sinn von **D6** (a) Verlust notwendig ist. Das Gesamtwissen W^* wird ebenso festgelegt wie in **D4**, nämlich $W^* = \cup E_i$.

(Die Sache wird dadurch sehr vereinfacht, daß in sämtlichen Fällen dieses Gesamtwissen W^* mit E_1 identisch ist.) Der Gesamteinsatz s kann positiv oder negativ sein. Als Wettquotienten q werden die in dem fraglichen Axiom vorkommenden C-Werte genommen.

1. Fall: C_1 verletze **A1**. Dies bedeutet: Es gibt Propositionen E_1 und H_1, so daß $C_1(H_1 \mid E_1) = c < 0$. Es genügt, für das erste Wettsystem DS_1 eine einzige Wette zu konstruieren. Übersichtshalber geben wir die Details in einer Tabelle an: Die ersten 4 Spalten enthalten die für die Wette relevanten Daten. Die übernächsten beiden Spalten enthalten in der ersten Zeile die zwei für den Ausgang relevanten möglichen Naturzustände und in der zweiten Zeile die dabei auftretenden Einzelgewinne (die Eintragungen erfolgen auf Grund von **D2** (*a*) und (*b*)). In einer Zwischenspalte ist, um eine Fehldeutung auszuschließen, auf die rechts stehenden Gewinne $g(D_1, N_i)$ verwiesen. Die letzte Spalte enthält einen zusammenfassenden Bericht über den Gesamtgewinn, der in diesem Fall mit dem Einzelgewinn identisch ist. Die Tabellen für die nächsten Fälle werden ganz analog gebildet.

$DS_1 = \{D_1\}$[21]				N_1	N_2	G
E	H	s	q	$E \cap H$	$E - H$	$G < 0$
E_1	H_1	-1	$c < 0$ $\quad g(D_1, N_i)$	$-1 \cdot (1-c)$ $= c - 1$	$-c \cdot -1$ $= c$	(nämlich entweder $c - 1$ oder c)

2. Fall: C_2 verletze **A2**. Es gibt also eine Proposition E_1, so daß $C_2(E_1 \mid E_1) = c \neq 1$. Abermals genügt es, eine einzige Wette zu konstruieren. Da diesmal E mit H identisch ist, enthält die Tabelle auf beiden Seiten je eine Spalte weniger.

$DS_2 = \{D_2\}$			N_1	G
E	s	q	E	
E_1	$\dfrac{1}{c-1}$	$c \neq 1 \quad g(D_2, N_i)$	$\dfrac{1-c}{c-1} = -1$	$G < 0$

Zu beachten ist hier noch folgendes: Falls $c > 1$ gewählt wurde, ist s positiv; es liegt eine Wette *auf* E_1 vor. Wurde hingegen $c < 1$ gewählt, so ist s negativ; somit liegt eine Wette *gegen* E_1 vor.

---

[21] Einfachheitshalber geben wir innerhalb der geschlungenen Klammern nur die Wetten des Systems an, die in der Tabelle näher beschrieben werden. Streng genommen müßte nach **D5** jedes derartige System als geordnetes *Tripel* konstruiert werden.

3. *Fall:* C_3 verletze **A3**. Es gibt dann Propositionen E_1 und H_1, so daß $C_3(H_1 \mid E_1) + C_3(-H_1 \mid E_1) \neq 1$. Es sei $C_3(H_1 \mid E_1) = c_1$, $C_3(-H_1 \mid E_1) = c_2$. Ferner sei $d = c_1 + c_2 - 1$. Diesmal besteht das Wettsystem aus zwei Wetten. Je nachdem, ob $d > 0$ oder $d < 0$, handelt es sich um Wetten *auf* H bzw. $-H$ oder um Wetten *gegen* H bzw. $-H$.

$DS_3 = \{D_3, D_4\}$					N_1	N_2	G
	E	H	s	q	$E \cap H$	$E - H$	
D_3	E_1	H_1	$\frac{1}{d}$	c_1	$g(D_3, N_i)$	$\frac{1-c_1}{d}$	$-\frac{c_1}{d}$	
D_4	E_1	$-H_1$	$\frac{1}{d}$	c_2	$g(D_4, N_i)$	$-\frac{c_2}{d}$	$\frac{1-c_2}{d}$	
					$G(DS_3, N_i)$	-1	-1	$G < 0$

Bezüglich D_4 ist zu beachten, daß eine Wette auf (gegen) $-H_1$ einer Wette gegen (auf) H_1 gleichkommt. (Hier ist also $E \cap H$ dasselbe wie $E_1 \cap -H_1$; und $E - H$ ist dasselbe wie $E_1 \cap H_1$.) In der letzten Zeile wurde unter N_1 und N_2 der *Gesamt*gewinn angeschrieben, der in beiden Fällen negativ ist, nämlich -1.

$DS_4 = \{D_5, D_6, D_7\}$					N_1	N_2	N_3	G
	E	H	s	q	$E_1 \cap H_1 \cap H_2$	$E_1 \cap H_1 - H_2$	$(E_1 - H_1) \cap H_2$ / $E_1 - H_1 - H_2$	
D_5	E_1	$H_1 \cap H_2$	$-\frac{1}{d}$	c_1	$g(D_5, N_i)$	$-\frac{1-c_1}{d}$	$\frac{c_1}{d}$	$\frac{c_1}{d}$	
D_6	E_1	H_1	$\frac{c_3}{d}$	c_2	$g(D_6, N_i)$	$\frac{(1-c_2) \cdot c_3}{d}$	$\frac{(1-c_2) \cdot c_3}{d}$	$-\frac{c_2 c_3}{d}$	
D_7	$E_1 \cap H_1$	H_2	$\frac{1}{d}$	c_3	$g(D_7, N_i)$	$\frac{1-c_3}{d}$	$-\frac{c_3}{d}$	0	
					$G(DS_4, N_i)$	-1[22]	-1	-1	$G < 0$

4. *Fall:* C_4 verletze **A4**. Es gibt somit drei Propositionen E_1, H_1 und H_2, so daß $C_4(H_1 \cap H_2 \mid E_1) \neq C_4(H_1 \mid E_1) \cdot C_4(H_2 \mid E_1 \cap H_1)$. Die drei

---

[22] Die Summe der 3 Gewinne ergibt: $\dfrac{-1 + c_1 + c_3 - c_2 c_3 + 1 - c_3}{d}$ $= \dfrac{c_1 - c_2 c_3}{d} = -\dfrac{d}{d} = -1$. Analog berechnet sich die Summe in den beiden übrigen Fällen.

C_4-Werte seien in dieser Reihenfolge: c_1, c_2 und c_3. Es sei $d = c_2 c_3 - c_1$. Offenbar ist $d \neq 0$. Die Anzahl der für den Beweis erforderlichen Wetten ist diesmal 3. Dabei ist jetzt folgendes zu beachten: Das Argument von $c_3 (= C_4(H_2 \mid E_1 \cap H_1))$ besteht in der Proposition $E_1 \cap H_1$. Diese Proposition ist mit $W^* \cap H_1$ identisch und kann daher selbst unter der Voraussetzung W^* falsch sein. Dies ist das einzige Mal, wo ein solcher Fall vorkommt und als g-Wert an einer Stelle (nämlich in der dritten Zeile der N_3-Spalte) der Wert 0 einzutragen ist (Fall (c) von **D2**). Man kann dies auch so ausdrücken: Davon, daß es sich um eine *bedingte* Wette handelt, wird hier das einzige Mal ein faktischer Gebrauch gemacht. (Auch bei der späteren Begründung des Regularitätsaxioms wird dies nicht mehr vorkommen.)

In der zweiten Zeile der N_2-Spalte ist zu beachten, daß für die Wette D_6 die Situation *genau dieselbe* ist wie in der N_1-Spalte (denn H_2 ist für diese Wette irrelevant). Damit ist der Beweis beendet.

Für die Rechtfertigung des Regularitätsaxioms **A5** muß zunächst der Begriff der strengen Kohärenz präzisiert werden.

D6-8 Es sei C eine zweistellige reelle Funktion von der in **D3** (2) beschriebenen Art. C heißt *streng kohärent* (genauer: *streng kohärent im Endlichen*) gdw es kein mit C im Einklang stehendes Wettsystem $DS = \langle \mathfrak{B}, \mathfrak{D}, C \rangle$ gibt, welches die folgenden drei Bedingungen erfüllt:
(a) $\mathfrak{D}$ ist endlich;
(b) für jede in D vorkommende Wette sind die Propositionen E und H molekular;
(c) für das Wettsystem DS ist Verlust möglich und positiver Gewinn unmöglich.

Zum Unterschied von inkohärenten Wetten kann ein Wettender, der eine nicht streng kohärente Wette abschließt, zwar nicht nur nicht gewinnen, sondern braucht, *falls er Glück hat*, auch nicht zu verlieren. Wenn er dagegen kein Glück hat (nämlich wenn gewisse Zustände verwirklicht sind), kann er einen Verlust erleiden.

Die in Abschnitt 1 angekündigte Rechtfertigung für das Regularitätsaxiom ist in dem folgenden von SHIMONY bewiesenen Theorem enthalten:

T6-2 *Eine streng kohärente Funktion C erfüllt alle Axiome* **A1** *bis* **A5**.

Beweis. Jede streng kohärente Funktion C ist a fortiori kohärent. Denn nach der Definition der strengen Kohärenz ist für jedes mit C im Einklang stehende Wettsystem entweder Verlust unmöglich oder positiver Gewinn möglich. C erfüllt daher wegen **T1** die vier Grundaxiome. Es bleibt nur noch zu beweisen, daß C auch das fünfte Axiom erfüllt. Dazu benützen wir wiederum die Kontraposition dieser Teilbehauptung: *Wenn C **A5** verletzt, so ist C nicht streng kohärent*.

C möge also **A5** verletzen. E und H seien zwei molekulare Propositionen von $\mathfrak{B}$ mit $E \cap H \neq \emptyset$, so daß $C(H \mid E) = 0$. Wir konstruieren ein System, bestehend aus einer einzigen Wette, für welches Gewinn unmöglich, jedoch Verlust möglich ist.

	$DS_5 = \{D_8\}$				N_1	N_2	G
E	H	s	q		$E \cap H$	$E - H$	
E	H	-1	0	$g(D_8, N_i)$	-1	0	$G \leqq 0$

Damit ist der Beweis bereits beendet.

Einen klaren Einblick in die Natur der strengen Kohärenz erhält man durch die folgende Verschärfung des Theorems:

T6-3 *C sei eine streng kohärente Funktion. E und H seien molekulare Propositionen mit $E \neq \emptyset$. Dann ist (a) $C(H \mid E) = 0$ nur wenn $E \cap H = \emptyset$ und (b) $C(H \mid E) = 1$ nur wenn $E \subset H$.*

Dieses Theorem besagt also, daß unter den gegebenen Voraussetzungen aus $C(H \mid E) = 0$ auf die logische Unverträglichkeit von E mit H geschlossen werden darf, und aus $C(H \mid E) = 1$ darauf, daß H aus E logisch folgt.

Beweis. (a) folgt bereits aus dem Nachweis für **T2**. Denn wäre außer $C(H \mid E) = 0$ auch noch $E \cap H \neq \emptyset$, so könnte C im Widerspruch zur Voraussetzung nicht streng kohärent sein.

(b) Es gelte $C(H \mid E) = 1$, ohne daß $E \subset H$ gelte. Dann ist $E - H \neq \emptyset$. Durch Konstruktion der folgenden Wette soll gezeigt werden, daß C dann nicht streng kohärent sein kann, wieder im Widerspruch zur Voraussetzung des Theorems.

	$DS_6 = \{D_9\}$				N_1	N_2	G
E	H	s	q		$E \cap H$	$E - H$	
E	H	1	1	$g(D_9, N_i)$	0	-1	$G \leqq 0$

Damit ist auch die Rechtfertigung des Regularitätsaxioms beendet. Wir erinnern nochmals an das intuitive Rationalitätsprinzip, an welches hierbei appelliert wird: *Es muß nicht nur ein Vertragsabschluß als irrational gewertet werden, der die Garantie eines Verlustes einschließt — wie beim Fall der gewöhnlichen Kohärenz —; vielmehr müssen wir einen Vertragsabschluß bereits dann als irrational und unvernünftig bewerten, der ein Verlustrisiko einschließt, welches nicht ausgeglichen wird durch die Chance eines möglichen Gewinnes.*

Anmerkung. Statt der Ausdrücke „kohärent" und „streng kohärent" werden häufig die Ausdrücke „fair" und „streng fair" benützt (z.B. von J.G. KEMENY).

Wie schon erwähnt, lehnt CARNAP diese Bezeichnungen als irreführend ab, weil es nach seiner Auffassung noch *weitere Rationalitätsbedingungen* gibt, die jede vernünftige *C*-Funktion erfüllen muß. Verstößt eine Funktion gegen eine dieser weiteren Bedingungen, so wäre ein Wettverhalten, welches sich auf diese Funktion stützt, als irrational zu bezeichnen, *selbst wenn diese Funktion die bisher eingeführten fünf Axiome erfüllt*. Solche irrationalen Wetten sollten nicht fair bzw. streng fair genannt werden. Aus demselben Grund lehnt CARNAP die Bezeichnung „rational" anstelle von „kohärent" ab. Die Bezeichnung „kohärent" geht auf DE FINETTI zurück; den Ausdruck „streng kohärent" hat CARNAP geprägt. In § 8 von [Basic System] gibt CARNAP eine Liste der von verschiedenen Autoren benützten Ausdrücke.

Von den beiden Theoremen **T1** und **T2** gelten auch die Umkehrungen. Ihre Beweise sind ziemlich kompliziert, trotzdem aber von geringem wissenschaftstheoretischen Interesse, da diese Umkehrungen für das Rechtfertigungsverfahren nicht benötigt werden.

7. Sprachen und Teilsprachen

7.a Einführung von Objektsprachen, die auf das begriffliche System bezogen sind. Wir müssen uns jetzt daran erinnern, daß wir bisher überhaupt keine Objektsprache eingeführt haben. Den Gegenstand der Untersuchungen bildete vielmehr das — nur in bezug auf seine Grundstruktur festgelegte, im übrigen aber offene — *begriffliche System* $\mathfrak{B}$. Im Prinzip könnten wir auch für die folgenden Überlegungen in derselben nichtlinguistischen Weise fortfahren. Da es für jede praktische Anwendung jedoch unerläßlich bleibt, ein semantisch interpretiertes Sprachsystem einzuführen, soll die Art dieser Einführung skizziert werden. Es sei vorweg angemerkt, daß das Verfahren höchst einfach ist. Das begriffliche System $\mathfrak{B}$ sei vorgegeben. Es geht dann darum, in geeigneter Weise eine *auf $\mathfrak{B}$ bezogene Sprache* $\mathfrak{L}$ einzuführen.

Die Zeichentabelle unserer Sprache $\mathfrak{L}$ enthalte als außerlogische Symbole so viele *Individuenkonstante*, wie im Individuenbereich Objekte vorkommen, sowie hinreichend viele Individuenvariable; ferner so viele *Prädikatfamilien*, wie in $\mathfrak{B}$ Attributfamilien vorkommen, und in jeder Familie so viele *Prädikate*, wie die entsprechende Familie von $\mathfrak{B}$ Attribute enthält. Diese linguistischen Symbole sollen in genau derselben Weise indiziert werden wie die entsprechenden nichtlinguistischen Entitäten. Wir führen sie jedoch nicht eigens ein, da wir im folgenden nur *über* sie sprechen werden. Die erste *semantische Bestimmung* erfolgt durch die Festsetzung, daß diese Grundsymbole den korrespondierenden Entitäten aus $\mathfrak{B}$ eindeutig zugeordnet sind; also die Individuenkonstanten den Individuen, und für jedes *m* die Prädikate der *m*-ten Familie den Attributen der *m*-ten Familie.

Ferner setzen wir voraus, daß die Zeichentabelle auch die logischen *Junktoren* und *Quantoren* enthalte[23] — wobei nur „$\neg$", „$\vee$", „$\wedge$" und der

---

[23] Da keine Gefahr einer Verwechslung besteht, verwenden wir in der Objektsprache und in der Metasprache dieselben logischen Symbole.

Allquantor „∧" undefinierte Grundsymbole bilden mögen −, sowie das Identitätssymbol „=". Der Begriff „*Satz in* 𝔏" werde durch die übliche rekursive Definition eingeführt. (Diese Definition wird in der sogleich gegebenen Bedeutungsregel für Sätze auf semantischer Ebene nochmals widergespiegelt, so daß wir auf die explizite Wiedergabe verzichten.)

Die semantische Regel für Sätze dient dazu, jedem Satz die Proposition zuzuordnen, die der Satz ausdrückt. Diese *Proposition* wird identifiziert mit der *Wahrheitsmenge* 𝔚 des Satzes, d. h. mit der Menge der Modelle, in denen dieser Satz erfüllt ist. Dies ist eine sinnvolle Bestimmung, da ein Modell Z eine in allen Details bestimmte ‚mögliche Welt' von 𝔅 repräsentiert, und daher für jeden Satz gilt, daß entweder er selbst oder seine Negation in Z erfüllt ist.

Der Begriff der Gültigkeit in einem Modell entspricht dem früheren Begriff der Gültigkeit in einer Zustandsbeschreibung; vgl. etwa [I. L.], S. 145.

Als Variable für Sätze verwenden wir den Buchstaben „S", evtl. mit Indizes. 𝔚(S) sei die Wahrheitsmenge von S. Die rekursive Bestimmung beginnt mit den Sätzen von atomarer Struktur und ordnet diesen in naheliegender Weise Modellklassen zu. In den folgenden rekursiven Bestimmungen entsprechen jeweils logischen Operatoren (in Anwendung auf Sätze) mengentheoretische Operatoren (in Anwendung auf die korrespondierenden Wahrheitsmengen). In der Ausgangsbestimmung hätte man statt auf Modellklassen direkt auf den in **D2−2** eingeführten Begriff der atomaren Proposition Bezug nehmen können, wie der Leser durch Vergleich unmittelbar feststellt.

Wir machen an dieser Stelle nochmals ausdrücklich darauf aufmerksam, daß der in der Bedeutungsregel für Sätze verwendete Begriff der Proposition ein Begriff der *extensionalen Semantik* ist und nicht ein Begriff der *intensionalen Semantik*; denn die Begriffe *Modell* bzw. *Modellfunktion* und *Klasse* sind rein extensionale Begriffe. Zu intensionalen Bestimmungen gelangen wir erst im nächsten Abschnitt mit der Einführung von Analytizitätspostulaten.

In den definitorischen Bestimmungen (**b**), (**c**) und (**d**) wird vorausgesetzt, daß S, S_1 und S_2 beliebige Sätze sind. In (**g**) ist S^* eine Aussageform, welche genau diejenige Individuenvariable frei enthält, die im voranstehenden Quantor vorkommt (und durch den sie gebunden wird); und S_i^* ist für jeden Individuenindex i das Ergebnis der Einsetzung der i-ten Individuenkonstante für diese freie Variable von S^*.

D7−1 (a) Wenn S für beliebige Indizes m, i und j der *Atomsatz* von 𝔏 mit der i-ten Individuenkonstante und dem j-ten Prädikat der m-ten Familie ist, dann
$$\mathfrak{W}(S) =_{\mathrm{Df}} \{Z \mid Z \cdot \mathfrak{Z} \wedge Z(m, i) = j\};$$
(b) $\mathfrak{W}(\neg S) =_{\mathrm{Df}} - \mathfrak{W}(S);$

(c) $\mathfrak{W}(S_1 \vee S_2) =_{\text{Df}} \mathfrak{W}(S_1) \cup \mathfrak{W}(S_2)$;

(d) $\mathfrak{W}(S_1 \wedge S_2) =_{\text{Df}} \mathfrak{W}(S_1) \cap \mathfrak{W}(S_2)$;

(e) wenn S ein Identitätssatz ist, in welchem rechts und links von „=" dieselbe Individuenkonstante vorkommt, dann $\mathfrak{W}(S) = \mathfrak{Z}$;

(f) wenn S ein Identitätssatz ist, in welchem links von „=" eine andere Individuenkonstante vorkommt als rechts, dann $\mathfrak{W}(S) = \emptyset$;

(g) wenn S aus einem Allquantor, gefolgt von der Aussageform S^* besteht, dann $\mathfrak{W}(S) =_{\text{Df}} \bigcap_i \mathfrak{W}(S_i^*)$ (i läuft über alle Individuenindizes).

Wenn S ein Existenzsatz ist, der die analogen Bestimmungen wie in (g) erfüllt, so ergibt sich: $\mathfrak{W}(S) = \bigcup_i \mathfrak{W}(S_i^*)$.

Aus der Definition folgt, daß L-äquivalente Sätze dieselbe Wahrheitsmenge haben, also dieselbe Proposition ausdrücken. Es möge jedoch nicht übersehen werden, *daß die Klassen L-äquivalenter Sätze von $\mathfrak{L}$ keineswegs das System $\mathfrak{E}$ der Propositionen im Sinn von **D3—5** vollständig auf linguistischer Ebene widerspiegeln*. Vielmehr gibt es viel mehr Propositionen, d.h. Elemente des σ-Körpers $\mathfrak{E}$, als Sätze von $\mathfrak{L}$ (vgl. dazu die Bemerkung über unendliche Vereinigungsoperation und Existenzquantifikation in Abschnitt 3 sowie das dort gegebene Beispiel).

7.b Vier Formen von Subsystemen und Teilsprachen. Es sollen jetzt vier mögliche Weisen geschildert werden, das begriffliche System $\mathfrak{B}$ auf Sub- oder Teilsysteme zu beschränken. Es wäre auch jetzt im Prinzip noch nicht notwendig, auf Sprachen Bezug zu nehmen. Doch empfiehlt sich dies für verschiedene spätere Diskussionen und Anwendungen. Den verschiedenen Restriktionsmöglichkeiten von $\mathfrak{B}$ korrespondieren analoge Restriktionen von $\mathfrak{L}$ auf Teilsprachen. Die formalen Bestimmungen sollen nicht in allen Einzelheiten durchgeführt, aber doch soweit geschildert werden, daß sie der auf Genauigkeit bedachte Leser selbst einfügen kann.

Für das begriffliche System $\mathfrak{B}$ und dementsprechend auch für die Sprache $\mathfrak{L}$ sind die drei Indexmengen von Abschnitt 2 von Wichtigkeit: die Indexmenge $Ix(Ind)$ der Individuen bzw. der Individuenkonstanten; die Indexmenge $Ix(\mathfrak{F})$ der Attribut- bzw. der Prädikatfamilien; und schließlich für jedes $m \in Ix(\mathfrak{F})$ die Indexmenge $Ix(F^m)$ der m-ten Attribut- bzw. Prädikatfamilie. Drei Typen von Teilsystemen werden dadurch gewonnen, daß die Zahl der Individuen oder die Zahl der Familien oder für eine Familie die Zahl der Attribute verringert wird[24]. Dies findet seinen Niederschlag in einer entsprechenden Reduktion der drei Indexmengen. Dabei möge die Konvention gelten, daß die in jedem Teilsystem noch vorkommenden

---

[24] Ein vierter Typus kann erst später geschildert werden.

Indexnummern genau dieselben Entitäten bezeichnen wie im ursprünglichen Gesamtsystem. Es sind alle denkbaren Kombinationen der drei Arten von Einschränkungen zugelassen. Für jede derartige Kombination entsteht aus dem ursprünglichen begrifflichen Gesamtsystem 𝔅 ein Subsystem 𝔅′ und entsprechend aus der ursprünglichen Gesamtsprache 𝔏 eine Teilsprache 𝔏′. Alle Begriffe können aus dem Gesamtsystem übernommen werden, sobald der Modellbegriff für das jeweilige Subsystem definiert ist. Dies kann jedoch ohne Mühe geschehen:

Eine Modellfunktion $Z(m, i)$ von 𝔅 war definiert als eine Funktion über dem Produktraum $Ix(\mathfrak{F}) \times Ix(Ind)$, deren Wert ein Element von $Ix(F^m)$ ist. Wenn wir die reduzierten Indexmengen ebenfalls durch Anfügung eines „′" kennzeichnen, so sind die Modelle $Z'(m, i)$ von 𝔅′ Funktionen über $Ix(Ind)' \times Ix(\mathfrak{F})'$ mit Werten aus $Ix(F^m)'$. Auf diese Weise gewinnt man die Klasse $\mathfrak{Z}'$ der Modelle von 𝔅′, welche offenbar eine Teilklasse von $\mathfrak{Z}$ darstellt. Die früheren Definitionen, insbesondere die der atomaren Proposition, der molekularen Proposition und der Proposition im allgemeinen, lassen sich jetzt ganz mechanisch vom allgemeinen Fall übertragen. (Es sind einfach jeweils die Einschränkungen der Indexmengen zu wählen, und als Klasse der Modelle ist die Klasse $\mathfrak{Z}'$ zu nehmen.) In derselben mechanischen Weise ist die Definition **D7–1** des Begriffs der Wahrheitsmenge auf Teilsprachen zu übertragen. Man erhält dadurch als Bedeutung eines Satzes S von 𝔏′ (der ja auch ein Satz der Gesamtsprache 𝔏 ist) eine Einschränkung der Wahrheitsmenge 𝔚 zu einer Wahrheitsmenge 𝔚′. Ein Satz S von 𝔏′ drückt somit in 𝔏 die Proposition 𝔚(S) aus und in 𝔏′ die Proposition 𝔚′(S). Wie man leicht erkennt, lassen sich nach diesem Verfahren allen Propositionen des restringierten Systems Propositionen des Gesamtsystems umkehrbar eindeutig zuordnen.

Wir gehen jetzt dazu über, die verschiedenen Arten von Teilsprachen zu schildern. In allen Fällen sei ein begriffliches System 𝔅 sowie eine auf 𝔅 bezogene Sprache 𝔏 vorgegeben. In allen Fällen geben wir eine *Transformation* T_i an, die den Propositionen des Subsystems (der Teilsprache) korrespondierende Propositionen des Gesamtsystems 𝔅 (der Gesamtsprache 𝔏) zuordnet. Es genügt, diese Transformation für die Atompropositionen zu definieren, da sie sich wegen der Vertauschbarkeit von T_i mit den mengentheoretischen Operationen automatisch auf die übrigen Propositionen überträgt (z.B. gilt $T_i(-H) = -T_i(H)$, $T_i(H_1 \cap H_2) = T_i(H_1) \cap T_i(H_2)$ usw.).

1. *Subsysteme und Teilsprachen des ersten Typs:* Hier wird die Klasse der Individuen *Ind* auf eine echte Teilklasse Ind_1 reduziert; die Anzahl der Familien sowie die Anzahl der Attribute in den einzelnen Familien bleibt unverändert. Der Unterschied gegenüber dem alten System besteht also nur darin, daß über gewisse Individuen nicht mehr gesprochen werden kann. Das Subsystem heißt $\mathfrak{B}_1$, die Teilsprache $\mathfrak{L}_1$. Da die Modelle als zweistel-

lige Funktionen konstruiert worden sind, können die neuen Modelle als Restriktionen der Modelle aus $\mathfrak{Z}$ eingeführt werden; ihre Klasse werde $\mathfrak{Z}_1$ genannt. Die Transformation, welche den atomaren Propositionen des Teilsystems entsprechende Propositionen des Gesamtsystems zuordnet, heiße T_1.

D7-2 (a) $\mathfrak{Z}_1 =_{\text{Df}} \{Z' \mid$ es gibt ein $Z \in \mathfrak{Z}$, so daß Z' die Restriktion von Z auf $Ix(Ind_1) \times Ix(\mathfrak{F})$ ist$\}$;

(b) für eine atomare Proposition $P_j^m a_i$ in $\mathfrak{B}_1$ sei $T_1(P_j^m a_i)$ die atomare Proposition $P_j^m a_i$ in $\mathfrak{B}$ mit denselben Indizes (die analoge Bestimmung gilt für die Zuordnung von Atomsätzen „$P_j^m a_i$" aus $\mathfrak{L}_1$ zu solchen von $\mathfrak{L}$).

Eine Proposition B von $\mathfrak{B}$ (bzw. ein Satz von $\mathfrak{L}$) entspricht einer Proposition von $\mathfrak{B}_1$ (bzw. einem Satz von $\mathfrak{L}_1$) auf Grund der Zuordnung T_1 gdw B sich nur auf Individuen von Ind_1 wesentlich bezieht (im Sinn von **D3-6**).

2. Subsysteme und Teilsprachen des zweiten Typs: Hier wird nicht die Klasse der Individuen, sondern die der Attributfamilien $\mathfrak{F}$ auf eine *Teilklasse* $\mathfrak{F}_1$ *der Familien* reduziert. Dementsprechend wird die Indexmenge $Ix(\mathfrak{F})$ durch die kleinere Menge $Ix(\mathfrak{F}_1)$ ersetzt. Diesmal kann also über gewisse Attributarten nicht mehr gesprochen werden. Subsystem und Teilsprache sollen diesmal $\mathfrak{B}_2$ und $\mathfrak{L}_2$ heißen, die Klasse der Modelle $\mathfrak{Z}_2$ und die Transformation T_2. Die Definition **D7-3** ist mit den entsprechenden Modifikationen vollkommen analog zu **D2** zu bilden (z.B. in der Teilbestimmung (a) ist die ursprüngliche Modellfunktion auf $Ix(Ind) \times Ix(\mathfrak{F}_1)$ zu restringieren).

3. Subsysteme und Teilsprachen des dritten Typs: Hier wird eine bestimmte Familie F^m von Attributen (und analog eine Familie von Prädikaten) auf eine Teilfamilie F_1^m beschränkt; entsprechend reduziert sich die Indexmenge $Ix(F^m)$ auf die Indexmenge $Ix(F_1^m)$. Der Einfachheit halber nehmen wir an, die Numerierung der Attribute (Prädikate) der m-ten Familie sei auf solche Weise erfolgt, daß *eine Beschränkung auf die ersten k Attribute* vorgenommen werden kann. In Analogie zu den vorigen beiden Fällen sprechen wir diesmal von $\mathfrak{B}_3, \mathfrak{L}_3, \mathfrak{Z}_3, T_3$.

D7-4 (a) $\mathfrak{Z}_3 =_{\text{Df}} \{Z \mid Z \in \mathfrak{Z}$ und für jedes $i \in Ix(Ind)$ gilt: $Z(m, i) \leq k\}$;

(b) analog wie früher mit T_3 als Transformation.

Man beachte, daß in der Teilbestimmung (a) m ein fester Wert ist.

Zu Beschränkungen von der hier geschilderten Art kann es z.B. dann kommen, wenn ein Forscher sein ursprüngliches System (seine ursprüngliche Sprache) auf Gegenstände (Mineralien, Pflanzen einer bestimmten Gattung) anwendet, von denen er weiß, daß sie bestimmte Eigenschaften einer Eigenschaftsfamilie nicht besitzen (z.B. daß ihnen keine Farben aller Arten von Blau- und Grünschattierungen zukommen).

4. Subsysteme und Teilsprachen des vierten Typs: Während es sich bisher stets um Beschränkungen handelte (der Anzahl der Individuen, der Attributfamilien oder der Attribute einer bestimmten Art), liegt hier etwas Neues vor: *eine Verschmelzung von zwei oder mehreren Attributen einer Familie.* Da die technischen Definitionen diesmal etwas kompliziert wären, begnügen wir uns mit einer inhaltlichen Erläuterung: Es sei eine bestimmte Familie F^p von s Attributen gegeben. Das neue System wird aus dem alten dadurch gebildet, daß man l Attribute unverändert läßt, die übrigen $s - l$ Attribute dagegen zu einem einzigen neuen Attribut verschmelzen läßt. Dieses neue Attribut kann offenbar (im Lichte des ursprünglichen Systems) als eine Adjunktion der $s - l$ alten Attribute gedeutet werden. Die neuen Begriffe heißen $\mathfrak{B}_4$, $\mathfrak{L}_4$, $\mathfrak{F}_4$, T_4. Hinsichtlich der Transformation T_4 ist folgendes zu beachten: Wenn eine atomare Proposition im System $\mathfrak{B}_4$ darin besteht, daß einem Individuum a das neue, durch Verschmelzung hervorgegangene Attribut zugeschrieben wird, so ist das T_4-Korrelat dieser Proposition im ursprünglichen System eine Adjunktion, bestehend aus $s - l$ atomaren Propositionen, in welchen demselben Individuum a die $s - l$ ursprünglichen Attribute zugeschrieben werden. Zum Unterschied von den vorigen drei Fällen entsprechen hier also bisweilen atomaren Propositionen *nichtatomare* innerhalb des ursprünglichen Systems.

Ein praktisches Beispiel für diesen vierten Fall läge dann vor, wenn ein Forscher für gewisse Untersuchungen auf qualitative Differenzierungen verzichtet, die er mit seiner Wissenschaftssprache vornehmen kann und die er für andere Untersuchungszwecke auch tatsächlich benötigt.

Das erste Invarianzaxiom, welches einen weiteren über die Grundaxiome hinausführenden Rationalisierungsschritt enthält, wird an den Begriff der Teilsprache bzw. des Teilsystems anknüpfen. Es empfiehlt sich jedoch, vorher noch die möglichen Grundpostulate über Individuen und Attribute zu diskutieren.

8. Ein möglicher Rationalisierungsschritt: Analytizitätspostulate, phänomenologische Basisprinzipien (synthetische Propositionen a priori) und hypothetische Grundannahmen

8.a Bedeutungs- oder Analytizitätspostulate. Kein Wissenschaftler, der Untersuchungen über einen Bereich von Gegenständen anstellt, wendet sich seinem Forschungsobjekt gänzlich vorurteilsfrei, mit einer geistigen tabula-rasa-Position, zu. Er wird stets, stillschweigend oder ausdrücklich, mit einer Reihe von *Grundannahmen* an sein Gebiet herantreten. Dieses background knowledge, wie es im Englischen auch genannt wird, mag dem Wissenschaftler häufig überhaupt nur zum Teil bewußt sein. Vielfach liegen unbewußte Annahmen zugrunde, die für so selbstverständlich gehalten werden, daß der Wissenschaftler gar nicht auf den Gedanken kommt, diese Annahmen ausdrücklich zu formulieren, da er nicht an die Möglichkeit denkt, sie könnten vielleicht preisgegeben werden.

Bezüglich dieser stillschweigenden Grundannahmen steht der Wissenschaftstheoretiker vor einer Aufgabe, die er nur unter einer zusätzlichen idealisierenden Voraussetzung bewältigen kann. Die idealisierende Voraussetzung beinhaltet, daß die zum background knowledge gehörenden Grundannahmen alle explizit vorliegen. Die Aufgabe besteht dann darin, zwischen diesen Annahmen wissenschaftstheoretisch relevante Differenzierungen vorzunehmen.

Die erste Klasse von Grundannahmen betrifft *Bedeutungsrelationen* zwischen nichtlogischen Konstanten der Wissenschaftssprache $\mathfrak{L}$. Sätze, in welchen derartige Bedeutungsrelationen festgehalten werden, sollen Bedeutungs- oder Analytizitätspostulate genannt werden. Die Auszeichnung bestimmter Sätze als *analytisch wahr* oder als *wahr auf Grund von Bedeutungen allein* ist in letzter Zeit aus verschiedenen Gründen auf Kritik und Ablehnung gestoßen. Einer der Gründe stützt sich auf den Einwand, daß analytisch wahre Sätze ebenso wie rein logische Wahrheiten immun seien gegenüber potentieller Falsifikation durch die Erfahrung, und daß daher der Beschluß, gewisse Sätze als analytisch auszuzeichnen, im Grunde der wissenschaftsfremden Haltung entspringe, diese Sätze durch eine Immunisierungsstrategie von möglicher Revision auszuschließen.

Dieser Einwand ist jedoch nicht berechtigt. Zwei wissenschaftliche Schritte sind methodisch zu trennen: *die Konstruktion der Wissenschaftssprache* und *das Akzeptieren von Sätzen dieser Sprache*. Mit der Einführung von Analytizitätspostulaten wird die Annahme gewisser Aussagen nicht dem zweiten, sondern dem ersten Schritt zugerechnet. Damit ist nicht notwendig eine Immunisierungsstrategie verknüpft. Denn es ist ja *beides* revidierbar: Nicht nur können aufgrund neuer Befunde hypothetische Annahmen, die *in* der Wissenschaftssprache formuliert sind, fallen gelassen werden. Vielmehr können es neue Informationen als ratsam erscheinen lassen, den Aufbau der Wissenschaftssprache zu modifizieren und dabei auch alte Analytizitätspostulate preiszugeben oder neue einzuführen.

Man kann jetzt natürlich weiterfragen: „Warum sollen überhaupt gewisse Sätze als analytisch ausgezeichnet (und dadurch in den semantischen Teil des Sprachaufbaus einbezogen) werden?". Gewöhnlich wird von Philosophen darauf die Antwort gegeben: „Weil diese Sätze sich von den empirischen Behauptungen dadurch unterscheiden, daß sie unabhängig von Fakten wahr sind; denn ihre Wahrheit beruht allein auf den Relationen zwischen den Bedeutungen darin vorkommender Ausdrücke". Der Fragende kann sofort nachbohren: „Woher weiß man denn, daß sich die Wahrheit dieser Sätze nur auf Bedeutungsrelationen stützt?"

CARNAPS Antwort darauf würde lauten: „Soweit diese Frage die Sätze einer formalen Wissenschaftssprache 𝔏 betrifft, handelt es sich überhaupt nicht um ein Problem der Erkenntnis oder des Wissens, sondern um *eine Frage der Entscheidung*". Was damit genauer gemeint ist, sei an einem Beispiel erläutert. Das Prädikat „K" stehe in der Sprache 𝔏 für „Katze" und das Prädikat „L" für „Lebewesen". Die Überzeugung des Wissenschaftlers, daß im Deutschen *nur* Lebewesen als Katzen bezeichnet werden, kann ihn dazu veranlassen, in seine Wissenschaftssprache das Analytizitätspostulat einzubeziehen:

(1) $\wedge x(Kx \to Lx)$

Obwohl die Auszeichnung dieses Satzes als analytisch durch eine Vermutung (oder ein Wissen im weitesten Sinne) *motiviert* wurde — nämlich durch eine Überzeugung über die Art und Weise des Gebrauchs bestimmter Ausdrücke —, ist sie jedoch nichts weiter als ein *Beschluß*, durch den gefordert wird, die zwei Prädikate „K" und „L" in 𝔏 nur so zu verwenden, daß keine gegen (1) verstoßenden Behauptungen von 𝔏 akzeptiert werden dürfen. Dieser Beschluß gilt nur solange, als der Wissenschaftler diese Sprache benützt. Er kann sich später dazu entschließen, eine andere Sprache 𝔏* zu benützen, die das Analytizitätspostulat (1) nicht mehr enthält.

Eine gewisse Verwirrung ist gelegentlich dadurch entstanden, daß man den logischen Status von Aussagen, in denen *über* Analytizität gesprochen wird, nicht klar erkannte. Schreiben wir dazu das umgangssprachliche Analogon zu (1) auf:

(2)   Alle Katzen sind Lebewesen.

Wir haben dann die beiden Aussagen:

(3)   „der Satz ‚$\wedge x(Kx \to Lx)$' ist analytisch in 𝔏"
      (wobei 𝔏 die erwähnte formale Wissenschaftssprache sei)

und:

(4)   „der Satz ‚alle Katzen sind Lebewesen' ist analytisch im Deutschen".

(3) und (4) sind *metasprachliche Aussagen*, welche die metasprachlichen Prädikate „analytisch in 𝔏" sowie „analytisch im Deutschen" enthalten. Für die Begründung von (3) braucht man nichts weiter zu tun, als sich die für 𝔏 explizit aufgestellten Regeln anzusehen. (4) hingegen ist eine hypothetische Aussage über die deutsche Sprache.

Dies führt zu dem prima facie befremdlichen Resultat, daß eine Aussage von der Gestalt: „der Satz S ist analytisch in 𝔏" nicht analytisch in dem hier definierten speziellen Sinn ist, sondern *entweder bereits eine formal-logische Wahrheit im engeren Sinne oder eine empirische Hypothese darstellt*, je nachdem, ob man es mit einer durch Regeln aufgebauten Kunstsprache zu tun hat oder mit einer natürlichen Sprache.

Weiter oben haben wir erwähnt, daß neue Informationen es u. U. als ratsam erscheinen lassen können, die Wissenschaftssprache durch Preisgabe alter und (oder) Einführung neuer Analytizitätspostulate zu ändern. Auch dies möge an einem Beispiel illustriert werden. Ein Zoologe vergangener Jahrhunderte möge unter seine Analytizitätspostulate das folgende aufgenommen haben:

(5) Alle Wale sind Fische.

Die Motivation für seinen Beschluß könnte derjenigen, für welche die Annahme von (1) spricht, sehr ähnlich sein: der Forscher stützt sich darauf, daß man im deutschen Alltag de facto von Walfischen redet. Später jedoch nimmt er das Analytizitätspostulat auf:

(6) Alle Fische atmen durch Kiemen.

Diese Auszeichnung von (6) im Verein mit der empirischen Feststellung, daß Wale nicht durch Kiemen, sondern durch Lungen atmen, zwingt ihn dazu, (5) wieder preiszugeben. Denn wir setzen voraus, daß er seine Wissenschaftssprache von Widersprüchen freihalten möchte.

Was war nun sein Grund für diesen Eingriff in die ursprünglich von ihm bevorzugte Wissenschaftssprache? Die naheliegendste Vermutung dürfte sein: neue zoologische Erkenntnisse, und zwar genauer: die Erkenntnis, daß erst nach Annahme des Satzes (6) als einer analytischen Behauptung – anders gesprochen: erst durch Einbeziehung des Merkmals „durch Kiemen atmen" in die *Definition* von „Fisch" – zahlreiche, mutmaßliche richtige Gesetzeshypothesen über Fische aufgestellt werden können.

Diese Andeutung über ein mögliches Motiv zum Umbau der Wissenschaftssprache enthält implizit eine Zurückweisung des oben erwähnten Immunisierungsvorwurfs. Denn wie das Beispiel zeigt, *kann die Wahl von Analytizitätspostulaten gerade dadurch motiviert sein, geeignete empirische Hypothesen zu formulieren, die dann der Prüfung und damit der potentiellen Falsifikation ausgesetzt werden.*

Analytizitätspostulate bezeichnen wir abkürzend als *A-Postulate*. Falls $\mathfrak{A}$ die Klasse der *A*-Postulate von $\mathfrak{L}$ ist, so sind die analytisch wahren oder *A-wahren* Sätze genau die Elemente von $\mathfrak{A}$ sowie alle logischen Folgerungen davon. *A-falsch* sind die Negationen von *A*-wahren Sätzen.

Mit der Einführung von *A*-Postulaten wurde der Boden der extensionalen Semantik verlassen. Der Begriff der Analytizität ist einer der grundlegenden Begriffe der *intensionalen Semantik*. Er ist daher, wie schon angedeutet, allen Einwendungen ausgesetzt, die man gegen diese Semantik vorgebracht hat.

Obwohl eine ausführliche Schilderung der komplizierten Diskussion dieses Punktes nicht in den gegenwärtigen Rahmen hineingehört, seien doch einige Andeutungen darüber gemacht. Am schärfsten wurde die analytisch-synthetisch-Dichotomie erstmals von QUINE in [Two Dogmas] angegriffen. QUINE *verwirft alle intensionalen Begriffe als unklar*. Er bestreitet natürlich nicht, daß man in ein formales Sprachsystem $\mathfrak{L}$ Bedeutungspostulate einführen und dann durch Bezugnahme auf diese Postulate den Begriff „analytisch in $\mathfrak{L}$" definieren kann. Aber er würde, in der Carnapschen Terminologie, behaupten, daß es zu diesem Explikat kein Explikandum gäbe; denn das vermeintliche Explikandum „wahr auf Grund der Bedeutungen allein" verwendet wieder den intensionalen Bedeutungsbegriff, der nach QUINEs Überzeugung ein konfuser Begriff ist. Es ist nach ihm unmöglich, Tatsachenkomponente und Bedeutungskomponente im Gehalt von Sätzen zu trennen.

Eine mittlere Position zwischen QUINE und CARNAP nimmt PUTNAM ein. Begriffe, die in mehreren Gesetzen verwendet werden, nennt er *Gesetzesknotenbegriffe*. *Für solche Begriffe soll man nach ihm keine Analytizitätspostulate aufstellen.* Denn dies liefe darauf hinaus, eines dieser Gesetze willkürlich auszuzeichnen und es von möglicher Revision auszuschließen. Das würde u. U. für den wissenschaftlichen Fortschritt hinderlich sein, für den es sich eines Tages als besser erweisen könnte, auch diesen ausgezeichneten Satz zu revidieren. Zum Unterschied von QUINE hat PUTNAM jedoch nichts dagegen, z.B. einen Satz wie „kein Junggeselle ist verheiratet" als analytisch auszuzeichnen. Denn „Junggeselle" ist kein Gesetzesknotenbegriff, so daß wir auch in Zukunft nicht vor die Frage gestellt werden, ob die Beibehaltung dieses Satzes fortschrittshemmend sei. *Gäbe* es ein Gesetz über Junggesellen, z.B. von der Art: „Alle und nur die Junggesellen leiden an der Neurose N", so wäre die Auszeichnung des ersten Satzes nicht mehr gerechtfertigt, weil dann ein Konfliktsfall denkbar ist (nämlich ein verheirateter Mann mit der Neurose N) und als zweckmäßigste Behebung des Konfliktes sich die Preisgabe des ersten und nicht des zweiten Satzes anbieten könnte (z.B. weil es sich in vielen Situationen als einfacher erweist, das Vorliegen von N als den Familienstand festzustellen). Der Beitrag von PUTNAM hat deutlich gemacht, daß sich die Einwendungen gegen die analytisch-synthetisch-Dichotomie (bei ihm, aber auch bei QUINE) teilweise auf die angeblich mit dieser Unterscheidung verbundene *Immunisierungsstrategie* stützen. Soweit der Einwand diesen Punkt betrifft, ist er bereits im obigen Text erörtert und beantwortet worden.

Ebenfalls eine Position zwischen CARNAP und QUINE, aber doch von anderer Art als die PUTNAMs, läßt sich kurz so formulieren: Die analytisch-synthetisch-Dichotomie ist nur für solche Sprachen durchführbar, die sich vollständig interpretieren lassen, *dagegen nicht für bloß partiell deutbare Sprachen*. Derartige Sprachen sind dadurch charakterisiert, daß sie *theoretische Begriffe* enthalten, die nur auf dem Wege über Theorien und Korrespondenzregeln deutbar sind. Da die theoretischen Gesetze zusammen mit den Korrespondenzregeln aber auch empirische Folgerungen besitzen, tragen sie ebenso zum empirischen Gehalt wie zur Bedeutung der theoretischen Schlüsselbegriffe bei. Man könnte dann bestenfalls gewisse zentrale Sätze dieser Art als *quasi-analytisch* bezeichnen. (Diese Auffassung wurde im Bd. I dieser Reihe vertreten und dort in Kap. VI, 8, S. 338ff. durch Bezugnahme auf eine Miniaturtheorie des Glaubens und Begehrens illustriert. Die mit theoretischen Sprachen und theoretischen Begriffen zusammenhängenden wissenschaftstheoretischen Fragen sind ausführlich erörtert in Bd. II, Kap. IV bis VII.)

CARNAP hat allerdings auch für den zuletzt erwähnten Fall einer theoretischen Sprache mit theoretischen Begriffen die analytisch-synthetisch-Dichotomie einzuführen und zu verteidigen versucht. Bei seiner Methode stützte er sich wesentlich auf den sog. *Ramsey-Satz einer Theorie*. (Vgl. dazu auch Bd. II, Kap. VII, 6, S. 414ff.)

Man könnte sich eine knappe Reaktion CARNAPs auf QUINEs Kritik etwa so vorstellen: Daß der von ihm (CARNAP) definierte Ausdruck „analytisch in L" eine scharfe *Extension* habe, könne QUINE doch nicht leugnen und er tue dies auch nicht. Trotzdem sei er nicht befriedigt; er suche nach etwas Tieferem. Was kann das sein? Doch vermutlich nur dies, daß er die Bedeutung von „analytisch" nicht versteht. Da er aber zugibt, die Extension erfaßt zu haben, kann sich dies nur auf die *Intension* beziehen. Nun hat aber nach QUINE kein deskriptives Zeichen, wie „Zahnbürste", „Zeitungspapier", „Unterseeboot", eine Intension. Wie kann er, wenn er von dieser Überzeugung ausgeht, erwarten, die Intension von „analytisch" bei CARNAP zu finden? Ist dies nicht so, als würde jemand, der vorher mit Überzeugung verkündigt hat, es gäbe im ganzen Universum keine roten Raben, sich nachher darüber beschwert, im Bayerischen Wald keine roten Raben gefunden zu haben?

8.b Phänomenologische Grundpostulate. Es möchte scheinen, als hätten wir bereits bei der Beschreibung des Systems — sei es des begrifflichen Systems $\mathfrak{B}$, sei es des partiellen linguistischen Abbildes $\mathfrak{L}$ von $\mathfrak{B}$ — eine Klasse von Bedeutungspostulaten erwähnen müssen, nämlich Analytizitätspostulate, welche die Attributfamilien betreffen. In den Begriff einer Attributfamilie, etwa der Familie F^m, geht ja die Annahme ein, daß die Attribute von F^m den Individuenbereich erschöpfend in einander ausschließende Klassen einteilen (von denen einige zwar faktisch, aber nicht aus rein logischen Gründen leer sein dürfen). So etwa muß die Proposition $\neg (P_j^m a_i \wedge P_k^m a_i)$ für $j \neq k$, wonach einem bestimmten Individuum nicht zugleich zwei verschiedene Attribute ein und derselben Familie zukommen, als analytisch gekennzeichnet sein. In früheren Veröffentlichungen hatte CARNAP ein derartiges Postulat tatsächlich angenommen[25]. *In dem neuen modelltheoretisch formulierten System ist ein derartiges Analytizitätspostulat jedoch überflüssig; denn dessen Leistung wird bereits dadurch bewerkstelligt, daß die Modelle als Funktionen konstruiert sind.* Funktionen sind per definitionem *eindeutige* Zuordnungen.

Würde nämlich dem Individuum a_i sowohl das j-te als auch das davon verschiedene k-te Attribut der m-ten Familie zukommen, so müßte sowohl gelten: $Z(m, i) = j$ als auch $Z(m, i) = k$, was bei $k \neq j$ nach Konstruktion der Modellfunktion Z logisch ausgeschlossen ist.

Es ist ein weiterer Vorzug von CARNAPs Konstruktion des Modellbegriffs, daß er eigene Bedeutungspostulate unnötig macht, durch welche Attributfamilien charakterisiert werden.

Bei diesen eben zu den Modellfunktionen angestellten Betrachtungen sind wir ausdrücklich von einer anfechtbaren Annahme ausgegangen: nämlich daß es *Analytizitätspostulate* sind, welche durch die Konstruktion der Modelle als Funktionen überflüssig gemacht werden. Während CARNAP früher eine solche Annahme für selbstverständlich gehalten hätte, gab er sie später — wie mir scheint, ganz zu Recht — preis und wendete sich in dieser Hinsicht mehr der Kantischen Auffassung zu.

Das Begriffspaar *analytisch-synthetisch* bezieht sich auf die *logische Natur* der Sätze, wie man sagen könnte. Dies gilt zunächst sicherlich für den Fall,

---

[25] Es bestand in der Forderung, die Prädikate so in Klassen aufteilen zu können, daß jede davon eine *Division* bildet. Für den Begriff der Division vgl. CARNAP, [I.L.], S. 113.

daß keine Bedeutungspostulate vorkommen und *analytisch wahr* mit *logisch wahr* zusammenfällt. Aber auch für den allgemeineren Fall läßt sich diese Auffassung vertreten; denn *A*-Postulate sind Festsetzungen darüber, wie die deskriptiven Konstanten der Wissenschaftssprache zu gebrauchen sind, sie geben uns also zusätzliche Information über die logischen Transformationsmöglichkeiten von Sätzen.

Bei dem Begriffspaar *a priori* und *a posteriori* geht es dagegen um etwas ganz anderes. Diese Unterscheidung nimmt Bezug darauf, *wie das Wissen um die Wahrheit des Satzes erworben wurde*. Zweckmäßigerweise sollte man diese Unterscheidung eine *epistemologische* nennen, während die erste eine *logische* ist. Daß es sich bei S um einen Satz a priori handelt, ist nur eine Abkürzung dafür, daß S a priori *gewußt* werden kann; und dies wiederum bedeutet, daß man für das Wissen um die Wahrheit von S keine Tatsachenerfahrungen benötigt.

Wenn man diese beiden Klasseneinteilungen miteinander kombiniert, so ergibt zwar die Verbindung *analytisch—a posteriori* einen leeren Durchschnitt, da das Wissen um den Wahrheitswert einer analytischen Aussage stets unabhängig von außersprachlichen Tatsachenerfahrungen erworben werden kann. Dagegen bleibt es offen, ob es *synthetische Propositionen a priori* gibt. Eine bejahende Antwort wird durch Farbenbeispiele nahegelegt[26], wie z. B.:

(7) Die Farben Rot und Grün können nicht am selben Ort zur gleichen Zeit vorkommen

(kurz: die beiden Farben sind inkompatibel).

PUTNAM hat zwar versucht, die Analytizität von Sätzen der Gestalt (7) nachzuweisen[27]. Doch ist seine Argumentation zirkulär, da er dabei voraussetzen mußte, daß zwei verschiedene Farbschattierungen nicht an ein und demselben Ort an derselben Stelle erstmals erfahren werden können. Wenn nicht bereits die Gültigkeit von (7) vorausgesetzt wird, darf man aber eine derartige Annahme nicht machen[28].

Andere Beispiele, die dafür sprechen, die Klasse der synthetischen Propositionen a priori nicht als leer zu betrachten, sind die folgenden:

(8) Alles Farbige ist ausgedehnt (oder spezieller: alles Grüne ist ausgedehnt).

(9) Rot und Orange sind einander ähnlicher als Rot und Grün.

In Sätzen von dieser Art wird nicht nur auf Regeln des Sprachgebrauchs Bezug genommen, sondern darüber hinaus an ein spezielles Anschauungs-

---

[26] Für eine sehr ausführliche kritische Diskussion des Problems synthetischer Propositionen a priori, insbesondere auch in bezug auf solche Farbsätze, vgl. H. DELIUS, [Synthetisch a priori].

[27] H. PUTNAM, [Red].

[28] Der eben angedeutete Einwand ist implizit in der Kritik von DELIUS an dem Versuch von PUTNAM a.a.O. S. 79 enthalten. Auf S. 76—78 dieses Buches wird über PUTNAMs Beweisversuch genauer kritisch referiert.

vermögen appelliert. Daher nennt CARNAP als gültig ausgezeichnete Aussagen von dieser Art *phänomenologische Grundpostulate*.

In (9) muß man nur voraussetzen, daß der Ausdruck „ähnlicher als" ebenso wie „ähnlich" in bezug auf Farben bereits vorher eingeführt worden ist. Daß in (9) die Anschauung zu Hilfe genommen werden muß, kann man durch das folgende Gedankenexperiment erhärten: Angenommen, eine normalsichtige Person X, die (9) als richtig akzeptiert, wird langsam total farbenblind, so daß sie schließlich nur mehr Grauschattierungen sieht. Wir machen nun zwei weitere Annahmen:

(a) X möge imstande sein, genauso scharfe Unterscheidungen zwischen Farben zu treffen wie früher; die Farbunterschiede sind jetzt einfach Unterschiede in Grauschattierungen geworden. Im intersubjektiven Sprachverkehr wird der in X stattgefundene Prozeß daher überhaupt nicht auffallen. Denn er wird dieselben Gegenstände grün, rot, gelb usw. nennen wie früher. Und da wir voraussetzen dürfen, daß er früher von allen Farbausdrücken einen korrekten Gebrauch machte, der im Einklang mit dem Sprachgebrauch in der Sprachgemeinschaft steht, können wir annehmen, daß er auch nach der Farbenerblindung diese Ausdrücke korrekt verwendet.

(b) Das Prinzip (9) wird von X nicht mehr als wahr anerkannt, z.B. weil die Grauschattierung, in die Orange übergegangen ist, gleich ähnlich ist zu derjenigen, in die Rot überging, als zu der, in die Grün überging.

Die Regeln der Sprache haben sich für X nicht geändert. Trotzdem ist die zunächst als wahr anerkannte Aussage (9) falsch geworden. (9) kann also nicht analytisch gewesen sein. Die Änderung im Wahrheitswert wurde *nicht durch eine linguistische Revision, sondern durch eine Degeneration der visuellen Fähigkeiten* erzeugt. Über Wahrheit oder Falschheit von (9) entscheiden nicht die Regeln der Sprache; vielmehr entscheidet darüber die Qualität des Anschauungsvermögens. Letzteres kann bei Invarianz der ersteren variieren.

Diese Art von Gedankenexperiment kann man zusätzlich zu Hilfe nehmen, um zu entscheiden, ob ein nichtempirischer wahrer Satz als eine analytische oder als eine phänomenologische Aussage zu betrachten ist.

Während bisher nur die Frage nach der *logischen* Natur von Sätzen der Art (7) bis (9) angeschnitten wurde, kann auch die Frage nach ihrer *epistemologischen* Natur zur Diskussion gestellt werden. So ist z.B. die Auffassung vertreten worden, daß diese Sätze zwar synthetisch, aber a posteriori gültig seien, also bloße *Erfahrungssätze* darstellen. Dem kann man entgegenhalten, daß es sich ausnahmslos um Allsätze handelt und daß empirische Allsätze bloße Vermutungen darstellen, mit deren möglicher künftiger Falsifikation wir rechnen müssen. Eine solche Falsifikation erscheint uns jedoch hier als ausgeschlossen. Wir sind z.B. ganz sicher, auch in Zukunft niemals auf Objekte zu stoßen, denen an derselben Stelle gleichzeitig die Farben Rot und Grün zukommen; ebenso sind wir ganz sicher, daß wir niemals drei Objekte antreffen werden, welche die drei in (9) erwähnten Farben haben, wobei jedoch das rote und das grüne Objekt in bezug auf den Farbton ähnlicher sind als das rote und das orangefarbene Objekt. Und zwar gelten diese Feststellungen ganz unabhängig davon, ob man unter den zwei bzw. drei Farben jeweils ganz bestimmte Farbschattierungen (also Punkte im Farbraum) oder gleichgroße Spektren (Regionen im Farbraum) versteht.

Überlegungen von der zuletzt angestellten Art sprechen dafür, die erwähnten phänomenologischen Prinzipien als a priori anzuerkennen. CARNAP drückt sich vorsichtiger aus. Er vertritt die Auffassung, daß die Beantwortung der Frage, ob diese phänomenologischen Aussagen als empirisch oder als a priori zu bezeichnen sind, davon abhänge, ob man einen engeren oder einen weiteren Begriff von Erfahrungen wähle. Will man jedoch den problematischen Husserlschen Begriff der *Wesenserfahrung* vermeiden, so dürfte die Charakterisierung dieser Propositionen als synthetisch a priori unvermeidlich sein, vorausgesetzt natürlich, daß man die Argumente zurückweist, welche entweder zugunsten des analytischen Charakters dieser Aussagen ins Feld geführt werden oder welche die These stützen sollen, daß es sich bloß um empirisch-hypothetische Tatsachenvermutungen handle.

(7) enthält eine spezielle Aussage von der Art, wie sie in den grundlegenden Annahmen über Attributräume zur Geltung gelangen. Betrachtet man (7) als synthetisch a priori, so müssen wir die frühere Aussage über Modelle revidieren: *Durch die Konstruktion von Modellen als zweistellige Funktionen von der angegebenen Art macht* CARNAP *die Einführung synthetisch-apriorischer Prinzipien überflüssig.* Der Gehalt solcher synthetisch-apriorischer Prinzipien ist bereits *in die Definition der Modellfunktion eingebaut* worden.

In den obigen Beispielen kamen — außer dem Ähnlichkeitsprädikat in (9) — nur einstellige Prädikate vor. Zwei mögliche Verallgemeinerungen bieten sich an. Die eine Verallgemeinerung besteht darin, auch Propositionen als synthetisch a priori anzuerkennen, in denen nur relationale phänomenologische Attribute vorkommen. Dazu zwei Beispiele: Der Ausdruck „ist wärmer als" werde so verstanden, daß darin nicht auf Temperaturmessungen, sondern nur auf Empfindungsqualitäten Bezug genommen wird. Dann dürften die folgenden beiden Aussagen allgemein akzeptiert sein:

(10) Wenn von irgend zwei Objekten a und b zur selben Zeit gilt, daß a wärmer ist als b, dann ist b nicht wärmer als a (Asymmetrie von „wärmer als");

(11) wenn von irgendwelchen drei Objekten a, b und c gilt, daß a wärmer ist als b und b wärmer ist als c, dann ist a wärmer als c (Transitivität von „wärmer als").

Auch solche Propositionen können als phänomenologische Grundpostulate akzeptiert werden. Die oben skizzierten Argumente zugunsten der beiden Thesen, *daß diese Propositionen ihrer logischen Natur nach synthetisch und ihrer epistemologischen Natur nach a priori gültig sind,* lassen sich hier parallelisieren.

Eine zweite Verallgemeinerung betrifft den Übergang von qualitativen Feststellungen über komparative zu quantitativen. Die Proposition (9) bildete bereits ein Übergangsglied, nämlich eine komparative Feststellung. Ihr würden qualitative Feststellungen entsprechen, wie z.B.:

(12) Rot und Orange sind einander ähnlich.

Angenommen, es stünde uns *eine Metrisierung des Farbraumes* zur Verfügung. Eine solche Metrisierung könnte in der Weise zustandekommen, daß eine zweistellige reelle *Abstandsfunktion* definiert würde, deren Argumente Punkte oder Regionen des Farbraumes sind. Falls der Wert dieser Funktion für ein Farbpaar kleiner ist als für ein anderes, so sollen die beiden Farben des ersten Paares als *einander ähnlicher* bezeichnet werden denn die Farben des zweiten Paares. Ist der Wert der Funktion derselbe, so soll *von Gleichheit im Ähnlichkeitsgrad* gesprochen werden. Gestützt auf diese beiden quantitativen Begriffe könnte man dann zu Propositionen von folgender Gestalt gelangen:

(13) Der *Abstand* zwischen Blau und Grün ist *gleich* dem Abstand zwischen Grün und Gelb;

(14) der *Ähnlichkeitsgrad* zwischen Blau und Grün ist *derselbe* wie der Ähnlichkeitsgrad zwischen Grün und Gelb;

(15) der *Ähnlichkeitsgrad* zwischen Rot und Orange ist *größer* als der Ähnlichkeitsgrad zwischen Rot und Grün.

Sollte man zu einer *adäquaten Metrisierung* des Farbraumes gelangen, so müßte man Aussagen von der Art der Propositionen (13) bis (15) ebenfalls als synthetische Propositionen a priori bezeichnen, sofern man die Gründe akzeptiert hat, die zugunsten des synthetisch-apriorischen Charakters von (9) sprechen.

Dieser Gedanke läßt sich für beliebige Attributräume verallgemeinern: *Unter der Annahme, daß eine adäquate Metrisierung des Attributraumes geglückt sei, können*, in Analogie zu den Farbsätzen (13) bis (15), *quantitative synthetische Prinzipien a priori über diesen Attributraum formuliert und in die Klasse der phänomenologischen Grundpostulate einbezogen werden.* Der Frage, welche begrifflichen Hilfsmittel für die Metrisierung von Attributräumen benötigt werden und wie die Bedingungen für eine adäquate Metrisierung zu fassen sind, werden wir uns ausführlicher in Abschnitt 12 zuwenden.

Es scheint, daß vor CARNAP die Möglichkeit quantitativer synthetischer Prinzipien a priori nicht ins Auge gefaßt worden ist. Nach KANTs Auffassung läßt sich der Begriff der *Metaphysik* nicht durch den Gegenstandsbereich, womit sich diese Wissenschaft beschäftigt, sondern nur rein formal durch die Art der Behauptungen charakterisieren, die darin aufgestellt werden: Metaphysische Aussagen unterscheiden sich von logischen Sätzen einerseits, empirischen Behauptungen andererseits dadurch, daß sie *mit dem Anspruch auf synthetisch-apriorische Gültigkeit* formuliert werden[29]. Legt man die Kantische Definition der Metaphysik zugrunde, so ist es immerhin interessant feststellen zu können, *daß* CARNAP, *der als einer der Begründer des logischen Empirismus gilt, mit dieser kurz vor seinem Tode*

---

[29] Wollte man historisch genau sein, so müßte man metaphysische Aussagen im Kantischen Sinn genauer als *nichtmathematische Propositionen a priori* bezeichnen, da nach KANT auch mathematische Sätze synthetisch a priori sind. Doch können wir im augenblicklichen Kontext von KANTs Philosophie der Mathematik vollkommen abstrahieren.

gefaßten Konzeption quantitativer synthetischer Aussagen a priori zumindest versuchsweise weiter in das Gebiet der Metaphysik vorgestoßen ist als ein synthetischer Apriorist vor ihm.

8.c Empirisch-hypothetische Grundpostulate. Bereits anläßlich der Diskussion des Analytizitätsbegriffs wurde nachdrücklich betont, daß die Auszeichnung bestimmter Propositionen als analytisch keine Immunisierungsstrategie für diese Propositionen impliziere: Ebenso wie man Sätze einer Sprache, die ursprünglich akzeptiert wurden, später verwerfen kann, so lassen sich auch die Regeln des Sprachaufbaus ändern. Dann aber steht prinzipiell nichts im Wege, auch empirische Hypothesen in die Klasse der Grundpostulate mit einzubeziehen. Dies ist allerdings nur dann ratsam, wenn es sich um so grundlegende Annahmen handelt, daß der Forscher nicht mit einer raschen Revision rechnet.

Eine einfache Exemplifizierung dieser Situation bilden die in Abschnitt 7 erwähnten Subsysteme und Teilsprachen des dritten Typs, nämlich die Restriktion einer ursprünglichen Attributfamilie auf eine Teilfamilie. Wenn wir dort bei der Angabe von Motiven für diese Beschränkung davon sprachen, ein Wissenschaftler *wisse*, daß den Elementen des von ihm untersuchten Gegenstandsbereiches bestimmte Attribute einer Familie nicht zukommen, so ist dieses Wissen natürlich kein definitives, sondern ein *hypothetisches*, wenn auch vielleicht ein mit großer praktischer Sicherheit verbundenes Wissen.

Wie die Definition **D7—4** zeigt, kann man selbst Grundpostulate vom empirisch-hypothetischen Typus bereits in die Definition des Modellbegriffs einbauen.

8.d Form und Funktion der nichtprobabilistischen Grundpostulate. Die drei Klassen von Grundpostulaten: analytische, phänomenologische und empirisch-hypothetische, sollen unter dem gemeinsamen Oberbegriff *G-Postulat (Grundpostulat)* zusammengefaßt werden. In Verallgemeinerung des Begriffs der analytisch wahren Proposition kann der Begriff der *G*-Wahrheit definiert werden. Die *G-wahren* Propositionen umfassen die Grundpostulate und deren logische Folgerungen; die *G-falschen* Propositionen sind die Negationen von *G*-wahren.

Sollte man von der dritten, in 8.c erwähnten Möglichkeit für die Einführung von Grundpostulaten Gebrauch gemacht haben, so ist dieser Carnapsche Begriff der *G*-Wahrheit allerdings etwas problematisch. Jedenfalls steht diese Verwendung nicht mehr mit dem von TARSKI eingeführten zeitlosen Wahrheitsbegriff in Einklang, auf den sich CARNAP sonst immer stützt. Bei den empirischen Grundpostulaten handelt es sich nicht mehr um als wahr *Gewußtes*, sondern nur um *vermutete* Wahrheiten. Bleibt man dessen eingedenk, so kann man trotzdem CARNAPs Terminologie übernehmen.

Im Prinzip können *G*-Postulate auf zwei verschiedenen Sprachebenen formuliert werden: in der *Objektsprache* und in der *Metasprache*.

Hier ergibt sich wegen der relativen Primitivität des begrifflichen Systems $\mathfrak{B}$ bzw. der Sprache $\mathfrak{L}$ jedoch ein Unterschied. In der Objektsprache

$\mathfrak{L}$ kann bloß über die zum begrifflichen System gehörenden Entitäten gesprochen werden: über Individuen und Attribute. Nur solche Grundpostulate, in denen ebenfalls über nichts anderes gesprochen wird, lassen sich *als objektsprachliche Prinzipien* formulieren So z.B. ist es möglich, die Propositionen (7), (10) und (11) in der Objektsprache auszudrücken, vorausgesetzt, daß darin die geeigneten Prädikate für Attribute vorkommen. Die drei Propositionen könnten in objektsprachlicher Formulierung z.B. lauten:

(7*) $\bigwedge x \, [\neg (P_3^2 x \wedge P_5^2 x)]$,

(10*) $\bigwedge x \wedge y \, [Wxy \to \neg Wyx]$,

(11*) $\bigwedge x \wedge y \wedge z \, [(Wxy \wedge Wyz) \to Wxz]$.

Die Sprache, in der die Theorie des induktiven Räsonierens formuliert wird, ist unsere Metasprache. *Diese Sprache ist viel reicher.* Darin kann z.B. außer über die Individuen und Attribute auch *über Modelle, über Propositionen*, evtl. *über geeignet eingeführte Funktionen, in jedem Fall jedoch über die beiden Funktionen M und C* gesprochen werden. Diese Metasprache ist zum Unterschied von den betrachteten Objektsprachen (bzw. von den betrachteten begrifflichen Systemen) nicht scharf umgrenzt. Dies bedeutet: *Die Metasprache soll eine offene Sprache sein, in welche man je nach Bedarf neue Ausdrücke einführen kann, vorausgesetzt, daß diese im gegenwärtigen Kontext als hinreichend klar erscheinen.* Dazu gehören z.B. die mathematischen Begriffe, die man für die Beschreibung des modelltheoretischen und des maßtheoretischen Apparates benötigt. (Fragestellungen, welche diese Apparatur betreffen, gehören nicht in den gegenwärtigen Rahmen, sondern in die logisch-mathematische Grundlagenforschung.)

Wenn man Grundprinzipien aufstellen will, die objektsprachlich nicht reproduzierbare Begriffe der Metasprache enthalten, so *müssen* diese Prinzipien in der Metasprache formuliert werden.

Typische Beispiele von Grundprinzipien, *die nur in der Metasprache formulierbar sind*, bilden die Propositionen (12) bis (15). Bei (13) bis (15) ist dies klar; denn darin wird von der für den Attributraum eingeführten Abstandsfunktion Gebrauch gemacht, die sicherlich in $\mathfrak{B}$ bzw. $\mathfrak{L}$ nicht definierbar ist. Um einzusehen, daß auch (12) nur metasprachlich formulierbar ist, hat man sich bloß daran zu erinnern, daß zum begrifflichen System $\mathfrak{B}$ zwar auch mehrstellige Attribute (zu $\mathfrak{L}$ auch mehrstellige Prädikate) gehören können, daß es sich dabei aber stets um Individuenattribute handeln muß. In (12) hingegen ist nicht von einer Ähnlichkeit zwischen Individuen, sondern *von einer Ähnlichkeit zwischen Attributen* die Rede. Das Ähnlichkeitsattribut ist somit ein *Attributenattribut*, welches sich nicht in die Objektsprache einführen läßt.

Was ist nun die wichtige Funktion der *G*-Postulate, die es rechtfertigt, daß wir so lange bei ihnen verweilten? Die Antwort ergibt sich durch einen

Vergleich mit der linguistischen Variante der Carnapschen Theorie: In der linguistischen Fassung der Theorie war verlangt worden, daß sämtliche Atomsätze der Objektsprache voneinander unabhängig sind. Diese stark einschränkende Voraussetzung wird innerhalb der modelltheoretischen Variante fallen gelassen: Abhängigkeiten zwischen den atomaren Propositionen sind jetzt möglich. *Diese Abhängigkeiten müssen aber mit Hilfe von G-Postulaten ausdrücklich und genau angegeben werden.*

Die Ausdrücke „abhängig" und „unabhängig", die eben benützt wurden, sind nur scheinbar unbestimmt. Entsprechend den drei Arten von G-Postulaten könnte man auch drei Arten von Abhängigkeiten unterscheiden: analytische, phänomenologische und schließlich Abhängigkeiten im Sinn der empirischen Grundpostulate.

Es bleibt noch die *technische Frage* zu klären, welche Möglichkeiten es gibt, die wahrscheinlichkeitstheoretischen Grundbegriffe M und C auf solche Weise einzuführen, daß kein Widerspruch zu den G-Postulaten entstehen kann. Ein solcher Widerspruch träte z.B. auf, wenn für eine Sprache, in der über Menschen und gewisse menschliche Eigenschaften gesprochen wird, die folgenden drei Bedingungen erfüllt wären:

(a) Die Klasse der Modelle, in denen männliche Personen, welchen die (zwei verschiedenen Familien zugehörenden) Attribute zugeschrieben werden, Junggeselle zu sein und verheiratet zu sein, ist nicht leer, und zwar ist sie eine Proposition (die also nicht unmöglich ist);

(b) dieser nichtleeren Modellklasse wird ein positives Maß M zugeteilt;

(c) in der Sprache soll das Analytizitätspostulat gelten, daß kein Junggeselle verheiratet ist.

Inhaltlich gesprochen würde dies bedeuten, daß eine analytisch unmögliche Proposition eine positive Apriori-Wahrscheinlichkeit zugeteilt erhielte. So etwas muß natürlich verhindert werden.

Es gibt drei verschiedene Möglichkeiten, die M- und C-Funktionen so einzuführen, daß die Erfüllung der G-Postulate garantiert ist. *In allen Fällen muß von vornherein eine Beschränkung auf solche Grundprinzipien erfolgen, die mit den in $\mathfrak{B}$ verfügbaren Mitteln ausdrückbar sind:*

(I) Die einfachste und empfehlenswerteste Methode besteht darin, *die Erfüllung der Grundpostulate automatisch dadurch zu garantieren, daß diese Erfüllung in die Definition des Modellbegriffs eingebaut wird.* Auf diesen Fall sind wir bereits gestoßen, als wir die Frage verneinten, ob es notwendig sei, eigene Postulate aufzustellen, welche die Attributfamilien als sog. Divisionen charakterisieren.

Solche Postulate hätten die folgende Gestalt (die logischen Zeichen und nichtlogischen Konstanten seien objektsprachliche Symbole):

(16) Es sei F^m eine beliebige Familie, die k Attribute enthält:

(a) für je zwei $i, j \in Ix(F^m)$ und $i \neq j$ soll gelten:

„$\wedge x \neg (P_i^m x \wedge P_j^m x)$";

(b) es soll gelten:

$$\text{,,} \wedge x \, [P_1^m x \vee P_2^m x \vee \cdots \vee P_k^m x)\text{``.}$$

(16) ist kein echtes Axiom, sondern ein sog. Axiomen*schema*; die einzelnen *Axiome* entstehen daraus durch Spezialisierung der vier Indizes m, k, i und j. Im Normalfall (wenn alle vier Indizes über endliche Gesamtheiten laufen) wird ein *endliches* Axiomenschema vorliegen. Sollte die Zahl der Familien oder die Anzahl der Attribute in gewissen Familien unendlich sein, so würde es sich um ein *unendliches Axiomenschema* handeln.

Wie schon erwähnt, ist die ausdrückliche Einführung solcher Axiomenschemata überflüssig; was sie leisten könnten, wird bereits durch die Definition der Modellfunktionen Z geleistet. Technisch ausgedrückt: Wenn wir die Proposition bilden, die der Klasse der Axiome (16) entspricht, nämlich dem Durchschnitt der Wahrheitsmengen dieser Sätze (vgl. **D7**–1), so haben wir von vornherein die Gewähr, daß die Klasse aller Modelle $\mathfrak{B}$ in diesem Durchschnitt enthalten ist.

Diese Methode kann u. U. auch angewendet werden, wenn man zu Teilsprachen übergeht. Eine Illustration dafür gibt **D7**–4. Was hier getan wird, ist folgendes: Man stellt die Forderung auf, daß gewisse zusätzliche G-Postulate erfüllt sein sollen. Diese Forderung wird nicht formalisiert. Vielmehr wird ihre Erfüllung dadurch gewährleistet, *daß man den alten Modellbegriff durch einen neuen ersetzt, so daß jedes der gewünschten zusätzlichen Postulate automatisch in jedem Modell der neuen Form gilt.*

(II) Nach der zweiten Methode wird kein Eingriff in den Modellbegriff selbst vorgenommen; vielmehr wird die Klasse der Modelle auf diejenigen beschränkt, in der alle gewünschten Postulate gelten. Es sei etwa $\{G_1, \ldots, G_r\}$ die Klasse der Grundpostulate. Es werde die Proposition $G^* = G_1 \cap \cdots \cap G_r$ gebildet. Wir können davon ausgehen, daß nicht alle Postulate G_i in sämtlichen Modellen erfüllt sind (d. h. daß G^* nicht bereits mit der Klasse aller Modelle identisch ist); denn in diesem Fall würde es sich um die bereits beschriebene erste Methode handeln. Es wird nun einfach beschlossen, statt der Klasse aller Modelle – im Fall des allgemeinen Systems: statt der Klasse $\mathfrak{B}$ – die Klasse G^* als Klasse der benützbaren Modelle zu wählen. Wo immer bisher die Klasse aller Modelle als Argument vorkam, ist sie also durch G^* zu ersetzen.

(III) Es seien wieder r Grundpostulate G_i gegeben; G^* habe dieselbe Bedeutung wie in (II). Nach der dritten Methode wird *weder* der Modellbegriff modifiziert *noch* wird die Klasse der Modelle auf die Teilklasse der alle Grundpostulate erfüllenden Modelle beschränkt. Vielmehr wird beides unverändert gelassen. Dagegen wird bei jeder Anwendung der C-Funktion auf ein Paar von Propositionen das zweite Glied durch konjunktive Hinzufügung von G^* verschärft. *Die Modifikation wird also am Begriff des Wahrscheinlichkeitsmaßes vorgenommen.*

Präziser ausgedrückt, bedeutet dies: Die Funktion C wird durch eine Funktion C' ersetzt, die folgendermaßen definiert ist:

(17) *Für zwei beliebige Propositionen E und H, so daß $E \cap G^* \neq \emptyset$, gilt:*

$$C'(H \mid E) =_{\text{Df}} C(H \mid E \cap G^*).$$

Die neue M-Funktion kann definiert werden durch:

$$M'(H) =_{\text{Df}} C'(H \mid G^*)$$

(letzteres ist wegen (17) identisch mit $C(H \mid G^*)$).

Sind die Grundpostulate einmal gewählt worden, so können in vollkommener Analogie zu den L-Begriffen *G-Begriffe* eingeführt werden. Für die Begriffe der G-Wahrheit und der G-Falschheit haben wir dies bereits gezeigt. Allerdings ist dort noch der logische Folgerungsbegriff verwendet worden. Auch an dieser Stelle ist jedoch der Rückgriff auf einen L-Begriff vermeidbar. Wenn G^* dieselbe Bedeutung hat wie bei der Schilderung der zweiten und dritten Methode, so kann z.B. „die Proposition D ist *G-wahr*" definiert werden durch „$G^* \subset D$". „(Die Proposition) D_1 *G-impliziert* (die Proposition) D_2" kann definiert werden durch: „$(-D_1) \cup D_2$ ist G-wahr". *G-Äquivalenz* kann als wechselseitige G-Implikation definiert werden usw. Die L-Begriffe sind also überhaupt vermeidbar und können stets durch die entsprechenden G-Begriffe ersetzt werden.

Wir haben uns in 8.a und 8.c zwar eingehend mit den drei verschiedenen Formen von Grundpostulaten beschäftigt. Wie die Schilderung der verschiedenen Methoden zur Behandlung solcher Postulate in der abstrakten Theorie der M- und C-Funktionen zeigt, sind die dortigen Unterscheidungen an dieser Stelle ohne Relevanz. *Wesentlich ist nur, daß man sich überhaupt darüber im Klaren ist, welche Propositionen als Grundpostulate zu verwenden sind.* Mögliche Streitigkeiten darüber, ob es sich bei gewissen dieser Propositionen um analytische oder um synthetische Prinzipien handle, um Wahrheiten a priori oder um Wahrheiten a posteriori (oder ob man vielleicht eine ganz neue Klasse von Propositionen einführen soll), sind für die abstrakte Theorie des induktiven Räsonierens als solche im allgemeinen ohne Auswirkung. Davon gibt es eine Ausnahme. Auf diese kommen wir im nächsten Abschnitt zu sprechen.

9. Zweiter über die Grundaxiome hinausführender Rationalisierungsschritt: Das Prinzip der Subsysteme (Teilsprachenprinzip)

9.a Die Relevanz der Unterscheidung zwischen analytischen und nichtanalytischen Grundpostulaten. Wir greifen nochmals auf die Subsysteme und Teilsprachen des dritten Typs von Abschnitt 7 zurück. Die Transformation T_3, welche atomaren Propositionen des Subsystems dieselben atomaren Propositionen des ursprünglichen Systems $\mathfrak{B}$ zuordnet[30], führt zu einer merkwürdigen Konsequenz. Es sei etwa F^2 im ursprünglichen System die Familie, welche 6 Farbattribute $P_1^2, \ldots, P_6^2$ enthält. Im Subsystem sollen nur die ersten 4 vorkommen, während P_5^2 (das Attribut Blau) und P_6^2 (das Attribut Violett) im Subsystem fehlen. a sei ein Individuum des Bereiches; $A_1', \ldots, A_4'$ seien die Atompropositionen $P_1^2 a, \ldots, P_4^2 a$. Ihre T_3-Entsprechungen im Gesamtsystem $A_1, \ldots, A_4$ haben genau dieselbe Gestalt. Wir bilden nun die Konjunktion der Negationen dieser Propositionen; sie mögen H' und H heißen. H' ist also eine Abkürzung für $\neg A_1' \wedge \neg A_2' \wedge \neg A_3' \wedge \neg A_4'$; H ist eine Abkürzung für die analoge Proposition mit A_i statt A_i'. In der symbolischen Abkürzung sind beide ununterscheidbar. Es gilt: $T_3(H') = H$. Die Proposition H ist in $\mathfrak{B}$ offenbar nicht leer; denn es lassen sich zahlreiche Modelle angeben, in denen a entweder das Attribut P_5^2 oder P_6^2 von F^2 zukommt. *Dagegen ist H' in $\mathfrak{B}$ die leere (unmögliche) Proposition:* Hier sind ja nur die ersten vier Farben zugelassen; es kann daher kein Modell geben, in welchem H' gilt. Denn in einem solchen Modell dürfte a keine der ersten vier Farben besitzen, was im Subsystem ausgeschlossen ist. *Wie aber kann eine mögliche Proposition einer unmöglichen entsprechen?*

Daß so etwas wie eine Paradoxie vorliegt, wird deutlich, wenn man bedenkt, daß es ja den Anschein hat, als könne man die Relation zwischen den korrespondierenden Sätzen als Äquivalenz auffassen: A_1 besagt, daß ein bestimmtes Individuum rot sei; A_1' behauptet von diesem Individuum genau dasselbe. Analoges gilt von A_2 bis A_4 und A_2' bis A_4', die eben diesem Ding die Attribute Orange, Gelb, Grün zusprechen. A_i und A_i' scheinen also für $i = 1$ bis 4 gehaltgleich zu sein. Dies müßte dann aber auch für ihre Negationen und ebenso für deren Konjunktion gelten. Damit würde sich unsere Frage zu der folgenden verschärfen: *Wie kann eine mögliche Proposition mit einer unmöglichen gehaltgleich oder wenigstens äquivalent sein?*

Schreiben wir, um diesen merkwürdigen Sachverhalt zu klären, das neue Grundpostulat in der Sprache, die dem Subsystem zugeordnet ist und die den Übergang vom Gesamtsystem zum Teilsystem erzwingt, ausdrücklich an. Es lautet:

(1) „$\wedge x (P_1^2 x \vee P_2^2 x \vee P_3^2 x \vee P_4^2 x)$" (umgangssprachlich: „alle Dinge sind entweder rot oder orange oder gelb oder grün").

Diesem Postulat kommt sicherlich nicht die Notwendigkeit von Analytizitätspostulaten zu, ebenso nicht die Notwendigkeit synthetisch-apriorischer Prinzipien. Sollte ein Forscher unter seine G-Postulate auch grundlegende Naturgesetze aufgenommen haben, so wird man zusätzlich sagen

---

[30] „Dieselbe" heißt natürlich: „Die atomare Proposition mit denselben Indizes". Der Atomproposition $P_j^m a_i$ entspricht wieder $P_j^m a_i$. Doch darf man nicht übersehen, daß dies nicht beide Male dasselbe bedeutet. Denn die Propositionen sind ja als Klassen von Modellen definiert und im zweiten Fall wird ein in der früher geschilderten Weise restringierter Modellbegriff benützt.

müssen, daß (1) nicht einmal die kausale Notwendigkeit derartiger empirisch-hypothetischer G-Postulate besitzt[31]. Das Motiv für die Annahme von (1) bestand allein darin, daß der Forscher es für sehr ‚unwahrscheinlich' hielt, in dem von ihm untersuchten Gegenstandsbereich jemals auf blaue oder violette Gegenstände zu stoßen.

Wir unterteilen die Postulate in drei Klassen: *A-Postulate* (Analytizitätspostulate), S_a-*Postulate* (synthetisch-apriorische Gundpostulate) und *E-Postulate* (d.h. diejenigen Postulate, die weder A- noch S_a-Postulate sind). In formaler Analogie zu den drei Begriffen L-wahr, L-falsch und L-indeterminiert bilden wir die drei Schemata X-wahr, X-falsch und X-indeterminiert, wobei für „X" statt „L" auch „A", „S_a" und „E" eingesetzt werden darf, und „X-indeterminiert" stets dasselbe bedeutet wie „weder X-wahr noch X-falsch". Diese drei Fälle nennen wir für die drei Einsetzungen die formalen X-*Bestimmungen* einer Proposition. Die Wahrheits- und Falschheitsfälle seien dabei im Sinn des folgenden graphischen Schemas zu deuten (also so, daß L-wahre Propositionen erst recht A-wahr sind, A-wahre erst recht S_a-wahr, S_a-wahre erst recht E-wahr; analog für Falschheit):

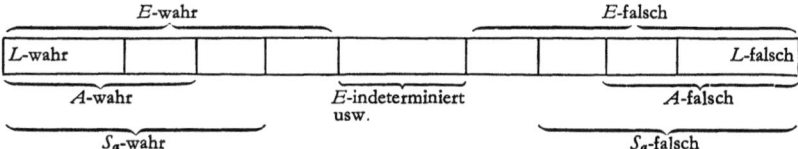

Diese dreifache Unterteilung ist sowohl für das Teilsystem als auch für das Gesamtsystem *getrennt* vorzunehmen (denn die Postulate brauchen ja nicht identisch zu sein). Mit „A", „S_a" oder „E" für „X" nennen wir eine Proposition H_1 X-äquivalent mit H_1' *bezüglich* T_3, wenn $H_1 = T_3(H_1')$ und H_1' dieselbe X-Bestimmung haben.

Den obigen Sachverhalt kann man nun so ausdrücken, daß man sagt: H ist mit H' bezüglich T_3 zwar weder A-äquivalent noch S_a-äquivalent, jedoch E-äquivalent.

9.b Invarianzprinzipien. Wir nennen ein Subsystem des Gesamtsystems $\mathfrak{B}$ ein *konservatives Subsystem bezüglich der Transformation T*, wenn für jede Proposition H' des Subsystems die Proposition $T(H')$ des Gesamtsystems mit der ersteren A-, S_a- und E-äquivalent ist. Geht man von den begrifflichen Systemen zu den Sprachen über, so gewinnt man den Begriff der *konservativen Teilsprache*. Wie man sich leicht überzeugt, sind von den in Abschnitt 7 behandelten Subsystemen und Teilsprachen diejenigen vom ersten, zweiten und vierten Typ stets konservativ. Wegen des Ergebnisses

---

[31] Die Frage, ob es überhaupt sinnvoll ist, Hypothesen eine kausale Notwendigkeit zuzusprechen, soll dabei ganz offen bleiben.

von 9.a sind dagegen die Subsysteme und Teilsprachen vom dritten Typ *nicht* konservativ.

Es sei nun $\mathfrak{B}$ ($\mathfrak{L}$) ein begriffliches System (eine Sprache), für welches eine reguläre *C*-Funktion *C* eingeführt wurde. $\mathfrak{B}^*$ ($\mathfrak{L}^*$) sei ein konservatives Subsystem (eine konservative Teilsprache) von $\mathfrak{B}$ (von $\mathfrak{L}$) in bezug auf die Transformation *T*. Dann soll das folgende zusätzliche Axiom gelten, welches *Prinzip der Subsysteme* genannt wird (in bezug auf Sprachen: *Teilsprachenprinzip*):

A6 *Für das Subsystem $\mathfrak{B}^*$ (die Teilsprache $\mathfrak{L}^*$) ist diejenige Funktion C' zu verwenden, welche die Bedingung erfüllt: Für beliebige Propositionen H' und E' (vorausgesetzt, daß E' nicht unmöglich ist):*
$C'(H' \mid E') = C(T(H') \mid T(E'))$.

Dieses Axiom umfaßt also die in Abschnitt 7 angeführten Teilsysteme (Teilsprachen) vom ersten, zweiten und vierten Typ. Es wird darin verlangt, daß die *C*-Werte für Paare von Propositionen im Teilsystem den *C*-Werten für Paare von solchen Propositionen gleichen müssen, die den ersteren aufgrund der Transformation *T* entsprechen. Wir sagen, daß *C* eine dem *C'* *entsprechende Funktion* sei.

Für die Teilsysteme bzw. Teilsprachen vom ersten Typ stellen wir noch eine spezielle Forderung auf. Wir erinnern zunächst daran, daß dem Gesamtsystem (der Gesamtsprache) stets ein *abzählbar unendlicher* Individuenbereich *Ind* zugrundeliegt[32]. Häufig erweist es sich als notwendig oder zweckmäßig, Systeme oder Sprachen mit einem *endlichen* Individuenbereich zu untersuchen. Jedes derartige System ist als Subsystem des Gesamtsystems aufzufassen; das Analoge gilt für Sprachen. In solchen Fällen wird verlangt, daß die für das Teilsystem (die Teilsprache) geltende *C*-Funktion auf das Gesamtsystem (die Gesamtsprache) *erweiterungsfähig* ist. Dieser Begriff ist folgendermaßen zu verstehen (wir beschränken uns in der Definition auf die Sprache):

Es sei ein Axiomensystem *AS* für *C*-Funktionen gegeben (es spielt keine Rolle, ob es sich dabei um die von CARNAP eingeführten Axiome handelt oder um andere). $\mathfrak{L}'$ sei eine Teilsprache des ersten Typs von $\mathfrak{L}$. Die für $\mathfrak{L}'$ eingeführte Funktion *C'* erfülle alle Axiome von *AS*. *C'* wird *erweiterungsfähig für* $\mathfrak{L}$ genannt, wenn es eine *C*-Funktion *C* für $\mathfrak{L}$ gibt, welche erstens ebenfalls sämtliche Axiome von *AS* erfüllt und welche zweitens die der Funktion *C'* (im Sinn von **A6**) entsprechende *C*-Funktion darstellt. (Eine analoge Definition der Erweiterungsfähigkeit kann für *M*-Funktionen aufgestellt werden. Die Definition läßt sich auf die vorliegende zurückführen, wenn man von *M'* zu der auf *M'* bezogenen *C*-Funktion *C'* übergeht.)

Das sechste Axiom kann jetzt ergänzt werden durch das folgende Erweiterungsaxiom für endliche Systeme bzw. für endliche Sprachen:

---

[32] Man könnte dies in der Weise veranschaulichen, daß man das Gesamtsystem $\mathfrak{B}^\infty$ und die Gesamtsprache $\mathfrak{L}^\infty$ nennt.

A6^E. *Eine C-Funktion ist nur dann zulässig, wenn sie für das Gesamtsystem (für die Gesamtsprache) erweiterungsfähig ist.*
(In diesem Axiom ist stillschweigend auf ein System *AS* Bezug genommen, welches von der *C*-Funktion für die Teilsprache erfüllt wird.)

Während bei den technischen Definitionen vom Gesamtsystem ausgegangen wird, ist es für die Vergegenwärtigung des Inhaltes und der Rechtfertigung von **A6** zweckmäßiger, umgekehrt zu verfahren und außerdem vor allem an die beiden ersten Typen von Erweiterungen zu denken[33]. Dann enthält dieses Axiom u.a. die beiden folgenden wichtigen Teilbehauptungen:

1. *Der C-Wert für Paare von Propositionen E und H ist unabhängig von der Existenz, der Anzahl und der Beschaffenheit derjenigen Individuen, die in E und H nicht erwähnt sind.* Wenn nämlich das System durch Hinzufügung neuer Individuen erweitert wird und diesen irgendwelche Attribute zugesprochen werden, so soll gemäß **A6** der *C*-Wert für die bisher betrachteten Propositionen unverändert bleiben.

2. *Der C-Wert für Paare von Propositionen E und H ist unabhängig von der Existenz, der Anzahl und den Eigenschaften derjenigen Attributfamilien, die in E und H nicht erwähnt sind.*

Dies sind zwei sehr wichtige *Invarianzprinzipien*, die in **A6** als Teilbehauptungen enthalten sind. Sie gelten insbesondere auch dann, wenn ein zunächst endlicher Individuenbereich zu einem unendlichen erweitert wird, ebenso, wenn eine zunächst vorliegende endliche Klasse von Attributfamilien zu einer unendlichen Klasse solcher Familien erweitert wird.

Dieser zweite Fall verdient besondere Beachtung. In der linguistischen Fassung seiner Theorie mußte CARNAP die *Vollständigkeitsforderung* in bezug auf das System der Prädikate aufstellen, wonach die Sprache genügt, um alle qualitativen Attribute der Individuen des Bereiches zu charakterisieren. Darin war die Teilforderung enthalten, daß zwei Individuen höchstens in einer endlichen Anzahl von Hinsichten voneinander abweichen dürfen (vgl. [Probability], S. 74f.). *Diese Teilforderung war ihrerseits nichts anderes als ein von* J.M. KEYNES *aufgestelltes Postulat, nämlich das Prinzip der begrenzten Mannigfaltigkeit der Welt*, wonach einem Ding nur eine feste endliche Zahl verschiedenartiger Attribute zukommen darf.

Es ist ein weiterer Vorzug des modelltheoretischen Vorgehens gegenüber dem früheren linguistischen Verfahren, daß CARNAP *sich durch dieses Invarianzprinzip vom Keynes-Postulat zu befreien vermochte.* Tatsächlich enthielt dieses Postulat eine logisch nicht zu rechtfertigende Apriori-Annahme über die Welt, die außerdem von vielen Autoren als unplausibel empfunden wurde.

Das Axiomenschema **A6** enthält *nur einen* wichtigen Teil von Invarianzaxiomen. Der zweite Teil dieser Axiome, dessen Rechtfertigung wir bereits

---

[33] Bei dieser Umkehrung der Denkweise müssen wir statt von Restriktionen von Erweiterungen sprechen.

in Abschnitt 1.d (vierte Rationalitätsbedingung) vorweggenommen haben, soll gesondert formuliert werden.

Wir haben uns bei der inhaltlichen Erläuterung nur auf die vom wissenschaftstheoretischen Standpunkt aus besonders interessanten ersten beiden Typen von Teilsprachen beschränkt. Der Leser möge aber nicht übersehen, daß wegen der Möglichkeit von Subsystemen vom vierten Typus A6 die weitere Teilbehauptung enthält, daß der Wert $C(H, E)$ auch *unabhängig ist von bestimmten Verschmelzungen von Attributen*, sofern die atomaren Propositionen nach dem früher geschilderten Verfahren geändert werden (vgl. das Ende von Abschnitt 7).

10. Dritter über die Grundaxiome hinausführender Rationalisierungsschritt: Das Symmetrie-Prinzip

In diesem Abschnitt benötigen wir einige elementare Begriffe der Kombinatorik. Es dürfte genügen, diese Begriffe inhaltlich soweit zu erläutern, daß sie in ihrer Bedeutung verstanden werden. Dagegen soll auf vollkommen präzise Definitionen verzichtet werden. Solche finden sich in Abschnitt 9 von CARNAPs [Basic System]. Vgl. auch Teil 0, 1.d.

10.a Symmetrische C- und M-Funktionen. Für das Folgende werde ein höchstens abzählbarer Individuenbereich *Ind* vorausgesetzt. Sofern außer $\mathfrak{B}$ auch die Sprache $\mathfrak{L}$ betrachtet wird, soll angenommen werden, daß jedem Individuum genau eine Individuenkonstante entspricht. Wir gehen sofort über zur Indexmenge $Ix(Ind)$, die aus *Zahlen* besteht, und betrachten bijektive Abbildungen dieser Menge $Ix(Ind)$ in sich (d. h. *umkehrbar eindeutige* Abbildungen dieser Menge *auf* sich).

(1) Eine derartige Abbildung wird eine *endliche Permutation* π genannt, wenn nur endlich viele Elemente auf davon verschiedene Elemente abgebildet werden, d.h. also wenn nur für endlich viele natürliche Zahlen n gilt: $\pi(n) \neq n$, während für die übrigen Zahlen π die identische Abbildung liefert.

(2) Die Abbildung π *der Individuen* aufeinander läßt sich für eine Abbildung π_1 *der Modelle* aufeinander verwerten. π_1 sei die bijektive Abbildung von $\mathfrak{Z}$ in sich, für welche gilt: $\pi_1(Z(m, i)) = Z(m, \pi(i))$. Wir sagen, daß π_1 die durch π *induzierte* Abbildung der Modelle aufeinander ist. Das π_1-Abbild von Z nennen wir auch $\pi_1(Z)$. Zwei durch ein derartiges π_1 aufeinander bezogene Modelle heißen *isomorph*.

(3) In einem dritten Schritt kann die Abbildung schließlich zu einer Abbildung π_2 zwischen *Propositionen* erweitert werden. Es sei wieder π eine endliche Permutation der Individuen und π_1 die durch π induzierte Abbildung der Modelle. π_2 sei die bijektive Abbildung von $\mathfrak{E}$ in sich, für die gilt: wenn $A \in \mathfrak{E}$, dann $\pi_2(A) = \{Z' \mid$ es gibt ein $Z \in A$, so daß $Z' = \pi_1(Z)\}$. π_2 wird wieder als *durch π induziert* bezeichnet. Zwei Propositionen, die einander mittels eines π_2 entsprechen, das durch ein π induziert wurde, werden *isomorph* genannt. (Man beachte: Da Modelle keine Propositionen sind, wurden damit zwei verschiedene Isomorphiebegriffe eingeführt.)

Es sei nun C wieder eine reelle Funktion mit dem Definitionsbereich
$\mathfrak{E} \times (\mathfrak{E} - \{\emptyset\})$. Wir sagen, daß C invariant sei *in bezug auf jede endliche Permutation π von Individuen* gdw für jede derartige Permutation gilt: $C(H \mid E)$
$= C(\pi_2(H) \mid \pi_2(E))$, sofern π_2 die durch π induzierte Abbildung der
Klasse der Propositionen $\mathfrak{E}$ auf sich darstellt. Daß C invariant ist in bezug
auf jede endliche Permutation von Individuen, soll durch die Wendung
„C ist *symmetrisch*" abgekürzt werden. In analoger Weise erklären wir die
Bedeutung von: „M ist *symmetrisch*" (in diesem Fall muß für jedes $A \in \mathfrak{E}$
gelten: $M(A) = M(\pi_2(A))$).

Das Symmetrie-Axiom läßt sich jetzt sehr einfach formulieren:

A7 *C ist symmetrisch.*

Es genügt wieder, diese Forderung bezüglich C (oder umgekehrt: bezüglich M) aufzustellen; denn wenn M und C aufeinander bezogen sind,
so folgt aus der Symmetrie von C die von M und umgekehrt.

Die Rechtfertigung für dieses Prinzip haben wir im Abschnitt 1 bereits vorweggenommen. Es sei nochmals daran erinnert, *daß an diesem Punkt
die entscheidende Differenz zwischen* CARNAP *und den personalistischen Wahrscheinlichkeitstheoretikern einsetzt.* Dieses Prinzip läßt sich *nicht* für Glaubensfunktionen Cr rechtfertigen, sondern nur für Funktionen vom Typ $Cred$. Um
überhaupt in eine rationale Diskussion von **A7** eintreten zu können, muß
man daher bereit sein, vom (partiellen) Glauben zu der tieferliegenden Disposition überzugehen, die CARNAP Credibility nennt. Da die Personalisten
dazu nicht bereit, bleibt für sie das Symmetrie-Axiom indiskutabel.

Die Individuen des Bereiches werden stets mittels ihrer Indizes identifiziert.
Es ist wichtig, nicht zu vergessen, daß die Indizierung *als vollkommen willkürlich*
vorausgesetzt wird. In dem Augenblick, wo sie noch eine weitere Funktion erfüllt, verliert das Symmetrie-Prinzip u.U. sofort jede Plausibilität. Dies gilt z.B.
dann, wenn eine sog. *Koordinatensprache* benützt wird. In einer solchen spiegeln
die numerischen Indizes der Individuenkonstanten *eine Ordnungsrelation oder sogar
eine metrische Relation zwischen den Individuen* wider. In einer physikalischen Sprache
von dieser Art kann man z.B. den Abstand zwischen zwei Individuen (etwa
Quadrupel von Raum-Zeit-Punkten) rein logisch erschließen. In solchen Sprachen
bzw. begrifflichen Systemen sind die Individuen nicht mehr logisch voneinander
ununterscheidbar; es wäre daher voreilig zu verlangen, daß die C-Werte für Paare
von Propositionen invariant sein sollen in bezug auf beliebige endliche Permutationen. Eine solche Forderung ist nur solange sinnvoll, als die Individuen denselben ‚logischen Apriori-Status' besitzen.

Mit der Annahme des Symmetrie-Axioms gelten alle Aussagen, die
früher auf dieser Basis bewiesen wurden; vgl. [I.L.], S. 187—193.

10.b Strukturen. (Dieser Unterabschnitt dient allein dem Zweck, die
stark einschränkende Wirkung des Symmetrie-Prinzips zu illustrieren.
Leser, welche an dieser Veranschaulichung nicht sehr interessiert sind, können den folgenden Text überspringen.)

Der Einfachheit halber soll hier ein System zugrundegelegt werden,
welches nur eine einzige Attributfamilie mit k Attributen aufweist. Die

erste Argumentstelle der Modellfunktionen wird jetzt überflüssig, so daß diese Funktionen als einstellige Funktionen mit Individuenindizes als Argumenten aufgefaßt werden können. So z. B. ist die atomare Proposition $P_j a_i$ jetzt mit der Klasse $\{Z \mid Z(i) = j\}$ zu identifizieren. Wir knüpfen an die in **D3**—**7** sowie im darauf folgenden Text von Abschnitt 3 eingeführten Begriffe an. Es sei E_s eine endliche s-Stichprobe. $\mathfrak{K}$ sei die Klasse der mit E_s isomorphen Propositionen. Die Vereinigung $S = \bigcup \mathfrak{K}$ — welche sämtliche Modelle enthält, die in E_s oder in einer mit E_s isomorphen Proposition vorkommen — heiße *die* der p. s. E_s *entsprechende Strukturproposition* oder kurz: *die E_s entsprechende Struktur*. Genauer sagen wir, daß S die E_s entsprechende s-Struktur sei, welche das k-Tupel $\mathbf{s} = (s_1, \ldots, s_k)$ hat. Allgemein werde S *eine Struktur* genannt, wenn es eine p. s. E_s gibt, so daß S die E_s entsprechende Struktur ist. Der Unterschied zwischen E_s und der dieser Proposition entsprechenden Struktur besteht in folgendem: Während die p. s. E_s genau angibt, welchen s_1 Individuen das Attribut $P_1, \ldots,$ welchen s_k Individuen das Attribut P_k zukommt, liefert S bloß die *statistische* Information, daß s_1 Individuen das erste Attribut, s_2 das zweite, ..., s_k das k-te Attribut besitzt, allgemein also: *wie viele* Individuen ein bestimmtes unter den k Attributen haben, aber nicht welche.

Wegen **A7** hat die auf C bezogene M-Funktion für sämtliche Elemente von $\mathfrak{K}$ denselben Wert. Da die Anzahl der Elemente von $\mathfrak{K}$ gleich $\dfrac{s!}{s_1! \ldots s_k!}$ ist, gilt daher

$$M(S) = \frac{s!}{s_1! \ldots s_k!} M(E_s).$$

Wenn wir den ersten Faktor auf der rechten Seite nach links schaffen, so sehen wir sofort, daß der M-Wert für eine p. s. mit einem bestimmten k-Tupel bereits festliegt, wenn der M-Wert der dieser p. s. entsprechenden Struktur bekannt ist, welche dasselbe k-Tupel hat.

Falls die in der Stichprobe wesentlich erwähnten Individuen die ersten N Individuen in der zugrundegelegten Indizierung sind, so kann man die Teilsprache $\mathfrak{L}_N$ betrachten, die auf diese N Individuen beschränkt ist (in der Terminologie von 7.b handelt es sich um eine Teilsprache des ersten Typs). Im augenblicklichen Zusammenhang nennen wir die Klasse dieser Individuen die *Population* unserer endlichen Sprache. Die Klasse der Modelle von $\mathfrak{L}_N$ heiße $\mathfrak{Z}'$, die Klasse der Propositionen $\mathfrak{E}'$. Für die *Zahl ζ der Modelle* in $\mathfrak{L}_N$ gilt: $\zeta = k^N$ (denn jedes der N Individuen kann genau eines der k Attribute besitzen). Für die *Zahl ϱ der Propositionen* von $\mathfrak{L}_N$ gilt: $\varrho = 2^\zeta$ (denn die Zahl der Propositionen ist im Endlichkeitsfall identisch mit der Anzahl der Teilklassen, welche man aus der Klasse aller Modelle bilden kann). Schließlich gilt für die *Zahl τ der Strukturen* (jetzt genannt Populationsstrukturen; diese sind spezielle Fälle von N-Strukturen): $\tau = \binom{N+k-1}{N}$.

(Für einen Beweis dieser letzteren Aussage vgl. [I.L.], S. 178, (20−8) (e); an die Stelle der dortigen μQ-Prädikate treten hier die k Attribute). Relativ auf eine gegebene Populationsstruktur S_i kann die induktive Wahrscheinlichkeit $C(E_s \mid S_i)$ einer p.s. E_s ermittelt werden, sofern C symmetrisch ist. (Für einen Beweis vgl. [I.L.], (22−1) und (22−2), S. 187. Dieser Fall wurde dort direkter Induktionsschluß genannt; der Populationsstruktur S_i entspricht die in e beschriebene *statistische* Verteilung der n Individuenkonstanten auf die vorgegebenen Prädikate; der p.s. E_s entspricht die *individuelle* Verteilung für eine Teilklasse von s unter den n Individuenkonstanten.) Jeder Populationsstruktur korrespondiert genau eine propositionale Stichprobe, nämlich eine N-Vorderstichprobe. Man könnte hier von *Populationsproposition* sprechen.

Wenn M und C sowohl regulär als auch symmetrisch sowie aufeinander bezogen sind, so ergibt sich: *Wenn die M-Werte für die Populationsstrukturen bekannt sind, so sind in $\mathfrak{L}_N$ überhaupt alle M- und C-Werte bekannt.*

Hinweis. Aus den M-Werten für die Strukturen erhält man bei Symmetrie nach der obigen Formel die M-Werte für alle Populationspropositionen. Diese jedoch sind identisch mit den Einerklassen der Elemente von $\mathfrak{Z}'$ (den Modell*propositionen*). Durch diese wiederum sind die M- und C-Werte aller Propositionen bestimmt. Der Beweis könnte auch so vorgenommen werden, daß man von einer nichtleeren Proposition A in $\mathfrak{L}_N$ ausgeht und die Klasse der Elemente B von $\mathfrak{B}^{(N)}$ betrachtet, die in A enthalten sind. Offenbar gilt: $M(A) = \Sigma M(B)$, wenn die Summe über alle B mit $B \subset A$ läuft.

Der Abstand zwischen den Zahlen ζ und τ nimmt mit zunehmendem N rapide zu. Wenn z.B. 10 Individuen zugrundegelegt werden, so ist $\zeta = 1.048.576$, während τ nur 286 beträgt. Bei Symmetrie besteht also nur für 285 statt für 1.048.575 M-Werte eine freie Wahl (1 ist wegen der Summenbedingung abzuziehen). Für $N = 20$ ist ζ bereits von der Größenordnung 10^{12}, während τ erst 1.771 beträgt. Der stark restringierende Effekt des Symmetrie-Axioms dürfte damit hinreichend deutlich geworden sein.

11. Vierter über die Grundaxiome hinausführender Rationalisierungsschritt: Das Prinzip der Relevanz von Einzelfällen

Es sei E_s eine s-Vorderstichprobe, also eine propositionale Stichprobe, in der nur die ersten s Individuen wesentlich erwähnt sind. a_{s+1} und a_{s+2} seien die beiden nächsten (voneinander verschiedenen) Individuen. P_j sei ein Attribut. Zum induktiven Räsonieren gehört es, in ‚vernünftiger' Weise aus der Erfahrung zu lernen. In unserem speziellen Fall kann dieser Gedanke folgendermaßen präzisiert werden: E_s bilde unser Erfahrungsdatum. Was immer auch die Kardinalzahl von P_j in E_s sein möge, die Erweiterung unseres Erfahrungsdatums um das Beobachtungsresultat $P_j a_{s+1}$

wird die Wahrscheinlichkeit der singulären Voraussage $P_j a_{s+2}$, welche einen Spezialfall *desselben* Attributes bildet, erhöhen, d.h. also:

(1) $C(P_j a_{s+2} \mid E_s \cap P_j a_{s+1}) > C(P_j a_{s+2} \mid E_s)$

(In der früheren Terminologie hätte Carnap diese Aussage so formuliert: $P_j a_{s+1}$ muß relativ auf das Datum E_s *positiv relevant für* $P_j a_{s+2}$ sein.)

Dieses Prinzip wird in zwei Teile aufgesplittert. Die erste Hälfte besagt bloß, daß unter den gegebenen Umständen die Wahrscheinlichkeit nicht abnimmt. Die zweite behauptet eine Ungleichheit zwischen diesen beiden Werten. Die beiden Teile zusammen haben (1) zur Folge.

A8 *Axiom der Relevanz von Einzelfällen*:

(a) $C(P_j a_{s+2} \mid E_s \cap P_j a_{s+1}) \geq C(P_j a_{s+2} \mid E_s)$

(b) $C(P_j a_{s+2} \mid E_s \cap P_j a_{s+1}) \neq C(P_j a_{s+2} \mid E_s)$.

Was leistet dieses Prinzip zusätzlich zu den bisherigen Axiomen?

(1) Es *schließt* insbesondere *jedes* von uns als absurd empfundene *‚antiinduktive Lernen aus der Erfahrung'* aus, d.h. jede solche Verwendung vergangener Erfahrungen, bei der eine singuläre Voraussage für um so unwahrscheinlicher gehalten wird, je größer die Häufigkeit des fraglichen Attributes in der Vergangenheit war.

(2) Aber auch *jede C-Funktion wird* dadurch *verboten, die überhaupt kein Lernen aus der Erfahrung zuläßt*. Von dieser Art ist die Wittgenstein-Funktion c^+ bzw. C^+, die — in der früheren Sprechweise — allen Zustandsbeschreibungen bzw. — in der jetzigen Sprechweise — allen Modellpropositionen denselben M-Wert zuteilt.

Unter der bloßen Annahme der Regularität und Symmetrie für C könnte der Teil (*a*) sowie eine etwas schwächere Aussage als Teil (*b*) von **A8** bewiesen werden. Die volle Aussage (*b*) (und damit das Prinzip in seiner ganzen Stärke) ist aus dem einen der beiden an späterer Stelle angeführten Konvergenzaxiome herleitbar, nämlich dem sog. Reichenbach-Axiom. Bei Annahme dieses Konvergenzaxioms ist also **A8** überflüssig. Sollte dagegen jemand nicht bereit sein, das Reichenbach-Axiom zu akzeptieren, so müßte er auf **A8** zurückgreifen.

Die Aussage (1) gilt nicht nur für den speziellen angeführten Fall der Proposition E_s, sondern gilt für eine beliebige, weder unmögliche noch notwendige molekulare Proposition E, vorausgesetzt, daß a_{s+1} und a_{s+2} irgend zwei beliebige neue, d.h. in E nicht vorkommende Individuen sind. (Für einen Beweis vgl. [Basic System], T13—1.)

Carnap schickt dem Teil (*b*) von **A8** die Bedingung voraus:

$$0 < C(P_j a_{s+2} \mid E_s) < 1.$$

Diese Bedingung spielt nur dann eine Rolle, wenn man C-Funktionen in Betracht zieht, die nicht regulär sind. Eine solche von Carnap näher untersuchte Klasse bilden die semiregulären Funktionen, auf die wir hier nicht eingehen.

12. Auf dem Wege zu einer sprachunabhängigen Theorie der Attributräume. Der Analogie-Einfluß

12.a Einige grundlegende Begriffe. Die Tatsache, daß man Dinge nach verschiedenen Hinsichten klassifizieren kann, bildete den intuitiven Hintergrund für die Einführung von Attributen. Bereits bei der Einführung des begrifflichen Systems $\mathfrak{B}$ kam zwar die Rede auf die Attributräume. Doch geschah dies damals sofort mit einem Seitenblick auf die Sprache $\mathfrak{L}$. Und dies bedeutete, daß wir, abgesehen von gelegentlichen Hinweisen, unter Attributen stets *Regionen* von Attributräumen verstanden und uns daher auf die *diskrete* Behandlung solcher Räume beschränkten.

Das systematische Studium von Attributräumen verlangt jedoch den Übergang vom diskreten zum *kontinuierlichen* Fall. Dadurch gelangt man zu den letzten Einheiten, die sich nicht mehr untergliedern lassen. Sie sollen als *Punkte* des Attributraumes bezeichnet werden. Diese geometrische Veranschaulichung setzt nur die Sprechweise fort, wonach man von reellen Zahlen als von Punkten auf der reellen Zahlengeraden spricht oder von komplexen Zahlen als von Punkten in der Gaußschen Zahlenebene. Noch durch eine andere Analogie lassen sich diese als Punkte bezeichneten Entitäten verdeutlichen. $\mathfrak{U}$ sei ein Attributraum; $\mathfrak{Z}$ sei wie bisher der Modellraum. Ähnlich wie uns die Punkte von $\mathfrak{Z}$, nämlich die Modelle, die *schärfsten* Informationen über den Individuenbereich liefern, stellen die Punkte von $\mathfrak{U}$ die *schärfsten* möglichen Eigenschaften dar, welche Dinge (in einer bestimmten Hinsicht) haben können.

Wie schon an früherer Stelle soll der Ausdruck „Eigenschaft" in einem sehr weiten Sinn verwendet werden, so daß er sowohl *qualitative* Merkmale als auch *quantitative* Merkmale umfaßt. Qualitative und quantitative Attributräume sollen gleichberechtigt nebeneinander stehen. Ein Beispiel für einen *qualitativen Attributraum* bildet der Raum der bunten Farben. Geht man zum kontinuierlichen Fall über, so muß man allerdings bedenken, daß bestimmte umgangssprachliche Worte mehrdeutig werden. Da wir es im Alltag nur mit diskreten Fällen zu tun haben, verstehen wir hier unter Farben (gemeint ist: unter Farbtönen) stets mehr oder weniger scharf umrissene Regionen des Farbraumes. Im kontinuierlichen Fall sind aber auch die Punkte zu berücksichtigen. Unklarheiten werden am besten dadurch vermieden, daß man zwischen *Farbpunkten* und *Farbregionen* unterscheidet. Wollte man weiterhin beides Farben nennen, so wäre dies ebenso mißverständlich, als wenn wir ein einheitliches Wort verwenden wollten, um damit sowohl bestimmte Zahlen als auch Zahlenintervalle zu bezeichnen. Ein Beispiel für einen *quantitativen Attributraum* bildet die Gesamtheit der Werte einer meßbaren Größe, z.B. Länge oder Geschwindigkeit. Den Farbpunkten im ersten Fall entsprechen die möglichen numerischen Meßwerte im zweiten Fall. Für die geometrische Veranschaulichung eines Attributraumes gibt es oft mehrere Möglichkeiten. Bei metrischen Skalen wählt man gewöhnlich eine eindimensionale Darstellung: ein Zahlenintervall (reelles, rationales, ganzzahliges, natürliches). Bereits bei der Veranschaulichung des Attributraumes der gesättigten bunten Farben empfiehlt es sich, einen Kreis zu wählen und die Farbpunkte mit den Punkten auf dem Kreisrand zu identifizieren. Will man den Attributraum *aller* Farben (der bunten wie der unbunten) geometrisch darstellen, so wählt man zweckmäßigerweise einen Doppelkegel, der sich über dem eben erwähnten Kreis nach beiden Richtungen erhebt. (Die beiden Spitzen symbolisieren die Farbpunkte *Weiß* und *Schwarz*; die Verbindungslinie zwischen ihnen, die auch durch den Mittelpunkt des Kreises der bunten Farben geht, repräsentiert die Schwarz-Weiß-Linie; der Kreismittelpunkt repräsentiert einen Grauton in der Mitte zwischen Weiß und Schwarz; ein Sichentfernen von der Oberfläche in Richtung auf die Verbindungslinie der beiden Spitzen bedeutet den Übergang von gesättigten zu weniger gesättigten Farben, bis schließlich ein gewisser Grauton erhalten wird usw.). Wir sprechen in solchen Fällen auch von *geometrischen Modellen* von Attributräumen.

Derartige Modelle sind oft sehr hilfreich, aber nicht ungefährlich. Sie verführen einen nämlich dazu, in den Attributraum von vornherein mehr an Struktur hineinzustecken, als darin enthalten ist. Zunächst ist nämlich ein Attributraum nichts weiter als eine abstrakte, strukturlose Mannigfaltigkeit von Punkten bestimmter Art. Die geometrische Repräsentation legt dagegen den zusätzlichen Gedanken nahe, räumliche Abstände im geometrischen Modell (auf dem Kreisumfang, innerhalb des Doppelkegels) mit Abständen im Attributraum zu identifizieren, und ebenso Unterschiede zwischen Abständen im geometrischen Modell mit Unterschieden der qualitativen Ähnlichkeit. Zwar ist in den obigen Beispielen so etwas durchaus intendiert. Es darf aber nicht übersehen werden, daß die für das geometrische Modell bereits verfügbare Metrik (z.B. Bogenmaß, Längenmaß) keinerlei Hilfe dafür leistet, in den zunächst nicht geordneten und auch nicht metrisierten Attributraum selbst eine Metrik, ja auch nur irgendeine nichtmetrische Ordnung, einzuführen. All dies muß unabhängig vom geometrischen Modell geleistet werden, falls es überhaupt möglich ist.

Die Einführung einer *komparativen Ordnung* in einen diskreten oder kontinuierlichen Attributraum erzeugt in der Regel noch keine großen Schwierigkeiten, wenn auch diese Ordnung häufig nicht vollständig ist. Angenommen, man legt einer Versuchsperson (abgekürzt: Vp) drei Punkte des Farbraumes F_1, F_2 und F_3 vor. Wenn die Vp den Eindruck hat, daß zwischen F_1 und F_2 dieselbe Ähnlichkeit besteht wie zwischen F_2 und F_3, dann kann man dies so ausdrücken: *der Abstand* (im Attributraum der Vp) *zwischen F_1 und F_2 ist derselbe wie der Abstand zwischen F_2 und F_3*. Werden hingegen F_1 und F_2 (z.B. ein Rot- und ein Orangeton) als ähnlicher empfunden denn F_2 und F_3 (z.B. dieser Orangeton und ein Blauton), so kann man dieses Ergebnis in der folgenden Weise formulieren: *der Abstand zwischen F_1 und F_2 ist kleiner als der Abstand zwischen F_2 und F_3*. Der Umstand, daß hier von Abstand die Rede ist, darf nicht darüber hinwegtäuschen, daß auf diese Weise nur eine komparative Ordnung eingeführt wird: Es wurden ja nur die Analoga zu den Relationen < und = eingeführt, *nicht* hingegen eine Abstandsfunktion, die es gestatten würde, die Größe des Abstandes zwischen zwei Farben durch eine Zahl auszudrücken. Die Ordnung ist überdies *unvollständig*, wenn die Vp sich für gewisse Farben X_1, X_2 und X_3 außerstande erklärt zu beurteilen, ob X_1 und X_2 zueinander in derselben Ähnlichkeitsrelation stehen wie X_2 und X_3.

Mit einer *Metrik* ist ein Attributraum erst dann versehen, wenn eine zweistellige Abstandsfunktion definiert ist, die jedem Paar von Attributen (in unserem Beispiel: jedem Paar von Farbpunkten) den quantitativen Abstand als numerischen Wert zuordnet. Eine adäquate Abstandsfunktion muß drei Bedingungen erfüllen, die im folgenden Definiens explizit erwähnt sind:

D12–1 Es sei $\mathbb{R}$ ein abstrakter Raum. *d* sei eine zweistellige Funktion, deren Argumentbereich aus dem Cartesischen Produkt $\mathbb{R} \times \mathbb{R}$ und deren Wertbereich aus der Menge der nichtnegativen reellen Zahlen besteht. Die Funktion *d* wird *quantitative Abstandsfunktion* (auch: Distanz) *für* $\mathbb{R}$ und $\mathbb{R}$ selbst ein auf *d* beruhender *metrischer Raum* genannt gdw für beliebige drei Punkte x, y und z von $\mathbb{R}$ die folgenden Bedingungen erfüllt sind:
(1) $d(x,y) = 0$ (Nullabstand) gdw x und y identisch sind;
(2) $d(x,y) = d(y,x)$ (Kommutativität);
(3) $d(x,y) + d(y,z) \geq d(x,z)$ (Dreiecksungleichung).

(Die Symbole „=", „≧" sowie „+" sind hier natürlich im üblichen Sinn als Zeichen für die Gleichheit, größer-oder-gleichgroß-Relation sowie für die Additionsoperation für nichtnegative reelle Zahlen zu verstehen.)

Eleganter wäre es, den metrischen Raum *als geordnetes Paar* $\langle \mathbb{R}, d \rangle$ einzuführen, wobei $\mathbb{R}$ und d die genannten Bedingungen erfüllen.

Die Metrisierung eines Attributraumes $\mathfrak{U}$ ist also erst dann geglückt, wenn eine Abstandsfunktion mit den geschilderten Eigenschaften konstruiert wurde. Wenn $\mathfrak{U}$ wie in unserem Beispiel ein Raum sinnlicher Qualitäten ist, so muß die Metrik mittels subjektiver Urteile einer Vp eingeführt werden. Wie das zu geschehen hat, ist nicht a priori vorgezeichnet. Die psychologische Grundlage können z.B. Äußerungen der Vp über Abstandsgleichheit im obigen Sinn bilden oder über gerade merkliche Unterschiede zwischen den qualitativen Punkten. Für quantitative physikalische Attribute treten keine analogen Schwierigkeiten auf wie im psychologischen Fall. Hier kann man einfach die von Physikern benützten metrischen Skalen zugrundelegen.

Wenn man individuelle Objekte nicht nur nach einer einzigen Hinsicht, sondern nach n verschiedenen Hinsichten untersucht, so kann es dazu kommen, daß n Attributräume $\mathfrak{U}_1, \ldots, \mathfrak{U}_n$ gewonnen wurden. Diese kann man zu einem einzigen *n-dimensionalen Produktraum* $\mathfrak{U} = \mathfrak{U}_1 \times \cdots \times \mathfrak{U}_n$ vereinigen. Die Räume $\mathfrak{U}_i$ heißen dann *Komponenträume* von $\mathfrak{U}$. Jeder Punkt u dieses Raumes ist ein geordnetes n-Tupel $(x_1, \ldots, x_n)$ von Punkten der n Attributräume (mit $x_i \in \mathfrak{U}_i$). Ein derartiger n-dimensionaler Attributpunkt u repräsentiert simultan eine ganz scharfe mögliche Beschaffenheit eines Individuums nach n verschiedenen Hinsichten, qualitativen oder quantitativen. Diesen letzten Zusatz „qualitativ oder quantitativ" haben wir deshalb eingefügt, weil es durchaus zulässig ist, qualitative *und* quantitative Attributräume zu einem n-dimensionalen Attributraum zu kombinieren. Falls z.B. der Individuenbereich aus einer Klasse von Personen besteht, kann $\mathfrak{U}_1$ das Alter, $\mathfrak{U}_2$ die Körpergröße, $\mathfrak{U}_3$ die Augenfarbe, $\mathfrak{U}_4$ die Haarfarbe, $\mathfrak{U}_5$ die Schädelform betreffen usw.

Falls jeder der Räume $\mathfrak{U}_i$ ein metrischer Raum im Sinn von **D1** ist, kann auch der Produktraum $\mathfrak{U}$ zu einem metrischen Raum gemacht werden. Die einfachste Methode besteht darin, für $\mathfrak{U}$ eine *euklidische Abstandsfunktion* zu definieren. Wenn $u = (x_1, \ldots, x_n)$ und $v = (y_1, \ldots, y_n)$ zwei Punkte von $\mathfrak{U}$ sind, so wird der euklidische Abstand zwischen ihnen festgelegt durch die Definitionsgleichung:

$$D^2(u, v) =_{\mathrm{Df}} \sum_{i=1}^{n} d_i^2(x_i, y_i)$$

(wobei d_i für $i = 1, \ldots, n$ die Abstandsfunktion von $\mathfrak{U}_i$ ist.)

Hier tritt allerdings vom inhaltlichen Standpunkt aus eine Schwierigkeit auf: Es wird nach dieser Definition eine Summenbildung über Größen vollkommen verschiedener Dimensionen zugelassen, wenn man, wie dies oben geschehen ist, bei der Konstruktion des Attributraumes vollkommene Freiheit in der Kombination zuläßt. Es ist z.B. in der Physik nicht üblich, (Quadrate von) Zeiten, Längen und Gewichten zu addieren. Als noch unglücklicher würde es empfunden werden, nach Einführung einer Metrik in den Farbraum z.B. Quadrate von Farbabständen zu Quadraten von Gewichten und Zeiten zu addieren.

In der Anwendung auf die Theorie der C-Funktionen führt dies zu Schwierigkeiten, wenn die Maßeinheit für ein quantitatives Attribut beibehalten, für ein anderes dagegen geändert wird; denn während die physikalischen Aussagen bei unverändertem Gehalt nur in ein anderes System übertragen werden, ändern sich die C-Werte. Wenigstens für physikalische Größen würde die Schwierigkeit verschwinden, wenn man über natürliche Maßeinheiten für alle Grundgrößen verfügte. Für gewisse Größen ist man bereits zu solchen natürlichen Einheiten gelangt. So z.B. ist die elektrische Elementarladung die natürliche Einheit für die Messung elektrischer Ladungen; die Lichtgeschwindigkeit kann, da sie die Grenzgeschwindigkeit für Signalübertragungen bildet, als natürliche Einheit der Geschwindigkeitsmessung betrachtet werden.

Die hier angedeutete Schwierigkeit ist nicht für CARNAPs Theorie spezifisch. Im Teil III werden wir in 10.f unter dem Titel „Skalendilemma" auf ein analoges Problem stoßen, welches in der statistischen Schätzungstheorie auftritt.

Wenn man unter Attributen Punkte im Attributraum versteht, so ist es häufig nicht möglich, alle Attribute durch Grundprädikate einer Sprache wiederzugeben. Eine solche Wiedergabe ist sicher dann nicht möglich, wenn die Zahl der Punkte überabzählbar ist, wie z.B. die Repräsentation des Farbraumes durch die überabzählbar vielen Punkte auf dem Umfang des Einheitskreises zeigte. In solchen Fällen sind die Prädikate ihrem Inhalt nach nicht maximal bestimmt, d.h. sie designieren nicht Punkte, sondern Regionen des Attributraumes. Solche Regionen sind es auch, an die man gewöhnlich denkt, wenn man von Eigenschaften und Relationen spricht. Auch an allen früheren Stellen, wo von Attributen und Attributfamilien gesprochen worden ist, wurde an solchen Regionen gedacht. Was durch Prädikate ausdrückbar ist, wird mit dem folgenden Begriff getroffen.

Eine *attributive Zerlegung* des Attributraumes 𝔘 besteht aus einer Klasse 𝔎 von Teilmengen aus 𝔘, so daß gilt:
(1) 𝔎 ist höchstens abzählbar (endlich oder abzählbar unendlich);
(2) die Elemente von 𝔎 sind zueinander fremde Mengen;
(3) ∪ 𝔎 = 𝔘 (d.h. die Vereinigung der Mengen aus 𝔎 macht den ganzen Attributraum aus).

Alle Attributfamilien im früheren Sinn sind Spezialfälle von attributiven Zerlegungen eines Attributraumes.

Der Grund, warum sich das Studium von Attributräumen für die Theorie des induktiven Räsonierens als wichtig erweist, ist der folgende: Nehmen wir an, in zwei atomaren Propositionen kommen die beiden (regionalen, nicht punktförmigen) Attribute X_1 und X_2 vor. Diese Attribute können als Regionen im entsprechenden Attributraum aufgefaßt werden. Wenn man nun bedenkt, daß die Zuordnung von M-Werten zu den atomaren Propositionen einer Zuordnung von Apriori-Wahrscheinlichkeiten zu diesen Propositionen gleichkommt, so wird man vermuten, *daß der M-Wert von der Größe der Regionen X_1 und X_2 abhängen soll.* Diese Größe heiße auch *Weite* der Attributregionen. Die Frage, wie die M-Werte von solchen Weiten abhängen, ist genau das, was W. SALMON *das Problem der linguistischen Invarianz* nannte. Wenn es sich z. B. um den Farbraum handelt, in welchem X_1 das Attribut Purpur und X_2 das Attribut Blau — oder Grün — repräsentiert, so wäre es sicherlich nicht vernünftig, der atomaren Proposition, wonach a_i purpur ist, denselben M-Wert zuzuordnen wie der atomaren Proposition, wonach a_i blau oder rot ist. Vielmehr erscheint eine gleiche Zuordnung von M-Werten nur dann als vernünftig, wenn die Weiten der Regionen gleich groß sind. Dies führt auf das Problem, *die Weiten zu messen* (und zwar, wenn dies als wünschenswert erscheint, mittels einer *normalisierten* Weitenfunktion, d.h. einer solchen Funktion, die für den ganzen Attributraum den Wert 1 liefert). Sollte der Attributraum bereits als metrischer Raum im Sinn von **D1** eingeführt worden sein, so wird diese Aufgabe meist dadurch vereinfacht, daß man die Weitenfunktion auf die bereits verfügbare

Abstandsfunktion zurückführen kann. Angenommen, man habe es mit einem eindimensionalen kontinuierlichen Raum $\mathfrak{U}^1$ zu tun, der durch die reelle Zahlengerade $\mathbb{R}^1$ (oder ein Stück davon) repräsentiert werden kann[34], für welche die übliche Abstandsfunktion definiert ist. Dann kann die Weitenfunktion mit dem *Lebesgueschen Maß* identifiziert werden, welche jedem Intervall (x, y) als Weite $v^1(x, y)$ den Abstand zwischen den Endpunkten zuordnet. („(x, y)" symbolisiert hier ein offenes *oder* halboffenes *oder* geschlossenes Intervall; das Lebesguesche Maß liefert die gleichen Werte, gleichgültig, ob die Endpunkte des Intervalls hinzugerechnet werden oder nicht. Der obere Index am „v" soll explizit machen, daß es sich um den eindimensionalen Fall handelt.) Liegt ein n-dimensionaler Attributraum $\mathfrak{U}^n$ vor, so kann analog die n-dimensionale Weitenfunktion mit dem n-dimensionalen Lebesgueschen Maß $v^{(n)}$ gleichgesetzt werden. Falls die Attributregion $\mathfrak{U}$ ein n-dimensionales Intervall darstellt, d.h. ein Cartesisches Produkt von n Intervallen (x_i, y_i) $(i = 1, \ldots, n)$ — je eines für die n Koordinatenachsen —, dann ist das Weitenmaß gegeben durch:

(1) $\quad v^{(n)}(U) = \prod_{i=1}^{n} v^1(x_i, y_i)$.

Dies ist nur eine *Möglichkeit*, die sich vom inhaltlichen Standpunkt aus nicht immer als adäquat zu erweisen braucht. Es sei daran erinnert, daß v^1, wie jedes Maß, σ-additiv ist, so daß es jeder abzählbaren Klasse wechselseitig disjunkter Regionen die Summe ihrer v^1-Werte zuordnet. CARNAP erörtert in Abschnitt 14 von [Basic System] außerdem verschiedene technische Möglichkeiten, das Weitenmaß zu normalisieren. Falls das Maß $v(\mathfrak{U})$ von $\mathfrak{U}$ endlich ist, kann die Normalisierung in der einfachen Weise erreicht werden, daß man als Maß von U den Quotienten $v(U)/v(\mathfrak{U})$ wählt. Will man dabei einen Einklang mit der Abstandsfunktion erzielen, so muß $d(x, y)$ (im n-dimensionalen Fall) durch $d(x, y)/v(\mathfrak{U})^n$ ersetzt werden.

Wenn $\mathfrak{U}$ ein n-dimensionaler Attributraum ist, der die Komponentenräume $\mathfrak{U}_1, \ldots, \mathfrak{U}_n$ besitzt, und F^i für jedes i von 1 bis n eine Attributfamilie, also eine höchstens abzählbare attributive Zerlegung von $\mathfrak{U}_i$ bildet, so kann man in Analogie zum seinerzeitigen Begriff des Q-Prädikates den Begriff des Q-Attributes einführen: Ein Individuum läßt sich ja jetzt dadurch charakterisieren, daß ihm ein Attribut aus jeder dieser n Familien zugeschrieben wird, also etwa $P^1_{i_1}$ aus F^1, $P^2_{i_2}$ aus F^2, ..., $P^n_{i_n}$ aus F^n. Unter dem Q-*Attribut* $Q_{i_1, i_2, \ldots, i_n}$ soll dann einfach das n-Tupel $(P^1_{i_1}, P^2_{i_2}, \ldots, P^n_{i_n})$ (welches ein Element des Cartesischen Produktes $F^1 \times F^2 \times \cdots \times F^n$ ist) verstanden werden. Die Q-Attribute bilden Regionen im n-dimensionalen Attributraum $\mathfrak{U} = \mathfrak{U}_1 \times \cdots \times \mathfrak{U}_n$. In ihrer Gesamtheit erzeugen sie eine Q-*Zerlegung des Attributraumes*. Falls für die Komponentenräume $\mathfrak{U}_i$ bereits Weitenfunk-

---

[34] Gemeint ist damit genauer folgendes: Es besteht eine umkehrbar eindeutige Abbildung zwischen $\mathfrak{U}^1$ und $\mathbb{R}^1$ (bzw. einem Teilstück des letzteren). Die Punkte von $\mathbb{R}^1$ sind die Koordinaten der Punkte von $\mathfrak{U}^1$. Der Abstand in $\mathfrak{U}^1$ wird dadurch auf den in $\mathbb{R}^1$ zurückführbar.

tionen v_i zur Verfügung stehen, kann eine Weitenfunktion für den Produktraum $\mathfrak{U}$ in natürlicher Weise dadurch eingeführt werden, daß man durch die folgende Bestimmung für die Q-Attribute Weiten erklärt:

$$(2) \quad v(Q_{i_1}, \ldots, Q_{i_n}) = \prod_{k=1}^{n} v_k(P_{i_k}^k).$$

12.b Einige Vermutungen über die Rolle von Attributräumen in der Theorie des induktiven Räsonierens. Da es sich bei den folgenden Vermutungen nur um vorläufige Aussagen handelt, werden wir nicht allzu lange bei ihnen verweilen. CARNAP rechnet diese Vermutungen nicht zur abstrakten Theorie des induktiven Räsonierens (im folgenden kurz „abstrakte Theorie" genannt), sondern zu ihrer *Methodologie*, welche sich mit der Anwendung dieser Theorie beschäftigt. Mit dieser Unterscheidung werden wir uns in Abschnitt 15 befassen. Der Ausdruck „Methodologie" soll hier vermieden werden.

Gegeben sei ein Attributraum $\mathfrak{U}$ mit einer attributiven Zerlegung F in die Regionen $P_1, P_2, \ldots, P_n$ (Elemente der Attributfamilie F). Es sollen die folgenden Arbeitshypothesen gelten:

AH$_1$ *Nur topologische und metrische Eigenschaften von Regionen des Attributraumes und nur topologische und metrische Relationen zwischen Regionen dieses Raumes sind für die abstrakte Theorie wesentlich.*

Bestimmende Merkmale einer Region P_i sind etwa: ihre Weite; die Zahl der Teilregionen, in die sie untergegliedert wird; evtl. die Gestalt von P_i und ihre Lage innerhalb von $\mathfrak{U}$. Zu den Relationen zwischen zwei Regionen P_i und P_k gehören etwa: das Verhältnis ihrer Weiten, ihr Abstand voneinander und ihre relative Lage zueinander.

Man könnte einwenden, daß auch die Häufigkeit des Vorkommens der Attribute bestimmend sein sollte. CARNAP würde auf diesen Einwand erwidern: Die relative Häufigkeit des Vorkommens im *gesamten* Individuenbereich kann nicht bestimmend sein, da wir diese Häufigkeit nicht kennen. Die uns *bekannten* relativen Häufigkeiten von Stichproben werden im Beobachtungsdatum festgehalten und bestimmen den zu berechnenden *Wert* der *C*-Funktion, nicht dagegen die jeder derartigen Berechnung vorangehende *Wahl einer* solchen *Funktion*.

Die erste Vermutung läßt noch immer eine unübersehbare Zahl von Möglichkeiten offen. Ein Desiderat bestünde in der Erfüllung der Forderung, sich bei der Untersuchung topologischer und metrischer Eigenschaften auf gewisse Grundregionen beschränken zu können. Diese Regionen müßten so gewählt sein, daß die C-Werte bei Zugrundelegung irgendeiner wichtigen Zerlegung von $\mathfrak{U}$ berechnet werden können, wenn sie bei Zugrundelegung der Zerlegung in Grundregionen bekannt sind. Dies führt zu einer zweiten Arbeitshypothese:

AH$_2$ *Es genügt, die topologischen und metrischen Eigenschaften von Grundregionen zu berücksichtigen.*

Diese zweite Vermutung ist nur für den kontinuierlichen Fall von Relevanz. Denn im Fall eines diskreten d.h. höchstens abzählbaren Attributraumes $\mathfrak{U}$ kann jede Teilmenge von $\mathfrak{U}$ als Region gewählt werden, so daß die Unterscheidung zwischen Grundregionen und anderen Regionen ihre Bedeutung verliert. Durch Bezugnahme auf die Grundregionen wäre die Klasse der *zulässigen* Regionen auszuzeichnen.

Es sei wenigstens kurz angedeutet, wie sich CARNAP die Wahl der Grundregionen und die Auszeichnung der zulässigen Regionen vorstellt:

Die Wahl der Grundregionen muß davon abhängig gemacht werden, ob für $\mathfrak{U}$ nur *komparative* Vergleichsfeststellungen über Weiten möglich sind, oder ob eine *quantitative* Weitenfunktion verfügbar ist. Im ersten Fall ist eine kleine Region (von ‚möglichst einfacher' Gestalt) zu wählen und als Klasse $\mathfrak{G}$ der Grundregionen ist die Klasse derjenigen Regionen G zu nehmen, deren Weiten uns als deutlich positiv und zugleich als deutlich kleiner erscheinen als die der gewählten Region. Im zweiten Fall wird zunächst eine kleine positive reelle Zahl r und eine einfache konvexe Gestalt gewählt. Die Klasse $\mathfrak{G}$ umfaßt diesmal alle Regionen G, für die gilt: $0 < v(G) \leq r$. Im n-dimensionalen Fall ist für jeden Komponentenraum diese zu Grundbereichen G_i führende Konstruktion vorzunehmen und $\mathfrak{G}$ als Klasse der Cartesischen Produkte $G_1 \times \cdots \times G_n$ zu wählen.

Für die Charakterisierung zulässiger Bereiche werde vorausgesetzt, daß der n-dimensionale Attributraum umkehrbar eindeutig auf einen Teilraum $\mathbb{R}^*$ des $\mathbb{R}^n$ abgebildet ist. Technisch gesprochen: Für $\mathfrak{U}$ sei ein n-dimensionales Koordinatensystem gegeben. $\mathfrak{U}$ kann dann einfachheitshalber mit $\mathbb{R}^*$ identifiziert werden. Die folgenden Schritte beziehen sich zunächst auf den ganzen $\mathbb{R}^n$. Es werden darin die Komponenten G_i' der Grundregionen des $\mathbb{R}^n$ eingeführt als linksseitig halboffene Intervalle *rationaler* Zahlen $(x, y]$. Der i-te Komponentenraum der Grundregionen G_i' besteht also aus der Klasse aller derartigen Intervalle. Für $G_i' = (x, y]$ und $u = (x_1, \ldots, x_n)$, $v = (y_1, \ldots, y_n)$ wird eine Grundregion $G = (u, v]$ definiert durch: $G' = G_1' \times \cdots \times G_n'$; ihre Klasse sei $\mathfrak{G}'$. Jetzt erst erfolgt der Übergang zu $\mathbb{R}^*$ (bzw. was jetzt dasselbe ist: zum Attributraum $\mathfrak{U}$). Die Klasse der Grundregionen $\mathfrak{G}$ von $\mathfrak{U}$ wird identifiziert mit der Klasse der eben definierten Grundregionen G' von $\mathbb{R}^n$, für die außerdem gilt: $G' \subset \mathfrak{U}$. Dieses Verfahren wird für die Auszeichnung zulässiger Regionen parallelisiert: Die Klasse $\mathfrak{K}'$ der zulässigen Regionen in $\mathbb{R}^n$ sei der durch $\mathfrak{G}'$ erzeugte σ-Körper. *Die Klasse $\mathfrak{K}$ der zulässigen Regionen in $\mathfrak{U}$* sei dann *die Klasse der Teilmengen von $\mathfrak{U}$, die Element dieses σ-Körpers $\mathfrak{K}'$ sind* (dazu gehört insbesondere $\mathfrak{U}$ selbst).

Die Weitenfunktion v und die Abstandsfunktion d lassen sich zunächst für die Komponentenräume und dann für den Gesamtraum definieren. In jedem Komponentenraum, also z.B. auf der k-ten Koordinatenachse, werde der Abstand definiert durch: $d_k(x_j, y_j) =_{\text{Df}} |y_j - x_j|$ (also durch den abolutem Betrag der Differenz zwischen den k-ten Koordinatenwerten). Die Abstandsfunktion D für $\mathbb{R}^n$ sei als euklidische Abstandsfunktion definiert (vgl. 12.a). $\dfrac{x_j + y_j}{2}$ heiße Mittelpunkt des Invervalls (x_j, y_j). Der *Mittelpunkt* eines n-dimensionalen (linksseitig halboffenen) Intervalls $(u, v]$ mit $u = (x_1, \ldots, x_n)$ und $v = (y_1, \ldots, y_n)$ sei der Punkt $(z_1, \ldots, z_n)$ mit $z_j = \dfrac{x_j + y_j}{2}$ (also das n-Tupel der Mittelpunkte der Kordinatenintervalle). Da jede Grundregion G ein derartiges Intervall $G = (u, v]$ ist, kann der *Abstand $d(G_1, G_2)$ zwischen zwei Grundregionen G_1 und G_2 mit dem Abstand D zwischen ihren Mittelpunkten* identifiziert werden.

Die Weite läßt sich am zweckmäßigsten auf das Lebesguesche Maß zurückführen: Für die *i*-te Koordinatenachse sei μ_i' die Lebesguesche Maßfunktion. Für jedes G' aus $\mathfrak{G}'$[35] sei $\mu'(G') = \prod_{i=1}^{n} \mu_i'(G_i')$. Da die Klasse $\mathfrak{K}'$ der zulässigen Regionen von $\mathbb{R}^n$ der durch $\mathfrak{G}'$ erzeugte σ-Körper ist, kann man μ' zu einer σ-additiven Maßfunktion μ für $\mathfrak{K}'$ erweitern: dem *n*-dimensionalen Lebesgueschen Maß für $\mathfrak{K}'$. Durch einen einzigen Schritt kann man schließlich zum normalisierten Maß für die Klasse $\mathfrak{K}$ der zulässigen Bereiche gelangen. Da μ' für ganz $\mathfrak{K}'$ definiert wurde, ist es a fortiori für $\mathfrak{K}$ definiert. Für eine Region $G \in \mathfrak{K}$ kann daher *die Weitenfunktion* definiert werden durch: $v(G) =_{\text{Df}} \mu(G)/\mu(\mathfrak{U})$. v kann als *normalisierte Weitenfunktion des Attributraumes* $\mathfrak{U}$ bezeichnet werden.

Während die ersten beiden Vermutungen die als relevant anzusehenden Eigenschaften der Regionen des Attributraumes sowie die Zurückführung dieser Regionen auf Grundregionen betreffen, bezieht sich die dritte Vermutung auf die als relevant zu betrachtenden Größen:

AH₃ *Nur zwei für Attributräume eingeführte Größen sind als fundamentale Größen zu betrachten: die Weite v einer Region und der Abstand d zwischen Regionen.*

Diese Vermutung enthält die Teilbehauptung, daß mögliche andere für relevant angesehene Größen auf diese beiden fundamentalen Größen definitorisch zurückgeführt werden können. Ferner steckt darin die Teilbehauptung, daß die Gestalt einer Region keine Relevanz besitzt.

12.c Der Einfluß der Weite und zwei Formen des Analogie-Einflusses. Gegeben sei eine einzige Attributfamilie mit *n* Attributen. Wir knüpfen an die Begriffe an, die am Ende von Abschnitt 3 eingeführt worden sind. Eine propositionale *s*-Vorderstichprobe E werde mit E^s bezeichnet[36]. Dies ist also eine Stichprobe, die den *s* ersten Individuen bestimmte Attribute der Familie zuschreibt. Dabei möge s_i Individuen das Attribut P_i zugeschrieben werden. E^s kann dann durch ein *n*-Tupel von Zahlen $(s_1, ..., s_n)$ charakterisiert werden, so daß $s = \sum_{i=1}^{n} s_i$ und die Zahlen $s_1, ..., s_n$ die Besetzungszahlen der *n* Attribute in der Stichprobe sind. Wenn als Datum nur die notwendige Proposition zur Verfügung steht, so kann dies als entarteter Fall einer *s*-Vorderstichprobe mit $s = 0$ und dem *n*-Tupel $(0, ..., 0)$, bestehend aus *n* Besetzungszahlen 0, angesehen werden. Ein *n*-Tupel, welches an der *k*-ten Stelle eine 1 und sonst lauter Nullen enthält, bezeichnen wir abkürzend durch: $(0, ..., s_k = 1, ..., 0)$ (wenn $k = 1$ oder $k = n$, so ist natürlich das, was vor bzw. hinter $s_k = 1$ steht, zu streichen). Wenn die p.s. E dieses *n*-Tupel hat, so schreiben wir größerer An-

---

[35] Alle hier benützten Symbole, einschließlich $\mathfrak{K}'$ und $\mathfrak{K}$, haben die oben angegebene Bedeutung.

[36] Da wir uns auf symmetrische *C*-Funktionen beschränken, bedeutet es keine Beeinträchtigung der Allgemeinheit, wenn wir uns auf die ersten *s* Individuen beziehen.

schaulichkeit halber: $E^1(0, \ldots, s_k = 1, \ldots, 0)$. Der obere Index erinnert daran, daß nur ein Individuum, und zwar das erste Individuum a_1, in E erwähnt ist. In diesem speziellen Fall ist die p.s. mit der atomaren Proposition $P_k a_1$ identisch. Wenn ein n-Tupel von Zahlen s_i dadurch in ein neues n-Tupel verwandelt wird, daß die k-te Zahl s_k um 1 vergrößert wird, so schreiben wir: $(s_1, \ldots, s_k + 1, \ldots, s_n)$. $C(P_j a_1 \mid E^0(0, \ldots, 0))$ ist die Apriori-Wahrscheinlichkeit von $P_j a_1$. Das Datum könnte hier durch $\mathcal{B}$ wiedergegeben werden, da ja noch keine Tatsacheninformation zur Verfügung steht. Wir werden im folgenden diese kürzere zweite Darstellung benützen. Durch $C(P_j a_2 \mid E^1(0, \ldots, s_l = 1, \ldots, 0))$ wird die Aposteriori-Wahrscheinlichkeit von $P_j a_2$ bezeichnet, bei welcher das Datum logisch äquivalent ist mit der atomaren Proposition $P_l a_1$. Darüber, ob $j = l$ oder $j \neq l$, wird im allgemeinen Fall nichts vorausgesetzt.

Für die eben eingeführten Begriffe werden zwei wichtige Abkürzungen verwendet:

D12-2 $\gamma_j =_{Df} C(P_j a_1 \mid \mathcal{B})$ ($= M(P_j a_1)$ für ein auf C bezogenes M).

D12-3 $\eta_{jl} =_{Df} \dfrac{c_1}{\gamma_j}$, wobei $c_1 = C(P_j a_2 \mid E^1(0, \ldots, s_l = 1, \ldots, 0))$

($E^1(0, \ldots, s_l = 1, \ldots, 0)$ ist mit $P_l a_1$ identisch).

γ_j ist also die erwähnte Apriori-Wahrscheinlichkeit, während η_{jl} den Bruch, bestehend aus der angeführten Aposteriori-Wahrscheinlichkeit im Zähler und dieser Apriori-Wahrscheinlichkeit γ_j im Nenner, darstellt. Da η_{jl} auch als Abkürzung von $\dfrac{M(P_j a_2 \cap P_l a_1)}{M(P_l a_1) \cdot M(P_j a_1)}$ geschrieben werden kann, erkennt man unmittelbar, daß $\eta_{jl} = \eta_{lj}$, oder: η *ist in bezug auf die beiden Indizes symmetrisch.*

Es liegt nahe, die beiden Begriffe zu den Begriffen der Weite von und des Abstandes zwischen Attributen in Beziehung zu setzen. Mit zunehmender Weite des Attributes P_j soll die Apriori-Wahrscheinlichkeit dafür, daß a_1 dieses Attribut besitzt, wachsen. Da es sich hierbei um eine Vermutung handelt, sprechen wir auch diesmal von einer Arbeitshypothese:

AH$_4$ *Wenn eine normalisierte Weitenfunktion v zur Verfügung steht, dann soll gelten:* $\gamma_j = v(P_j)$. (Für eine nichtnormalisierte Weitenfunktion ist auf der rechten Seite durch $\sum\limits_{i=1}^{k} v(P_i)$ zu dividieren.)

Sofern also eine quantitative Weitenfunktion gegeben ist, sind die γ-Werte dadurch festgelegt. (Die Verallgemeinerung auf den komparativen Fall, die nur zu Vergleichsfeststellungen führt, liegt nahe.)

Wie CARNAP zeigt, brauchen die γ- und η-Werte nur für die Basisregionen im Sinn von 12.b gegeben zu sein. Die Werte für andere zulässige Regionen lassen sich daraus berechnen.

Analog wie die γ-Werte mit den Weiten verknüpft sind, kann auch ein Zusammenhang hergestellt werden *zwischen den η-Werten und den Abständen*

Auf dem Wege zu einer sprachunabhängigen Theorie der Attributräume

zwischen Attributen. Da der Zusammenhang diesmal etwas komplizierter ist, betrachten wir ein Beispiel und stellen dieses durch ein Diagramm dar. Gegeben seien eine Familie mit 10 Attributen und eine Stichprobe, bestehend aus 29 Individuen. Um die Sache nicht zu komplizieren, werde vorausgesetzt, daß die Attribute alle dieselbe Weite besitzen. Die Verteilung der Individuen der Stichprobe auf die 10 Attribute werde dadurch angegeben, daß wir die Besetzungszahlen für die einzelnen Abschnitte, deren jedes ein Attribut repräsentiert, anschreiben:

5	8	3	6	4	0	0	0	3	0
P_1	P_2	P_3	P_4	P_5	P_6	P_7	P_8	P_9	P_{10}

Die Anordnung der 10 Attribute sei nicht willkürlich, sondern erfolge *nach Ähnlichkeit*; z. B. ist P_4 ähnlicher mit P_3 als P_5 mit P_3 etc. (Anwendungsbeispiel: Der Teilraum der bunten Farben, bestehend aus den roten und blauen Farbtönen, sei in 10 Teilintervalle untergliedert worden, die in den durch die Indizes angegebenen Ähnlichkeitsrelationen stehen: gleiche Zahlenabstände entsprechen gleichen Abständen der Attribute, verschiedene Zahlenabstände verschiedenen Attributabständen.) E beschreibe die Stichprobe mit den angegebenen Besetzungszahlen; die Individuen seien $a_1, \ldots, a_{29}$. Für ein *neues* Individuum a_{30} soll der C-Wert für atomare Propositionen bestimmt werden: $C(P_j a_{30} \mid E)$. Wir richten unsere Aufmerksamkeit auf die beiden Attribute P_3 und P_9. Da ihre Besetzungszahlen gleich sind, könnte man geneigt sein, Gleichheit zu fordern, d.h. zu verlangen: $C(P_3 a_{30} \mid E) = C(P_9 a_{30} \mid E)$.

Die Berücksichtigung aller Besetzungszahlen von (näheren und entfernteren) *„Nachbarattributen" stört jedoch diese Annahme:* Die Nachbarattribute von P_9 sind unbesetzt, die von P_3 dagegen ziemlich stark besetzt. Es erscheint daher als vernünftiger, die folgende Überlegung anzustellen: „Die Attribute der linken Seite sind viel stärker besetzt als die der rechten Seite. Dies gilt vermutlich auch für das ganze Universum. Daß P_3 ebenso viele Individuen hat wie P_9, mag daher reiner Zufall sein." In dieser Überlegung werden *die Ähnlichkeiten zwischen den Attributen mitberücksichtigt.*

Für die Formulierung einer allgemeinen Regel, die dieser Art von Überlegung Rechnung trägt, gehen wir davon aus, daß ein quantitativer Abstandsbegriff zur Verfügung steht. d_{jk} bezeichnet den Abstand zwischen den Attributen P_i und P_k. Angenommen, für drei Attribute P_j, P_l und P_m gelte: $d_{jl} < d_{jm}$. Mit $E_1 = E_1^1(0, \ldots, s_l = 1, \ldots, 0)$ und $E_2 = E_2^1(0, \ldots, s_m = 1, \ldots, 0)$ erscheint es auf Grund des Abstandsverhältnisses als ratsam, die Wahrscheinlichkeit von $P_j a_2$ relativ zu E_1 höher anzusetzen als die Wahrscheinlichkeit von $P_j a_2$ relativ zu E_2. Dies führt unmittelbar zu der nächsten Vermutung.

In dieser Regel ist allerdings nicht von diesen Wahrscheinlichkeiten, sondern von η-Werten die Rede. Man beachte aber, daß der erste Index von η stets derselbe ist, was nichts anderes bedeutet, als daß die Werte im Nenner alle identisch sind (nämlich alle gleich γ_j). Nur Unterschiede in den eben beschriebenen Wahrscheinlichkeiten kommen daher zur Geltung.

AH₅ (a) *Starke η-Regel*: (α) wenn $d_{jl} = d_{jm}$, dann $\eta_{jl} = \eta_{jm}$;

(β) wenn $d_{jl} < d_{jm}$, dann $\eta_{jl} > \eta_{jm}$;

(b) *Schwache η-Regel*: wenn $d_{jl} \leq d_{jm}$, dann $\eta_{jl} \geq \eta_{jm}$.

CARNAP spricht in dem Fall, wo die Abstände zwischen verschiedenen Attributen nicht immer gleich sind und außerdem **AH₅** akzeptiert wird, vom *Einfluß der Ähnlichkeit*. Die Wahrscheinlichkeit, ein neues Individuum mit einem bestimmten Attribut zu finden, wird dadurch nicht nur abhängig von der Besetzungszahl dieses Attributes in den bisher beobachteten Fällen, *sondern auch von den beobachteten Besetzungszahlen der Nachbarattribute*. Diese Regel ist außerordentlich wichtig. Sie erzwingt eine Revision früherer Vorstellungen CARNAPS: *Wo immer sich dieser Ähnlichkeitseinfluß bemerkbar macht bzw. als vernünftig akzeptiert wird, kann die Klasse der induktiven Methoden nicht mehr auf die λ-Familie beschränkt werden.* Es gilt nicht mehr das im folgenden Abschnitt zu diskutierende λ-Prinzip.

Der Einfluß der Ähnlichkeit ist die erste Form des *Analogie-Einflusses*: Wegen der stärkeren (schwächeren) Besetzung der Nachbarattribute wird *per analogiam* vermutet, daß auch die künftigen Besetzungszahlen des fraglichen Attributes selbst größer (kleiner) sein werden, obwohl die bisherigen Daten dafür kein direktes Indiz liefern (vgl. im obigen Beispiel P_3 im Verhältnis zu P_9).

Eine zweite Form des Analogie-Einflusses bildet der *Einfluß der Nähe*. Dieser kann nur für solche begrifflichen Systeme (bzw. Sprachen) ins Auge gefaßt werden, bei denen durch die Individuenindizes eine Ordnungsstruktur wiedergegeben werden soll. Darunter ist folgendes zu verstehen: Wenn bisher die Individuen (und analog die Individuenkonstanten) mit Indizes versehen worden sind, so hatte dies keine andere Funktion als die der Unterscheidung bzw. der Namengebung. Insbesondere sagt das Größenverhältnis der Indexzahlen abolut nichts über die gegenseitige räumliche und zeitliche Lage der Individuen aus. Es handelte sich nur um eine rein willkürliche Aufzählung der Individuen. Man kann nun aber derartige Indizes auch dafür verwenden, um die *Position* der Individuen in ihrer räumlichen und (oder) zeitlichen Ordnung anzugeben (evtl. auch in einer anderen Ordnung). Ein System (eine Sprache) von dieser Art heiße *Koordinatensystem (Koordinatensprache)*. Die Ordnung kann eine rein *topologische* oder darüber hinaus eine *metrische* sein. (Bisweilen wird der Ausdruck „Koordinatensprache" nur im metrischen Fall verwendet; wir verstehen das Wort nicht nur in diesem engeren Sinn.)

Bezugnehmend auf ein Koordinatensystem betrachten wir Sätze von der Gestalt: $C(P^k a_{i+n} \mid P^k a_i) = x_n$. (Es sei etwa $i = 3$, $k = 5$. Das Erfahrungsdatum besagt dann, daß dem dritten Individuum das Attribut Nr. 5

zukommt; die Hypothese besagt, daß dem $(3+n)$-ten Individuum dieses selbe Attribut zukommt.) Offenbar ist $x_0 = 1$; denn hier sind Daten und Hypothese miteinander identisch. Da ein zunehmend größerer Index bedeutet, daß das Individuum in der Ordnung (topologischer Fall) nach den Individuen mit niedrigerem Index kommt bzw. vom ersten Individuum weiter entfernt ist als die letzteren (metrischer Fall), liegt es nahe, die Regeln für die C-Werte so einzurichten, daß gilt: $x_0 > x_1 > x_2 > \cdots$. Allerdings sollte dies nur bis zu einem gewissen ‚Schwellenwert' n gelten. Von da an, also für hinreichend großes n, sollte x_m mit $m \geqq n$ gleichbleiben.

Die wesentliche Entscheidung, auf die es ankommt, muß bei der Festlegung der Größenrelation zwischen den Werten x_1 und x_2 erfolgen. Soll man also C so wählen, daß $x_1 > x_2$? Im bejahenden Fall sagt CARNAP, daß in der Funktion C der *Einfluß der Lage* zur Geltung gelangt.

Zur Unterstützung der inhaltlichen Vorstellung sei ein Illustrationsbeispiel gegeben: Ein Landgebiet sei in gleichgroße Areale eingeteilt. Ein Diamantensucher habe in einem dieser Areale einen Edelstein gefunden. Er stehe vor der Alternative, entweder in einem benachbarten Areal oder in einem weiter entfernten Areal nochmals suchen zu dürfen, aber auch *nur* in einem dieser beiden. Vermutlich wird er sich für seine weitere Suche zugunsten des näher beim Fundort gelegenen Areals entscheiden, da er annehmen wird, *eher in der Nähe des ursprünglichen Fundortes als in größerer Entfernung einen zweiten Fund zu machen*. Sollte er allerdings nur vor der Alternative stehen, sich für eines von zwei *weit entfernten* Arealen entscheiden zu müssen (z.B. das eine in 45 km, das andere 62 km entfernt), so wird diese Art von Überlegung für seine Entscheidungen keine Rolle mehr spielen.

Sollte $x_1 > x_2$ gewählt werden, also der Einfluß der Nähe in C zur Geltung gelangen, so hätte dies eine noch radikalere Konsequenz als die erste Art des Analogie-Einflusses: *Die Funktion C könnte nicht mehr symmetrisch sein*. Eine unabdingbare Voraussetzung für die Annahme des Symmetrie-Axioms **A7** war die vollkommene Gleichberechtigung aller Individuen im Rahmen induktiver Überlegungen. Diese Voraussetzung fällt jetzt hinweg, da die Individuenindizes nicht mehr induktiv irrelevant sind.

Zusammenfassend können wir also sagen: Soweit man Analogie-Einflüsse gelten läßt, erzwingen diese radikale chirurgische Eingriffe in das von CARNAP ursprünglich konzipierte System seiner induktiven Logik. *Wenn dem Einfluß der Ähnlichkeit Rechnung getragen werden muß, erweist sich die Beschränkung auf das λ-Kontinuum der induktiven Methoden als unzulässig. Wenn darüber hinaus der Einfluß der Nähe zur Geltung kommt, gerät sogar derjenige Teil der induktiven Logik ins Wanken, der bereits vor der Errichtung des λ-Systems aufgebaut sein muß.*

12.d Ein möglicher weiterer Rationalisierungsschritt: Das Prinzip der Attributsymmetrie. Wir kommen hier auf ein Prinzip zu sprechen, welches CARNAP ursprünglich als eines seiner grundlegenden Invarianzaxiome aufstellen wollte (so z.B. noch in seinem Schilpp-Band, **A8**,

S. 975). Die eben skizzierte Analyse von Attributräumen führte ihn jedoch dazu, dieses Axiom durch eine bloße Arbeitshypothese zu ersetzen, die außerdem nur bei sogenannter γ- und η-Gleichheit gelten soll.

Die ursprüngliche intuitive Idee war höchst einfach: Solange noch keine Erfahrungen zur Verfügung stehen (eine rationale Person X also nur die Funktion Cr_0 von Abschnitt 1 zur Verfügung hat), könnte es als plausibel erscheinen, die Attribute einer Familie als ebenso gleichwertig anzusehen wie die Individuen (letzteres für den Fall, daß keine Koordinatensprache vorliegt). So wie nach **A7** der Wert einer C-Funktion invariant sein soll in bezug auf eine beliebige endliche Permutation der Individuen, so sollte nach dem analogen *Prinzip der Attributsymmetrie* der C-Wert invariant sein in bezug auf irgendeine beliebige Permutation der Attribute einer endlichen Familie.

Da aber Attribute verschiedene Weiten haben können und diese Weiten die Ausgangswahrscheinlichkeiten zu beeinflussen vermögen, wäre ein solches Prinzip in allgemeiner Fassung sicherlich unplausibel. Es gilt höchstens unter zwei einschränkenden Bedingungen. Wir gehen so vor, daß wir in einem ersten Schritt diese beiden Bedingungen formulieren und in einem zweiten Schritt den noch nicht geklärten Begriff der Attributssymmetrie definieren.

Von γ-*Gleichheit* in bezug auf die Funktion C soll gesprochen werden gdw für beliebige Attributindizes i und j gilt: $\gamma_i = \gamma_j$. Sollte **AH$_4$** akzeptiert worden sein, so wäre diese Situation genau dann gegeben, wenn die Attribute der Familie dieselbe Weite haben.

Von η-*Gleichheit* in bezug auf C soll gesprochen werden gdw für beliebige Attributindizes j, k, l, m mit $j \neq k$ und $l \neq m$ gilt: $\eta_{jk} = \eta_{lm}$. Aufgrund der früher gegebenen Erläuterungen bedeutet dies inhaltlich, daß die Abstände zwischen zwei beliebigen, voneinander verschiedenen Attributen des Attributraumes als gleich betrachtet werden sollen.

γ-Gleichheit kann wegen der Gültigkeit von $\Sigma \gamma_i = 1$ ohne weiteres nur für *endliche* Familien angenommen werden. Bei unendlichen Familien stößt diese Annahme auf Schwierigkeiten, weil die Funktion M dann nicht zugleich als normalisiert und σ-additiv angenommen werden kann; die Summe wäre ja sonst entweder 0 oder ∞. Das Festhalten an der γ-Gleichheit für eine unendliche Familie erzwingt daher entweder die Preisgabe der Normalisierung oder der σ-Additivität von M.

Wenn eine Attributfamilie in bezug auf die Funktion C sowohl γ- als auch η-Gleichheit besitzt, so soll gesagt werden, daß sie die Bedingung der γ-η-*Gleichheit* erfülle.

F sei eine Familie von k Attributen. Ferner sei ψ seine *Permutation der Attributfamilie* F, also eine umkehrbar eindeutige Abbildung der Indexmenge dieser Familie auf sich. Die Funktion ψ ordnet einem beliebigen Element $P_j \in F$ eindeutig ein Element $P_k \in F$ zu. Wir schreiben: $P_k = \psi(P_j)$

(obwohl die Abbildung streng genommen die Indizes betrifft). Wir benötigen weiter einige Hilfsdefinitionen.

ψ induziert zunächst eine *Abbildung ψ_1 der Klasse aller Modelle $\mathfrak{Z}$ auf sich.* Für jedes $Z \in \mathfrak{Z}$ sei $\psi_1(Z)$ dasjenige Modell $Z^* \in \mathfrak{Z}$, welches aus Z dadurch hervorgeht, daß man jedes erste Argument j von Z durch $\psi(j)$ ersetzt (oder inhaltlich gesprochen: man ersetzt die im Modell erwähnten Attribute durch ihre ψ-Bilder und läßt im übrigen alles unverändert). Z^* heißt dann *attributisomorph* mit Z.

Die bijektive Abbildung ψ_1 induziert *eine Abbildung ψ_2 der Klasse aller Propositionen $\mathfrak{E}$ auf sich*. Für eine beliebige Proposition $A \in \mathfrak{E}$ sei $\psi_2(A)$ die folgende Klasse: $\{Z' \mid \lor Z (Z \in A \land Z' = \psi_1(Z))\}$, also die Klasse der ψ_1-Bilder der Elemente von A. Wenn für $A, B \in \mathfrak{E}: B = \psi_2(A)$, so soll die Proposition B *attributisomorph* mit der Proposition B genannt werden.

ψ kann aber auch dazu benützt werden, um eine Abbildung der Klasse aller k-Tupel von Besetzungszahlen $(s_1, \ldots, s_k)$ der k Attribute mit $\sum_{i=1}^{k} s_i = s$ auf sich zu erzeugen. Für jedes derartige k-Tupel sei $\psi_3^s((s_1, \ldots, s_k))$ das k-Tupel $(s_1', \ldots, s_k')$, wobei für alle i zwischen 1 und k gilt: $s_i = s_{i'}'$, mit $i' = \psi(i)$, d.h. für jeden Index i ist die i-te Ziffer an die Stelle $\psi(i)$ zu befördern. Für jede Summe s erhält man so eine durch ψ induzierte Abbildung ψ_3^s der Klasse aller k-Tupel der Summe s auf sich selbst. (ψ_3 liefert sogar nur Permutationen von k-Tupeln.) Das k-Tupel $(s_1', \ldots, s_k')$ heißt *attributisomorph mit* $(s_1, \ldots, s_k)$.

Es gibt also *drei Typen von Attributisomorphien*, je nachdem ob diese auf Modelle, auf Propositionen oder auf k-Tupel von Besetzungszahlen bezogen sind. In allen drei Fällen wird die Isomorphie durch eine Abbildung erzeugt, welche ihrerseits durch eine vorgegebene Permutation der Attributfamilie induziert ist.

Im nächsten Schritt soll der wichtige Begriff der symmetrischen Familie eingeführt werden. Dazu benützen wir die folgende abkürzende Schreibweise: Ein beliebiges k-Tupel $(s_1, \ldots, s_k)$ mit der Summe s, d.h. $\sum_{i=1}^{k} s_i = s$, werde durch **s** wiedergegeben. (Der Fettdruck soll also signalisieren, daß es sich um ein k-Tupel handelt; der Buchstabe „s", daß die Summe der Glieder dieses k-Tupels den Wert s hat.) Eine propositionale Stichprobe E, welche ein k-Tupel $(s_1, \ldots, s_k)$ mit der Summe s hat, werde jetzt durch $E(\mathbf{s})$ abgekürzt.

D12–4 Es sei F eine endliche Familie, die k Attribute enthält. $E(\mathbf{s})$ sei eine propositionale Stichprobe mit dem k-Tupel **s**. F soll eine *symmetrische Familie* heißen gdw für jede Zahl $s \geq 0$ und jede Permutation von F gilt: $M(E(\mathbf{s})) = M(E(\psi_3^s(\mathbf{s})))$.

Es soll also der M-Wert einer p.s. E identisch sein mit dem M-Wert derjenigen p.s. E', die aus E dadurch hervorgeht, daß man die Besetzungszahlen entsprechend der Permutation der Attributfamilie ändert.

Es läßt sich beweisen, daß eine symmetrische Familie γ- und η-Gleichheit besitzt. *Die Umkehrung ist nicht beweisbar.* Ferner läßt sich zeigen, daß für eine symmetrische Familie attributisomorphe Propositionen dieselben M-Werte haben sowie daß $C(H \mid E) = C(H'' \mid E'')$, wenn $H'' = \psi_2(H)$ und $E'' = \psi_2(E)$ für ein und dieselbe (beliebige) Permutation ψ der Attributfamilie.

Sollte die Vermutung $\mathbf{AH_3}$ richtig sein, so sind nur die Weiten von Attributen und deren Abstände von induktiver Relevanz. Es liegt dann unmittelbar nahe zu verlangen, daß Attributfamilien als symmetrische Familien zu behandeln seien, falls die Attributweiten alle gleich sind und außerdem je zwei Attribute voneinander denselben Abstand haben. Es ist aber nicht mehr erforderlich, eine derartige Regel durch Bezugnahme auf die Begriffe der Weite und des Abstandes zu formulieren; denn die erste Voraussetzung kann mittels des Begriffs der γ-Gleichheit und die zweite mittels des Begriffs der η-Gleichheit ausgedrückt werden.

$\mathbf{AH_6}$ *Eine Familie F von Basisattributen, welche die Bedingung der γ-η-Gleichheit erfüllt, ist als symmetrische Familie zu behandeln.*

Man könnte diese Vermutung unmittelbar in der Sprache der C-Funktionen ausdrücken. Es wäre dann zu verlangen, daß bei Vorliegen von γ-η-Gleichheit für eine Familie die C-Werte für beliebige Paare von attributisomorphen Propositionen identisch sein sollen (für die Präzisierung der letzteren Wendung vgl. den vorletzten Absatz).

CARNAP ist mit fortschreitender Arbeit an seiner Theorie des induktiven Räsonierens zunehmend vorsichtiger geworden. Er hat es nicht mehr gewagt, die eben formulierte Vermutung als Axiom zu fordern. Dasselbe gilt von der λ-Bedingung, welcher wir uns im nächsten Abschnitt zuwenden.

13. Die Theorie der λ-Familien

13.a Das λ-Prinzip. Es sei eine propositionale s-Vorderstichprobe E mit dem k-Tupel $\mathbf{s} = (s_1, \ldots, s_k)$ gegeben. Zur Diskussion steht die Frage nach dem C-Wert von $P_j a_{s+1}$ für ein neues Individuum a_{s+1} auf Grund dieses Datums E. Es liegt nahe zu fordern, daß für diesen Wert nur die Anzahl der bisher beobachteten Individuen mit dem Attribut P_j ausschlaggebend sei, also die Zahl s_j; die übrigen $k-1$ in $\mathbf{s}$ vorkommenden Zahlen seien dagegen für diesen C-Wert irrelevant.

Zur inhaltlichen Verdeutlichung gehen wir für den Augenblick wieder auf unsere rationale Person X zurück. Die Frage, ob sie gewisse Wetten anzunehmen bereit sei, ersetzen wir durch die Frage, ob sie gewisse C-Werte für identisch halte. Die Attributfamilie F bestehe aus vier Farben: $F = \{\text{Rot, Blau, Grün, Gelb}\}$. Es werden Kugeln aus einer Urne gezogen. Alle Kugeln haben genau eine dieser vier Farben. Nachdem eine gewisse Stichprobe vorliegt, soll geraten werden, welche Farbe die nächste Kugel haben wird. Angenommen, es seien verschiedene Stichproben mit Besetzungszahlen von der Art (2, 6, 9, 3); (7, 6, 4, 3); (9, 6, 1, 4) etc. gegeben, also stets $s = 20$ und $s_2 = 6$. Wir nehmen an, X sage, der C-Wert der Aussage, daß eine neue (einundzwanzigste) Kugel a blau sei, müsse auf Grund dieser Stichprobenresultate stets derselbe sein. Denn das Datum enthalte in allen Fällen die Feststellung, daß bei einer gleichen Anzahl von Gesamtbeobachtungen 6 blaue Kugeln gezogen wurden, während nur die Anzahlen der Kugeln mit anderen Farben variiere. Diese anderen Zahlen aber seien für die fragliche Voraussage „a ist blau" ohne Relevanz. X hat dann eine C-Funktion gewählt, die mit dem folgenden Prinzip im Einklang steht.

λ-Prinzip (P$_\lambda$): *Für jede s-Vorderstichprobe $E(\mathbf{s})$ mit dem k-Tupel $\mathbf{s} = (s_1, \ldots, s_k)$ hängt der Wert von $C(P_j a_{s+1} \mid E(\mathbf{s}))$ nur von den beiden Zahlen s und s_j ab.*

(Danach besteht eine Abhängigkeit also nur erstens von der *Gesamtsumme* der k Besetzungszahlungen, welche mit der Anzahl der in der Stichprobe beobachteten Individuen identisch ist, sowie zweitens von der *j-ten Besetzungszahl*.)

Vergleicht man dieses Prinzip mit der in 12.c geschilderten Möglichkeit des Analogie-Einflusses, so wird unmittelbar klar: *Das λ-Prinzip ist unanwendbar auf solche Familien von Attributen, für die ein Einfluß der Ähnlichkeit besteht.* Denn bei Vorliegen dieses Einflusses macht es bei gleichbleibender Zahl s_j einen Unterschied aus, ob im Datum $E(\mathbf{s})$ die Nachbarattribute von P_j stärker oder schwächer besetzt sind. Dies ist auch der Hauptgrund dafür, daß CARNAP im [Basic System] zum Unterschied von früher das λ-Prinzip nicht als Axiom formuliert, sondern auch solche C-Funktionen mit in Betracht zieht, die gegen dieses Prinzip verstoßen. Falls hingegen C das Prinzip erfüllt, soll von einer *λ-C-Funktion* gesprochen werden. Die Attributfamilien, auf welche derartige Funktionen angewendet werden, heißen *λ-Familien*.

Die λ-Bedingung kann noch in anderer Weise formuliert werden. Dazu werde zunächst angenommen, daß die Attributfamilie F *mindestens 3 Attribute* enthält. Wenn $\mathbf{s}$ die Gestalt $(s_1, \ldots, s_k)$ hat, so soll $\mathbf{s}^h$ bedeuten, daß dieses k-Tupel mit der Summe s dadurch in ein k-Tupel mit der Summe $s + 1$ verwandelt wird, daß man die Besetzungszahl s_h um 1 erhöht, also: $\mathbf{s}^h = (s_1, \ldots, s_h + 1, \ldots, s_k)$. Diese Bezeichnung gilt für beliebige Indizes aus $\{1, 2, \ldots, s_k\}$. Verwandelt sich die p.s. $E(\mathbf{s})$ durch eine neue Beobachtung in eine $(s + 1)$-Stichprobe, bei der sich die h-te Besetzungszahl um 1 vergrößert, so schreiben wir analog: $E(\mathbf{s}^h)$. Wir können dann definieren:

D13–1 *Eine Familie F, welche mindestens 3 Attribute enthält, erfüllt die λ-Bedingung gdw für 3 verschiedene Attributindizes j, h und i gilt: $C(P_j a_{s+2} \mid E(\mathbf{s}^h)) = C(P_j a_{s+2} \mid E(\mathbf{s}^i))$.*

D13–2 *Eine Familie F erfüllt die λ-γ-Bedingung gdw F die λ-Bedingung erfüllt und außerdem γ-Gleichheit besteht.*

T13−1 *Für λ-Familien besteht η-Gleichheit.*

Beweis: F sei eine λ-Familie. In **D1** setzen wir $s = 0$; ferner wenden wir **D12−3** einmal für $l = h$ und einmal für $l = i$ an und bringen γ_j durch Multiplikation auf die linke Seite. Rechts stehen dann nach Voraussetzung zwei gleiche Zahlen. Somit sind auch die linken Zahlen gleich, also: $\gamma_j \eta_{jh} = \gamma_j \eta_{ji}$. Da $\gamma_j > 0$, gilt:

(a) $\eta_{jh} = \eta_{ji}$.

Mit Hilfe dieses Zwischenresultates zeigen wir, daß die η-Werte für beliebige Paare von verschiedenen Indizes gleich sind. Es genügt hierfür nachzuweisen, daß für einen von j, h und i verschiedenen Attributindex l die Gleichheit $\eta_{jh} = \eta_{il}$ gilt. Zunächst erhält man auf dieselbe Weise, in der (a) gewonnen worden ist:

(b) $\eta_{ij} = \eta_{il}$.

Da aber $\eta_{ji} = \eta_{ij}$, folgt aus (a) und (b):

(c) $\eta_{jh} = \eta_{il}$, q.e.d.

Damit ist zugleich ein formaler Beweis dafür erbracht, daß der Ähnlichkeitseinfluß aus dem λ-System hinausführt, sofern die starke η-Regel akzeptiert wurde.

Bei λ-Familien braucht also zwischen verschiedenen η-Werten nicht unterschieden zu werden, so daß wir einfach η schreiben können.

Mit Hilfe eines einfachen Induktionsbeweises gewinnt man aus **D1** die folgende Verallgemeinerung:

T13−2 *Wenn F die λ-Bedingung erfüllt, so gilt: $C(P_j a_{s+2}|E_1) = C(P_j a_{s+2}|E_2)$, sofern E_1 und E_2 zwei propositionale Stichproben sind, deren k-Tupel beide die Summe $s + 1$ haben und die in der j-ten Besetzungszahl s_j übereinstimmen.*

Da die Umkehrung dieses Theorems trivial gilt, ist damit zugleich gezeigt, *daß für $k > 2$ die Erfüllung der λ-Bedingung mit der Gültigkeit des λ-Prinzips äquivalent ist.*

Es sei $E(\mathbf{s})$ wieder eine p.s., deren k-Tupel die Summe s hat. **T2** lehrt, daß für die Bestimmung des Wertes von $C(P_j a_{s+1}|E(\mathbf{s}))$ nur 3 Zahlen von Relevanz sind: *die Indexzahl j des Attributes, der Umfang s der Stichprobe* und *die Besetzungszahl s_j des j-ten Attributes in dieser Stichprobe*. Es empfiehlt sich daher, für das praktische Arbeiten die λ-C-Funktionen durch geeignete *numerische* Funktionen zu ersetzen:

D13−3 $G_j^{\mathbf{s}}(n) =_{\text{Df}} C(P_j a_{s+1} \mid E(\mathbf{s}))$, wobei $n = s_j$ (d. h. das Argument der definierten Funktion ist identisch mit der j-ten Besetzungszahl in der p.s. $E(\mathbf{s}))$[37].

Unser nächstes Ziel läßt sich folgendermaßen beschreiben: Wir wollen eine explizite Formel ableiten, die uns die Bestimmung beliebiger C-Werte bei gegebenen Größen $\gamma_1, \ldots, \gamma_k$ und η ermöglicht. Wegen des bisherigen Resultates genügt es, eine solche Formel für die Hilfsfunktion G abzuleiten.

---

[37] Genau genommen müßten wir, da es sich um eine Definition handelt, noch eine Vereinbarung bezüglich der übrigen Besetzungszahlen im Datum E treffen. Doch da diese für λ-C-Funktionen wegen **T2** keine Rolle spielen, können wir davon absehen.

Die Theorie der λ-Familien

Für das Folgende setzen wir stets voraus, daß wir es mit einer λ-Familie zu tun haben. Ferner werde C stets als regulär und symmetrisch angenommen. Wir benötigen einige Gleichungen, die wir in einer Tabelle zusammenstellen und unmittelbar anschließend beweisen:

(1) $G_j^0(0) = \gamma_j$;

(2) $G_j^1(0) = \gamma_j \eta$;

(3) $G_j^1(1) = 1 - \eta(1 - \gamma_j)$;

(4) Es seien j und l voneinander verschiedene Indizes. Ferner gelte: entweder (a) $k > 2$ und $m + n \leq s$ oder (b) $k = 2$ und $m + n = s$. Dann:

$$\frac{G_l^{s+1}(n)}{G_j^{s+1}(m)} = \frac{G_l^s(n)}{G_j^s(m)};$$

(5) $G_j^{s+1}(s+1) = 1 - G_j^{s+1}(0) \dfrac{1 - \gamma_j}{\gamma_j}$;

(6) $\dfrac{G_h^{s+1}(n)}{G_j^{s+1}(0)} = \dfrac{G_h^s(n)}{G_j^s(0)}$ für $n \leq s$ und $j \neq h$;

(7) $G_j^{s+1}(0) = \dfrac{G^s(0) \cdot \gamma_j \eta}{G_j^s(0) \cdot (1 - \eta) + \gamma_j \eta}$;

(8) $G_j^s(0) = \dfrac{\gamma_j \eta}{(1 - \eta) s + \eta}$.

Beweise:

(1) Nach **D12—2** und **D3**. (Wenn die Besetzungszahlen alle 0 sind, ist das Datum leer und es steht nur die notwendige Proposition zur Verfügung.)

(2) Nach **D12—3** und **D3**, wobei die Indizes von η wegfallen.

(3) Da m über die Indexmenge der ganzen Familie läuft, gilt:

$$\sum_{m=1}^{k} C(P_m a_2 | E(0, \ldots, s_j = 1, \ldots, 0)) = 1.$$ Wenn wir das Glied mit $j = m$ links lassen, die übrigen Glieder nach rechts schaffen und darauf gleich **D3** anwenden, erhalten wir:

$G_j^1(1) = 1 - \sum_{m \neq j} G_m^1(0)$ (da nur die j-te Zahl besetzt ist)

$= 1 - \eta \sum_{m \neq j} \cdot \gamma_m$ (nach (2))

$= 1 - \eta(1 - \gamma_j)$ (da $\sum \gamma_i = 1$).

(4) Wir formulieren das analoge Theorem zunächst für die C-Funktionen. In der p.s. $E(\mathbf{s})$ sind s_j und s_l die Besetzungszahlen der Attribute P_j und P_l. Durch bloße Vertauschung der $\cap$-Glieder in der Hypothese erhalten wir:

$$C(P_j a_{s+1} \cap P_l a_{s+2} | E(\mathbf{s})) = C(P_l a_{s+2} \cap P_j a_{s+1} | E(\mathbf{s})).$$

Auf beiden Seiten wenden wir jetzt **A4** an und erhalten:

(a) $C(P_j a_{s+1} | E(\mathbf{s})) \cdot C(P_l a_{s+2} | E(\mathbf{s}) \cap P_j a_{s+1})$
$= C(P_l a_{s+2} | E(\mathbf{s})) \cdot C(P_j a_{s+1} | E(\mathbf{s}) \cap P_l a_{s+2})$.

Unter Benützung von **D3** übersetzen wir (a) in die Sprache der G-Funktionen. Wenn wir dabei zugleich m für s_j und n für s_l schreiben, so gewinnen wir:

(b) $G_j^s(m) \cdot G_l^{s+1}(n) = G_l^s(n) \cdot G_j^{s+1}(m)$ (wegen der vorausgesetzten Beschaffenheit von j und l ändern sich in den beiden Zweitgliedern die Besetzungszahlen nicht durch das verstärkte Datum).

Infolge der vorausgesetzten Regularität ist keiner dieser Werte 0, so daß man (4) durch Umformung von (b) gewinnen kann.

(5) Aus demselben Grund wie im Beweis von (3) gilt: $\sum\limits_{j=1}^{k} G_j^s(s_j) = 1$ (*Summenbedingung für G*). Für $s_j = s$ sind alle übrigen $s_j = 0$, also:

(c) $G_j^s(s) + \sum\limits_{i \neq j} G_i^s(0) = 1$.

Die Summenformel kann man umformen. Wegen (1) gilt: $\dfrac{G_l^0(0)}{G_j^0(0)} = \dfrac{\gamma_l}{\gamma_j}$.

Wegen (4) gilt für $m = n = 0$: $\dfrac{G_l^{s+1}(0)}{G_j^{s+1}(0)} = \dfrac{G_l^s(0)}{G_j^s(0)}$.

(*In diese Behauptung geht allerdings die Voraussetzung $k > 2$ wesentlich ein!* Wäre $k = 2$, so würde (4) nur unter der Bedingung $m + n = s$ gelten. Also wäre diese Formel bei $k = 2$ nur für den Fall $s = 0$ als gültig erwiesen.)

Durch Induktion nach s erhält man aus den beiden letzten Formeln:

(d) $\dfrac{G_l^s(0)}{G_j^s(0)} = \dfrac{\gamma_l}{\gamma_j}$.

Wenn wir $G_j^s(0)$ nach rechts schaffen und l durch i ersetzen, erkennen wir, daß die Summenformel $\sum\limits_{i \neq j} G_i^s(0)$ durch den Ausdruck $\dfrac{G_j^s(0)}{\gamma_j} \cdot \sum \gamma_i$ ersetzt werden kann. Die letzte Summe ist aber aus demselben Grund wie früher gleich $1 - \gamma_j$. Wir erhalten somit anstelle von (c):

$G_j^s(s) + G_j^s(0) \cdot \dfrac{1 - \gamma_j}{\gamma_j} = 1$, oder: $G_j^s(s) = 1 - G_j^s(0) \cdot \dfrac{1 - \gamma_j}{\gamma_j}$.

Wenn man hier s durch $s + 1$ ersetzt, gewinnt man gerade die Formel (5).

(6) folgt unmittelbar aus (4), wenn man die geeigneten Einsetzungen vornimmt.

(7) Wir beweisen zunächst zwei Hilfsformeln:

(e) $\dfrac{G_h^s(n)}{G_j^s(0)} = \dfrac{G_h^n(n)}{G_j^n(0)}$ für $n \leq s$, $j \neq h$ (für $s = n$ ist dies eine Identität; für größere Werte s folgt (e) aus (6) mittels Induktion).

(f) $G_h^s(n) = G_j^s(0) \left[\dfrac{1}{G_j^n(0)} - \dfrac{1 - \gamma_h}{\gamma_j} \right]$ für $n \leq s$, $j \neq h$.

Wenn man in (e) den rechten Zähler gemäß (5) umformt, so erhält man:

$\dfrac{1}{G_j^n(0)} - \dfrac{G_h^n(0)}{G_j^n(0)} \cdot \dfrac{1 - \gamma_h}{\gamma_h} = \dfrac{1}{G_j^n(0)} - \dfrac{1 - \gamma_h}{\gamma_j}$ (nach (d) im Beweis von (5)).

(f) erhält man jetzt aus (e) durch beiderseitige Multiplikation mit $G_j^s(0)$.

Um (7) zu beweisen, gehen wir wieder aus von: $\sum\limits_{j=1}^{k} G_j^s(s_j) = 1$. Wir set-

Die Theorie der λ-Familien

zen $n = s_i$, $s_h = s - n$, so daß alle übrigen Besetzungszahlen 0 sind. Dadurch erhält diese Summenformel die spezielle Gestalt:

$$G_i^s(n) + G_h^s(s-n) + \sum_{m \neq i,h} G_m^s(0) = 1.$$

Die ersten beiden Glieder werden gemäß Hilfsformel (*f*) umgeformt, so daß man erhält:

(*g*) $\quad G_j^s(0) \left[\dfrac{1}{G_j^n(0)} - \dfrac{1-\gamma_i}{\gamma_j} + \dfrac{1}{G_j^{s-n}(0)} - \dfrac{1-\gamma_h}{\gamma_j} \right] + \sum_{m \neq i,h} G_m^s(0) = 1$

Wegen (*d*) ist $\sum\limits_{m \neq i,h} G_m^s(0) = G_j^s(0) \cdot \dfrac{1}{\gamma_j} \sum\limits_{m \neq i,h} \gamma_m = G_j^s(0) \cdot \dfrac{1 - \gamma_i - \gamma_h}{\gamma_j}$

(da $\sum \gamma_k = 1$).

Wenn man dies in (*g*) einsetzt, so heben sich die Glieder mit $1 - \gamma_i - \gamma_h$ im Zähler fort und wir gewinnen:

$1 = G_j^s(0) \left[\dfrac{1}{G_j^n(0)} + \dfrac{1}{G_j^{s-n}(0)} - \dfrac{1}{\gamma_j} \right]$; also mit 1 für n und $s+1$ für s:

$1 = G_j^{s+1}(0) \left[\dfrac{1}{G_j^1(0)} + \dfrac{1}{G_j^s(0)} - \dfrac{1}{\gamma_j} \right]$

$= G_j^{s+1}(0) \dfrac{G_j^s(0) + \gamma_j \eta - \eta G_j^s(0)}{G_j^s(0) \cdot \gamma_j \eta}$ (gemeinsamer Nenner und Anwendung von (2))

Wenn man alle Glieder außer $G_j^{s+1}(0)$ auf die andere Seite schafft, erhält man (7).

Die Formeln (5), (6) und (7) liefern zusammen das folgende wichtige Resultat: *Für beliebiges $s > 0$ sind alle Werte von G^{s+1} bestimmt, sofern alle Werte von G^s bekannt sind.* Denn (7) liefert den Wert für das Argument 0; mittels (6) erhält man daraus die Werte für alle Argumente $n \leq s$; und (5) liefert schließlich auch noch den Wert für das Argument $s+1$. *Die Formeln (1) bis (3) liefern sämtliche drei Werte für G^0 und G^1.*

(8) Wir beweisen die Behauptung durch Induktion nach s. Für $s = 0$ fällt (8) mit (1) zusammen. Die Behauptung gelte also bereits für s. Um sie für $s+1$ zu beweisen, gehen wir von (7) aus und machen rechts im Zähler und Nenner Gebrauch von der Induktionsvoraussetzung:

$G_j^{s+1}(0) = \dfrac{(\gamma_j \eta / (1-\eta) s + \eta) \gamma_j \eta}{[\gamma_j \eta / ((1-\eta) s + \eta)](1-\eta) + \gamma_j \eta}$

$= \dfrac{(\gamma_j \eta / (1-\eta) s + \eta)}{1/((1-\eta) s + \eta)(1-\eta) + 1}$ (Kürzung durch $\gamma_j \eta$)

Wenn man rechts Zähler und Nenner mit $(1-\eta) s + \eta$ multipliziert, so bleibt im Zähler nur $\gamma_j \eta$ übrig, während der Nenner verwandelt wird in: $(1-\eta) + (1-\eta) s + \eta = (1-\eta)(s+1) + \eta$. Damit ist der Induktionsschritt bewiesen.

Die nächste Formel ist von besonderer Wichtigkeit; denn sie führt direkt über zur Normalform für *C*-Funktionen der λ-Familie:

(9) Für jedes $s \geq 0$ und jedes $j \in Ix(F)$ gilt, sofern $0 \leq n \leq s$ und $Ix(F) = k > 2$:

$$G_j^s(n) = \dfrac{n(1-\eta) + \gamma_j \eta}{s(1-\eta) + \eta}$$

Beweis: s sei gegeben. Die Behauptung werde durch Induktion nach n bewiesen.

Induktionsbasis: Für $n = 0$ stimmt (8) mit (9) überein.

Induktionsschritt: Es sei $n < s$ und die Behauptung gelte bereits für n. Mittels Formel (f) im Beweis von (7) erhalten wir, wenn wir j und h vertauschen und n durch $n + 1$ ersetzen (was wegen der Voraussetzung $n < s$ zulässig ist):

$$G_j^s(n+1) = G_h^s(0) \left[\frac{1}{G_h^{n+1}(0)} - \frac{1-\gamma_j}{\gamma_h} \right]$$

Wenn wir für die beiden rechten G-Formeln gemäß (8) Substitutionen vornehmen, so erhalten wir:

$$G_j^s(n+1) = \frac{\gamma_h \eta}{(1-\eta)s+\eta} \left[\frac{(1-\eta)(n+1)+\eta}{\gamma_h \eta} - \frac{1-\gamma_j}{\gamma_h} \right]$$
$$= \frac{(1-\eta)(n+1)+\gamma_j \eta}{(1-\eta)s+\eta}.$$

Dies ist gerade die Formel (9) für $n + 1$. Damit ist der Induktionsschritt bewiesen.

Die Wichtigkeit der Formel (9) beruht darauf, *daß (9) explizit angibt, auf welche Weise jeder beliebige G-Wert bestimmt ist, wenn die $k + 1$ Größen $\gamma_1, \ldots, \gamma_k$ und η gegeben sind.*

Wir formen den in (9) gewonnen Ausdruck nochmals um. Erstens schreiben wir statt „n" wieder „s_j", um daran zu erinnern, daß es sich um die Besetzungszahl des Attributes mit dem Index j handelt. Zweitens teilen wir Zähler und Nenner durch $1 - \eta$. Mit der Abkürzung:

$$\lambda =_{\text{Df}} \frac{\eta}{1-\eta}$$

gewinnt man so den Ausdruck:

(10) $G_j^s(s_j) = \dfrac{s_j + \gamma_j \lambda}{s + \lambda}$

Wenn wir die Übersetzung in die Sprache der C-Funktionen vornehmen, so erhalten wir unter derselben Voraussetzung wie in (9):

(11) $C(P_j a_{s+1} \mid E(s_1, \ldots, s_j, \ldots, s_k)) = \dfrac{s_j + \gamma_j \lambda}{s + \lambda}$

Hierbei ist das Datum eine s-Vorderstichprobe mit dem k-Tupel $(s_1, \ldots, s_j, \ldots, s_k)$; die Hypothese beinhaltet die Voraussage, daß einem neuen Individuum, nämlich a_{s+1}, das Attribut P_j zukommt. Die rechte Seite liefert einen expliziten Ausdruck für den C-Wert, der diesem Paar von Propositionen zukommt. Nach Wahl von λ hängt dieser Wert nur mehr ab von: (1) der Gesamtheit s der beobachteten Individuen der Stichprobe; (2) der Besetzungszahl s_j des Attributes P_j in dieser Stichprobe; (3) dem Wert γ_j, also bei Annahme von **AH₄**: von der Weite des Attributes P_j. Wir halten noch ausdrücklich fest, was auf den C-Wert *keinen* Einfluß hat: Erstens spielt es keine Rolle, welche der s Individuen das Attribut P_j besitzen; entscheidend ist nur deren Anzahl. Zweitens ist es ohne Relevanz, in welcher Weise die übrigen $s - s_j$ Individuen der Stichprobe auf die restlichen $k - 1$ Attribute verteilt sind.

Für die zur λ-Familie gehörenden Funktionen C war bisher nur vorausgesetzt worden, daß sie *außer dem λ-Prinzip die Grundaxiome, das Regularitätsaxiom* sowie *das Symmetrie-Axiom* erfüllen (also **A1** bis **A4**, **A5** und **A7**). Falls auch *das Axiom der Relevanz von Einzelfällen* **A8** als erfüllt vorausgesetzt wird, sind die beiden Werte $\lambda = 0$ und $\lambda = \infty$ ausgeschlossen. Dies kann man so einsehen:

(*a*) Für $\lambda = 0$ ist der C-Wert (11) gleich s_j/s, also gleich der beobachteten relativen Häufigkeit von P_j in der Stichprobe. Sollten alle beobachteten Individuen die Eigenschaft P_j besitzen, so wäre $s_j = s$ und der C-Wert gleich 1. Die Voraussage $P_j a_{s+1}$, welche dem neuen Individuum dasselbe Attribut P_j zuschreibt, besäße aufgrund dieses Datums bereits die höchstmögliche Wahrscheinlichkeit, so daß keine weiteren Beobachtungen von P_j-Individuen für diese Voraussage positiv relevant sein könnten.

Der Fall $\lambda = 0$ bildet die sog. *Proportionalregel*. Nach dieser von verschiedenen Autoren befürworteten Regel wird die soeben beschriebene induktive Wahrscheinlichkeit mit der bisher beobachteten relativen Häufigkeit des fraglichen Attributes gleichgesetzt. *Der Ausschluß von $\lambda = 0$ beinhaltet das Verbot, die bisherige Erfahrung in dieser primitiven Form zur Geltung kommen zu lassen.*

(*b*) Der Fall $\lambda = \infty$ bildet das umgekehrte Extrem. *Hier würde die Erfahrung vollkommen ausgeschaltet werden.* Wenn man nämlich in (11) Zähler und Nenner durch λ dividiert, so verschwinden für $\lambda \to \infty$ die beiden Glieder s_j/λ und s/λ und der C-Wert reduziert sich auf γ_j. Dies bedeutet, daß der C-Wert von $P_j a_{s+1}$ gleich der Apriori-Wahrscheinlichkeit dieser Proposition ist, *unabhängig davon, was die Erfahrung lehrt*. Im Widerspruch zu **A8** ist hier generell jedes Lernen aus der Erfahrung ausgeschlossen; der C-Wert bleibt immun gegenüber allen Beobachtungen. Der Ausschluß von $\lambda = \infty$ enthält somit eine zum Verbot von $\lambda = 0$ duale Forderung, nämlich *daß bei der Bestimmung der Wahrscheinlichkeit einer Voraussage die gemachte Erfahrung zu Wort kommen muß*. (Da die Funktion mit $\lambda = \infty$ der Funktion c^+ im linguistischen Aufbau entspricht, wird durch dieses Verbot die Wittgenstein-Funktion aus der Klasse der zulässigen induktiven Methoden ausgeschlossen.)

Für die C-Funktionen der λ-Familie, welche die erwähnten vier Klassen von Axiomen erfüllen, gilt somit die Relation:

(12) $0 < \lambda < \infty$.

Von nun an verstehen wir den Ausdruck „λ-Familie" in diesem engeren Sinn. *Die λ-C-Funktionen bilden* also *ein eindimensionales Kontinuum zwischen diesen beiden Grenzen*. Nennen wir s_j/s (die beobachtete relative Häufigkeit des

Vorkommens von P_j) den *empirischen Faktor*, und die Größe γ_j (die ja im Normalfall mit der Weite des Attributes zusammenhängt) den *logischen Faktor*, so kann die rechte Seite von (10) bzw. von (11) folgendermaßen charakterisiert werden:

(13) *Die C-Werte der λ-Familie bilden für jedes j ein gewogenes arithmetisches Mittel aus dem empirischen Faktor s_j/s und dem logischen Faktor γ_j mit den Wägungskoeffizienten s und λ. Dabei darf der zweite Wägungskoeffizient λ weder verschwinden noch unendlich werden*[38].

So wie früher gilt auch jetzt: Mit (11) ist die induktive Methode bereits vollständig festgelegt (vgl. CARNAP, [Continuum], S. 16ff. und 30ff.). Wir nennen die Formeln (10) und (11) *die Normalformendarstellungen der zur λ-Familie gehörenden C-Funktionen*. Wir betonen nochmals, daß in CARNAPs zweiter Theorie nicht der Anspruch erhoben wird, man könne alle ‚vernünftigen induktiven Methoden', die in C-Funktionen ausdrückbar sind, in dieser Normalform darstellen.

Es seien noch einige wesentliche Unterschiede gegenüber dem früheren Vorgehen CARNAPs hervorgehoben:

(*A*) In den früheren Arbeiten fehlte der Begriff der *Attributfamilie*. (Eine Ausnahme bildete das neue Axiomensystem in [I.L.], wo auf S. 243ff. *Prädikat*familien betrachtet wurden.) Was hier für Attributfamilien gezeigt wurde, ist früher für die schärfstmöglichen Prädikate, die sog. Q-Prädikate, bewiesen worden.

(*B*) Es fehlten früher Untersuchungen über die *Weite von Attributen*. Dies hatte zur Folge, daß anstelle des jetzigen logischen Faktors γ_j der Faktor $1/\mu$ verwendet wurde, wobei μ die Anzahl der Q-Prädikate darstellte. Darin kam die vollkommen gleichwertige Behandlung der Q-Prädikate zur Geltung. Die Analogie dazu bestünde im jetzigen Fall darin, allen k Attributen der Familie dieselbe Weite zuzuschreiben und daher auf Grund von **AH$_4$** für $j = 1, \ldots, k$ denselben Wert $\gamma_j = 1/k$ zu wählen. Dies ist der Grund dafür, daß in den (10) und (11) entsprechenden früheren Formeln anstelle von γ_j ein konstanter, vom Index j unabhängiger Faktor vorkam (vgl. z.B. [I.L.], Formeln (25) und (27) auf S. 218). Was früher als einziger Fall und somit als Normalfall von CARNAP ins Auge gefaßt wurde, bildet jetzt den eben erwähnten Spezialfall für $\gamma_j = 1/k$. In der Terminologie von **D12—2** läßt sich dies so ausdrücken: Früher wurde nicht nur vorausgesetzt, daß die Familien die λ-Bedingung erfüllen, sondern sogar, daß sie die λ-γ-Bedingung erfüllen.

(*C*) Noch entscheidender ist die Verallgemeinerung, welche in der Zulassung nicht zum λ-Kontinuum gehörender C-Funktionen besteht. Das λ-Prinzip bildet jetzt *kein Axiom* mehr, wie in früheren Schriften CARNAPs. Wo immer sich nämlich der in Abschnitt 12 geschilderte Analogie-Einfluß geltend macht, muß das λ-System verlassen werden. Formal ausgedrückt: Eine notwendige Bedingung für die Zugehörigkeit zum λ-Kontinuum bildet die η-Gleichheit. Wo immer η-Verschiedenheit angenommen wird, da erzwingt diese Annahme ein Heraustreten aus dem λ-Kontinuum.

---

[38] Wir erinnern an die Bildung des gewogenen arithmetischen Mittels: Die einzelnen Werte sind zunächst mit den zugeordneten Wägungskoeffizienten zu multiplizieren. Dann ist das Ganze durch die Summe der Wägungskoeffizienten zu dividieren.

Es soll jetzt noch eine Abrundung in einer wichtigen Hinsicht vorgenommen werden: Die Normalformdarstellung der C-Funktionen für λ-Familien beruhte wesentlich auf der obigen Formel (5), für deren Beweis $k = 3$ vorausgesetzt werden mußte. *Das Resultat läßt sich also nicht für eine Familie beweisen, die nur zwei Attribute enthält.*

Es erscheint dagegen als wünschenswert, auch für $k = 2$ die zu (10) und (11) analogen Resultate zu gewinnen, sofern sie aus einer plausiblen Annahme hergeleitet werden können. Eine derartige Annahme gewinnt man auf Grund der folgenden Überlegung: Nach Formel (10) ist G für jedes beliebige $k > 2$ eine lineare Funktion von n. Es erscheint daher als sinnvoll, dasselbe für den Fall $k = 2$ zu verlangen. Dies führt zur Formulierung eines neuen Prinzips.

13.b Das Linearitätsprinzip. Es sei C eine C-Funktion für eine Familie, die zwei Attribute enthält. G sei definiert wie in **D3**. Die beiden Werte γ_1 und η seien gegeben. Das **Prinzip der Linearität** besagt: *Für jedes $s > 0$ soll $G_1^s(n)$ eine lineare Funktion von n sein.*

Erläuterung: Die Forderung besagt, daß für jedes $s > 0$ zwei Konstante α_s und β_s existieren, so daß für jedes n von 0 bis s gilt:

(**L**) $G_1^s(n) = \alpha_s n + \beta_s$.

Die angegebene schwache Annahme genügt, um die Gültigkeit der Normalform auch für $k = 2$ zu zeigen.

Wir beweisen jetzt 6 Formeln; die letzten beiden liefern das gewünschte Theorem. Die gemeinsame Voraussetzung laute: F sei eine Familie mit der Indexmenge $k = 2$. η sei eine Abkürzung für $\eta_{12} (= \eta_{21}$; vgl. die Bemerkung hinter **D12—2**). Ferner sei λ wieder eine Abkürzung für $\eta/(1 - \eta)$. Stets sei $s > 0$. Unter diesen Voraussetzungen gilt:

(a) $\alpha_{s+1} = \dfrac{\alpha_s}{\alpha_s + 1}$; (d) $\beta_s = \dfrac{\lambda \gamma_1}{s + \lambda}$;

(b) $\beta_{s+1} = \dfrac{\beta_s}{\alpha_s + 1}$; (e) $G_1^s(n) = \dfrac{n + \lambda \gamma_1}{s + \lambda}$;

(c) $\alpha_s = \dfrac{1}{s + \lambda}$; (f) $G_2^s(n) = \dfrac{n + \lambda \gamma_2}{s + \lambda}$.

Beweis. Es seien die Voraussetzungen erfüllt. Dann ist insbesondere auch $\gamma_2 = 1 - \gamma_1$ gegeben. Ferner sind wegen der früheren Formeln (1) bis (3) die G-Werte für $s = 0$ und $s = 1$ bestimmt; denn diese drei Formeln wurden *ohne* Benützung der Annahme $k > 2$ hergeleitet. Schließlich ist zu beachten, daß aus (**L**) insbesondere für jedes $s > 0$ folgt: $G_1^s(0) = \beta_s$. Wir erinnern noch daran, daß n nach der Definition von G die Besetzungszahl des ersten Attributes ist, also $n = s_1$. (Wenn der Leser dies anschaulicher findet, kann er im folgenden stets s_1 statt n schreiben.)

(a) *und* (b): Die Summenbedingung für G (vgl. den ersten Satz im Beweis von (5)) reduziert sich diesmal auf:

(1*) $G_1^s(n) + G_2^s(s - n) = 1$

und:

(2*) $G_1^{s+1}(n + 1) + G_2^{s+1}(s - n) = 1$ (denn $(s + 1) - (n + 1) = s - n$).

Aus der Formel (4) erhält man mit geeigneten Spezialisierungen:
$$G_1^s(n) \cdot G_2^{s+1}(s-n) = G_2^s(s-n) \cdot G_1^{s+1}(n)$$
und daraus durch Einsetzungen gemäß (1*) und (2*):

(3*) $G_1^s(n)\,[1 - G_1^{s+1}(n+1)] = [1 - G_1^s(n)]\,G_1^{s+1}(n)$

Für $n = 0$ ergibt dies:
$$G_1^s(0)\,[1 - G_1^{s+1}(1)] = [1 - G_1^s(0)]\,G_1^{s+1}(0).$$

Jetzt machen wir erstmals von (L) Gebrauch und erhalten:
$$\beta_s(1 - \alpha_{s+1} - \beta_{s+1}) = (1 - \beta_s)\,\beta_{s+1}$$
oder noch kürzer:

(4*) $\beta_s(1 - \alpha_{s+1}) = \beta_{s+1}.$

Wenn wir in (3*) $n = s$ setzen und abermals (L) anwenden, erhalten wir:
$$(\alpha_s s + \beta_s)(1 - \alpha_{s+1}(s+1) - \beta_{s+1}) = (1 - \alpha_s s - \beta_s)(\alpha_{s+1}s + \beta_{s+1})$$
Einsetzung von β_{s+1} nach (4*) und Ausrechnung führt zu:

(5*) $\alpha_{s+1}(\alpha_s + 1) = \alpha_s.$

Damit ist (a) bereits gewonnen. Wenn gemäß dieser Formel (a) eine Einsetzung für α_{s+1} in (4*) erfolgt, so erhält man (b). Die Formeln (a) und (b) gestatten es, bei gegebenem α_s und β_s die Werte von α_{s+1} und β_{s+1} zu bestimmen.

Beweis von (c) und (d) durch Induktion nach der Zahl s: Nach dem Prinzip (L) gilt: $G_1^1(n) = \alpha_1 n + \beta_1$. Durch Spezialisierung erhält man daraus: $G_1^1(1) = \alpha_1 + \beta_1$. Da $\beta_1 = G_1^1(0)$, erhält man aus der früheren Formel (2) und der aus der Definition von λ folgenden Gleichheit $\eta = \dfrac{\lambda}{\lambda+1}: \beta_1 = \dfrac{\lambda\gamma_1}{1+\lambda}$. Dies ergibt:
$G_1^1(1) = \alpha_1 + \dfrac{\lambda\gamma_1}{1+\lambda} = \dfrac{1+\lambda\gamma_1}{1+\lambda}$ (letzteres nach der früheren Formel (3) und der Formel für η). Für α_1 folgt daraus: $\alpha_1 = \dfrac{1}{1+\lambda}$. Damit sind (c) und (d) für $s = 1$ bewiesen.

Den Induktionsschritt von s auf $s + 1$ vollzieht man für (c), indem man in der Induktionsvoraussetzung (c) rechts und links 1 addiert und nach (a) einsetzt. Den Induktionsschritt für (d) erhält man, indem man von (b) ausgeht und für α_s das bereits erhaltene Resultat und für β_s die Induktionsvoraussetzung einsetzt. *Beweis von (e) und (f)*: (e) ergibt sich durch Einsetzung der Resultate (c) und (d) in das Prinzip (L). (f) folgt aus der zu (1*) analogen Formel: $G_2^s(n) = 1 - G_1^s(s-n)$, indem man das Resultat (e) für $s - n$ statt n einsetzt.

Da für $k = 2$ nur die beiden Werte $j = 1$ und $j = 2$ möglich sind, ist damit gezeigt:

(14) *Falls das Prinzip* (L) *akzeptiert wird, gelten für jede Familie von zwei Attributen und $s > 0$ die Normalformendarstellungen* (10) *und* (11).

Der Begriff der λ-Bedingung kann nun in der Weise auf den Fall $k = 2$ erweitert werden, daß man darin einfach auf die Normalformendarstellung Bezug nimmt:

D13–1* *Eine Familie F von zwei Attributen erfüllt die λ-Bedingung gdw*
$$C(P_j a_{s+1}|E(\mathbf{s})) = \frac{s_j + \lambda\gamma_j}{s + \lambda} .$$

(Die Definition **D2** kann von früher her wörtlich übernommen werden.)

Den Zusammenhang zwischen dem λ-Prinzip und den zwei Formen der λ-Bedingung stellt das folgende Theorem her:

T13–3 *Eine Familie F von k Attributen erfüllt die λ-Bedingung in bezug auf C gdw entweder $k > 2$ und für C das λ-Prinzip $\mathbf{P}_\lambda$ gilt*
oder $k = 2$ und für C das Linearitätsprinzip (**L**) *gilt.*
Sofern F überdies eine λ-γ-Familie ist, so kann in beiden Fällen, also für jedes $k \geqq 2$, γ_j durch $1/k$ ersetzt werden.

Für $k > 2$ ergibt sich die Behauptung aus dem früheren Resultat **T2** und der darauf folgenden Bemerkung. Für $k = 2$ folgt die eine Hälfte der Implikation nach (14). Die andere Hälfte ist trivial; denn die Normalformendarstellung *ist* ja linear in $s_j = n$.

Die Betrachtungen über Attribut-Symmetrie und über die Rolle des Wertes könnte die folgende Konvention motivieren:

AH$_7$ *Eine Familie, welche die Bedingung der Attribut-Symmetrie erfüllt, ist als λ-γ-Familie zu behandeln.*

Zusammen mit **AH$_6$** würde diese Regel zu der folgenden Konsequenz führen: Wenn C für eine Familie von Basisattributen γ-η-Gleichheit besitzt, dann ist C eine λ-γ-Funktion.

Abschließend sei bemerkt, *daß bei unendlichem Individuenbereich der C-Wert einer Allproposition auf Grund eines beliebigen (endlichen) Datums stets 0 ist, wenn C zur λ-Familie gehört.*

Der Beweis hierfür sei kurz skizziert. (Wir benützen die Methode von W. K. Essler, [Induktive Logik], S. 218f.) Es genügt, eine Proposition von der Gestalt $\wedge \alpha P_j \alpha$ zu betrachten und als Datum eine endliche Konjunktion $P_j a_1 \wedge \cdots \wedge P_j a_n$ (denn dies ist der günstigste Fall, der eintreten könnte, da andere Glieder des Datums für die Allbehauptung entweder irrelevant oder sogar negativ relevant sind). Es gilt:

$$(A) \quad C(\wedge \alpha P_j \alpha | P_j a_1 \wedge \cdots \wedge P_j a_n) = \frac{C(\wedge \alpha P_j \alpha \wedge P_j a_1 \wedge \cdots \wedge P_j a_n | \mathfrak{B})}{C(P_j a_1 \wedge \cdots \wedge P_j a_n | \mathfrak{B})} = \frac{x}{y}.$$

Der Nenner y ist wegen der Regularität von C größer als 0. Wir brauchen also nur zu zeigen, daß gilt: $x = 0$. Einerseits können die Konjunktionsglieder der zweiten Formel von (A) als von der Allproposition absorbiert betrachtet werden; andererseits kann man diese Allformel als unendliche Konjunktion auffassen. Wenn man darauf das Multiplikationstheorem anwendet und jedesmal die Normalformendarstellung der λ-C-Funktionen benützt, so erhält man: $C(\wedge \alpha P_j \alpha | \mathfrak{B})$
$= C(P_j a_1 \wedge \cdots \wedge P_j a_n \ldots | \mathfrak{B}) = C(P_j a_1 | \mathfrak{B}) \times C(P_j a_2 | P_j a_1) \times \cdots \times C(P_j a_n | P_j a_1$
$\wedge \cdots \wedge P_j a_{n-1}) \times \cdots = \prod_{s=0}^{\infty} \frac{s + \gamma_j \lambda}{s + \lambda}$ (da in der Normalformendarstellung stets $s_j = s$; denn die Zahl der beobachteten Individuen ist mit der Besetzungszahl des Attributes P_j identisch) $= \prod_{s=0}^{\infty} \left[1 - \frac{(1 - \gamma_j) \lambda}{s + \lambda} \right]$.

Jetzt greifen wir auf zwei Lehrsätze der Theorie der unendlichen Reihen zurück:

(B) Die harmonische Reihe $\sum_{n=1}^{\infty} \frac{1}{n} = 1 + \frac{1}{2} + \frac{1}{3} + \cdots$ hat den Wert ∞.

(Dies gilt natürlich auch von jeder Reihe, die daraus durch Weglassung eines endlichen Anfangsstückes hervorgeht.)

$$(C) \qquad 0 < \prod_{s=0}^{\infty} \left[1 - \frac{(1-\gamma_j)\lambda}{s+\lambda}\right] < \infty$$

$$\text{gdw} \sum_{s=0}^{\infty} \frac{(1-\gamma_j)\lambda}{s+\lambda} \left(= (1-\gamma_j)\lambda \cdot \sum_{s=0}^{\infty} \frac{1}{s+\lambda}\right) < \infty^{39}.$$

Wir ersetzen λ durch die kleinste natürliche Zahl N mit $\lambda \leq N$. Wegen (B) gilt dann: $\infty = \sum_{s=0}^{\infty} \frac{1}{s+N} \leq \sum_{s=0}^{\infty} \frac{1}{s+\lambda}$ (denn die erste Summe ist mit der um ein Anfangsstück verminderten harmonischen Reihe identisch). Da $(1-\gamma_j)\lambda \neq 0$, ist somit die Ungleichung des rechten Gliedes von (C) nicht erfüllt. Wegen der Gültigkeit von (C) muß eine der beiden Ungleichungen des linken Gliedes von (C) falsch sein. Da die zweite jedoch richtig ist (denn es gilt: $\prod_{s=0}^{\infty} \frac{s+\gamma_j\lambda}{s+\lambda}$ $\leq \gamma_j < 1 < \infty$), muß die Falschheit der linken Seite von (C) bedeuten, daß dieses Produkt 0 ist, d. h.: $x = 0$. q.e.d.

14. Grenzwertaxiome

14.a Das Reichenbach-Axiom. Das folgende Axiom knüpft an einen Gedanken von REICHENBACH über den Zusammenhang von relativer Häufigkeit und Wahrscheinlichkeit an, ohne daß dabei das oft mit Recht kritisierte Verfahren REICHENBACHs übernommen würde. REICHENBACH hatte bekanntlich versucht, den Begriff der statistischen Wahrscheinlichkeit eines Ereignisses in der Weise zu explizieren, daß er diesen Begriff als Grenzwert einer unendlichen Folge relativer Häufigkeiten definierte. So wie von REICHENBACH als Definition aufgefaßt, beruht dieses Verfahren auf einem logischen Irrtum, wie die personalistischen Wahrscheinlichkeitstheoretiker erkannt haben[40]. Trotzdem kann man von dem Gedanken Gebrauch machen, ohne die Existenz des Grenzwertes zu postulieren.

Wir betrachten ‚singuläre Voraussageschlüsse' von der Art der induktiven Aussagen (11) von Abschnitt 13. $E(\mathbf{s})$ sei also eine propositionale s-Vorderstichprobe mit dem k-Tupel $(s_1, \ldots, s_i, \ldots, s_k)$, relativ auf welche der C-Wert der Hypothese $P_j a_{s+1}$ zu bestimmen ist. Die relative Häufigkeit des Vorkommens von P_j in der Stichprobe vom Umfang s ist s_j/s, wobei s_j die j-te Zahl im k-Tupel der Stichprobe ist. Wir wissen zwar, daß der gewünschte C-Wert nicht einmal dann mit der beobachteten Häufigkeit gleichgesetzt werden kann, wenn unsere C-Funktion ein Element der Klasse

---

[39] Vgl. K. KNOPP, [Unendliche Reihen], S. 227, Satz 4.

[40] Schlagwortartig könnte man sagen, daß REICHENBACHs Definition auf einer Verwechslung von *praktischer Sicherheit* und *logischer Notwendigkeit* beruht (ein Einwand, der übrigens *sämtliche* Varianten der sog. objektivistischen Deutungen der statistischen Wahrscheinlichkeit trifft). Ausführlich kommt dieser Punkt in Teil III, Abschnitt 1.b, zur Sprache. In der Reichenbachschen Fassung findet der Fehler seinen Niederschlag darin, daß er den Ausdruck „konvergiert" statt „konvergiert *fast überall*" gebraucht.

der λ-C-Funktionen ist; denn die Proportionalregel gehört nicht zu dieser Klasse. *Trotzdem wird sich auf lange Sicht,* also mit zunehmendem Umfang der Anzahl s von beobachteten Individuen, *die Erfahrung immer mehr durchsetzen und der C-Wert wird sich dem Wert der beobachteten relativen Häufigkeiten nähern.* In einem in Abschnitt 16 gebrauchten Bild könnte man dies auch so ausdrücken: Der Wert λ bildet den induktiven Trägheitswiderstand gegen die Erfahrung. Wie groß dieser Widerstand auch gewählt werden möge, bei hinreichendem Umfang s der beobachteten Stichprobe wird er überwunden werden.

Was soeben über die Rolle der Erfahrung ‚auf lange Sicht' gesagt wurde, war weder präzise noch ist es, wenn es in präzisierter Form rekonstruiert wird, auf der Grundlage der bisherigen Axiome (und nichtaxiomatischer Prinzipien, wie des λ-Prinzips) beweisbar. Es muß daher axiomatisch gefordert werden. Das fragliche Axiom ist ebenso wie das später nachfolgende ein *Grenzwertaxiom*, da es vom Begriff des Limes (Grenzwertes) einer Folge reeller Zahlen Gebrauch macht. Der Leser möge aber nicht in den Irrtum verfallen zu meinen, der anfechtbare Teil des Verfahrens von REICHENBACH werde damit ebenfalls reproduziert. Von der Reichenbachschen Definition der objektiven Wahrscheinlichkeit als eines Grenzwertes relativer Häufigkeiten wird vielmehr nirgends Gebrauch gemacht. Verwendet wird nur der auf REICHENBACH zurückgehende intuitive Gedanke, daß bei Wahl einer adäquaten C-Funktion die Werte $C(P_j a_{s+1} | E(\mathbf{s}))$ mit wachsendem s in dem Sinn *empirisch selbstkorrigierend* sein sollen, daß sich der der Hypothese $P_j a_{s+1}$ zugeschriebene Wahrscheinlichkeitswert immer weniger von der beobachteten relativen Häufigkeit s_j/s unterscheiden wird.

Wir führen zusätzlich die Abkürzung $r_j^s =_{Df} s_j/s$ für die relative Häufigkeit des Vorkommens von P_j in der s-Vorderstichprobe ein. „$\lim_{s \to \infty} f(s)$" sei wie üblich eine Abkürzung für „der Grenzwert von $f(s)$ für $s \to \infty$". Der Begriff der p.s. wird von **D3—7** übernommen. Da ein zu einer propositionalen Stichprobe gehörendes Modell nur soweit festgelegt ist, als in der Stichprobe Individuen wesentlich erwähnt sind, muß in der formalen Fassung des Reichenbach-Axioms eine Quantifikation über Modelle erfolgen.

A9 Konvergenzaxiom (Reichenbach-Axiom)

Fassung (A) *Es sei C eine symmetrische (aber nicht notwendig reguläre) C-Funktion. Dann gilt: Für jedes Modell Z und jeden Attributindex j, so daß $\lim_{s \to \infty} r_j^s$ existiert und den Wert R_j besitzt:*

$$\lim_{s \to \infty} C(P_j a_{s+1} | E(\mathbf{s})) = R_j.$$

Fassung (B) *C erfülle dieselbe Bedingung wie in* **(A)**. *Dann gilt für jedes Modell Z und jeden Attributindex j:*
$$\lim_{s \to \infty} [C(P_j a_{s+1} \mid E(\mathbf{s})) - r_j^s] = 0.$$

Der Unterschied zwischen den beiden Fassungen liegt in folgendem: **(A)** bezieht sich nur auf jene Modelle, für welche der Grenzwert der Folge r_j^s für $s = 0, 1, 2, \ldots$ existiert; **(B)** hingegen bezieht sich auf *alle* Modelle.

Obwohl in diesem Axiom der Grenzwertbegriff verwendet wird, *bezieht sich das Axiom nur auf molekulare Propositionen*. Man braucht daher für die Wahrscheinlichkeitsfunktion C nicht den gesamten σ-Körper der Propositionen $\mathfrak{E}$ zugrundezulegen, sondern nur den viel elementareren Körper der Propositionen $\mathfrak{E}^{\text{mol}}$. Alltagssprachlich könnte der Inhalt des Axioms so wiedergegeben werden: *Mit wachsendem Umfang der Erfahrung muß sich die C-Funktion der Proportionalregel annähern, d. h. der Unterschied zwischen beiden muß gegen 0 konvergieren* (und zwar soll dies gelten, obwohl die Proportionalregel selbst aus dem λ-Kontinuum ausgeschlossen worden ist).

Abgesehen von der inhaltlichen Plausibilität tritt natürlich die Frage auf, *wozu das Reichenbach-Axiom benötigt wird*. Bisher sind nur zwei wichtige Resultate mittels dieses Axioms erzielt worden. Das erste besteht in der *Ableitung von Teil (b) des Prinzips der Relevanz von Einzelfällen* **A8**. Wir erinnern daran, daß die wissenschaftstheoretische Bedeutung darin liegt, daß durch jenes Prinzip das ‚anti-induktive Lernen aus der Erfahrung' ausgeschlossen wird. Das zweite Resultat besteht darin, *daß durch dieses Axiom die Wittgenstein-Funktion aus dem λ-Kontinuum ausgeschlossen wird*, d.h. die λ-C-Funktion mit $\lambda = \infty$ (welche der früheren Funktion c^+ entspricht).

Das erste Resultat haben unabhängig voneinander GAIFMAN und auf Grund eines viel einfacheren Beweises J. HUMBURG gewonnen.

Wir wollen uns rasch noch von dem zweiten Resultat überzeugen. Genauer soll gezeigt werden: Durch **A9** wird aus dem λ-Kontinuum *nur* die Funktion mit $\lambda = \infty$ ausgeschlossen. Eine λ-C-Funktion, die nicht gegen **A9** verstößt, nennen wir nur für den augenblicklichen Kontext *zulässig*.

(a) Die λ-C-Funktion mit $\lambda = 0$ (Proportionalregel) ist zulässig. Dies ist trivial, weil nach der Proportionalregel der fragliche C-Wert von vornherein *immer* mit der relativen Häufigkeit r_j^s übereinstimmt.

(b) λ sei eine beliebige positive reelle Zahl k. Dann ist die entsprechende λ-C-Funktion zulässig. Wir knüpfen an die Fassung **(B)** von **A9** an und bestimmen den C-Wert gemäß Formel (11) von Abschnitt 13. Wir erhalten:

$$C(P_j a_{s+1} | E(\mathbf{s})) - r_j^s = \frac{s_j + k\gamma_j}{s+k} - \frac{s_j}{s} = \frac{k}{s+k}\left(\gamma_j - \frac{s_j}{s}\right).$$

Der Grenzwert des zweiten Gliedes ist der endliche Wert $(\gamma_j - R_j)$. Der Grenzwert des ersten Gliedes ist 0, da k eine Konstante ist.

(c) $\lambda = \infty$: Hier ist der C-Wert für jedes s gleich γ_j. Wir wählen ein solches Modell, in welchem überhaupt kein Individuum das Attribut P_j hat. Dann ist für jedes s der Wert $r_j^s = 0$. Dann ist $\lim_{s \to \infty} [C(P_j a_{s+1}|E(\mathbf{s})) - r_j^s] = \gamma_j > 0$, da *jedes Glied* dieser Folge von Differenzen den Wert γ_j hat. Also ist die λ-C-Funktion für $\lambda = \infty$ *nicht zulässig*.

14.b Das Axiom der σ-Additivität. Zum Unterschied von 14.a muß jetzt vorausgesetzt werden, daß wir den gesamten σ-Körper 𝔈 der Propositionen zugrundelegen (und nicht nur den Körper der molekularen Propositionen).

In der mathematischen Wahrscheinlichkeitstheorie wird die Wahrscheinlichkeit als ein normiertes Maß für einen geeigneten σ-Körper eingeführt. Zu den wesentlichen Eigenschaften eines solchen Maßes gehört die σ-Additivität. *Dieses Merkmal ist in den bisherigen Axiomen* CARNAPs *nirgends gefordert worden.* Selbstverständlich aber soll diese grundlegende Eigenschaft der Wahrscheinlichkeit für den σ-Körper aller Propositionen gelten. Da dieses Merkmal für *absolute* Wahrscheinlichkeiten definiert ist, muß es innerhalb des Carnapschen Systems für die M-Funktionen bzw. für die Funktionen $C(H \mid \mathfrak{Z})$ (als Funktionen von H) gefordert werden.

A10 (a) *M ist eine σ-additive Funktion mit dem σ-Körper 𝔈 als Definitionsbereich.*

  (b) *$C(H \mid \mathfrak{Z})$ als Funktion von H ist eine σ-additive Funktion mit dem σ-Körper 𝔈 als Definitionsbereich.*

Mit der Annahme dieses Axioms ergeben sich die aus der mathematischen Literatur bekannten Folgerungen. Insbesondere gelten die verschiedenen mit der Forderung der σ-Additivität logisch äquivalenten Fassungen, so etwa die *Stetigkeit von unten*, die *Stetigkeit von oben* und die *∅-Stetigkeit* (vgl. H. BAUER [Wahrscheinlichkeitstheorie], S. 21). Auch der erstmals von C. CARATHÉODORY bewiesene Fortsetzungssatz läßt sich jetzt in die Carnapsche Sprechweise übertragen. Er besagt folgendes:

Wenn M für den Körper $\mathfrak{E}^{mol}$ gegeben ist, so läßt sich M eindeutig zu einer Funktion für den durch $\mathfrak{E}^{mol}$ erzeugten σ-Körper fortsetzen (vgl. Teil 0, (106)).

Ebenso wie für manche anderen Wahrscheinlichkeitstheoretiker, z.B. KOOPMAN, ist auch für CARNAP die Forderung der σ-Additivität nicht sakrosankt. Er vertritt die Auffassung, daß in gewissen Fällen dieses Axiom preiszugeben sei. Die diesen Punkt betreffenden Untersuchungen sind sehr technischer Natur und erfordern eine stärkere Heranziehung des Begriffsapparates der modernen Maßtheorie, als dies bisher geschah. Wir gehen daher nicht näher darauf ein. Die Details dazu finden sich im letzten Abschnitt von CARNAPs [Basic System].

15. Reine und angewandte Theorie des induktiven Räsonierens

15.a Carnaps Begriff der methodologischen Regel. CARNAP unterscheidet sehr scharf zwischen *reiner* und *angewandter* Theorie des induktiven Räsonierens, von ihm terminologisch unterschieden als reine und angewandte induktive Logik. Das Analogiebild, welches ihm dabei vorschwebt, ist der Unterschied zwischen reiner (oder mathematischer) und angewandter (oder physikalischer) Geometrie.

In der reinen Theorie wird in abstrakter Weise von Individuenbereichen und Attributräumen gesprochen. In der angewandten Theorie wird der Individuenbereich spezifiziert (z. B. als Klasse der Würfe mit einer bestimmten Münze; als Klasse der Pflanzen einer bestimmten Spezies). Ebenso werden die der Untersuchung zugrundeliegenden Attributräume genauer charakterisiert. Dazu muß zunächst die Modalität (z. B. Farbe, Form), ferner für jeden Attributraum die Dimensionszahl des Raumes sowie die Art der Unterteilung in Familien angegeben werden. Auch die Einführung eines Weitenmaßes für die Regionen des Raumes und die Einführung einer Abstandsfunktion zwischen Punkten und Regionen des Raumes gehört nach CARNAP nicht zur reinen, sondern zur angewandten Theorie der Induktion. Alle Regeln, zu denen man hier gelangt, nennt er *methodologische Regeln*. In der Carnapschen Sprechweise würden somit die Ergebnisse aller Überlegungen von der Art der in Abschnitt 12 angestellten Untersuchungen ihren Niederschlag in methodologischen Regeln finden.

Eine methodologische Regel bildet auch die *Forderung des Gesamtdatums*, wonach es beim induktiven Räsonieren nicht zulässig ist, eine Hypothese nach Konfrontation mit isolierten Erfahrungsdaten zu beurteilen. Vielmehr muß stets das *gesamte* Erfahrungswissen (oder zumindest das gesamte für die Hypothese relevante Erfahrungswissen) herangezogen werden.

Vom Standpunkt der Arbeitsteilung in bezug auf die anzustellenden Untersuchungen ist CARNAPs Unterscheidung sicherlich zweckmäßig. Vom systematischen Standpunkt aus ist sie jedoch anfechtbar[41]. Eine Analogiebetrachtung soll dies verdeutlichen: Angenommen, jemand versucht, eine Explikation des Begriffs der wissenschaftlichen Erklärung zu geben, und benützt dabei nur semantische und syntaktische Begriffe. Er gelange zu dem Resultat, daß seine Explikation unzulänglich blieb und erst dadurch in eine adäquate Explikation verwandelt werden könnte, daß Regeln hinzugenommen würden, in denen *pragmatische* Begriffe vorkommen. Es wäre sicherlich irreführend, die Sache so darzustellen: Die eigentliche *reine* Theorie der wissenschaftlichen Erklärung sei im ersten Teil enthalten, in welchem nur semantische und syntaktische Begriffe benutzt wurden. Diese Theorie sei dann durch methodologische Regeln ergänzt worden, mittels welcher man zu einer *angewandten* Theorie der Erklärung gelangte. Irreführend wäre dies deshalb, weil der zu explizierende Begriff ja selbst ein pragmatischer Begriff ist und die Untersuchung lediglich zeigte, daß es nicht möglich ist, alle wesentlichen Merkmale dieses Begriffs mit Hilfe rein semantischer und syntaktischer Begriffe zu charakterisieren[42].

Im gegenwärtigen Fall liegen die Dinge ähnlich. Das Explikandum ist der *pragmatische* Begriff der induktiven Glaubwürdigkeit einer Vermutung.

---

[41] Die folgende Kritik ist bereits in Bd. I dieser Reihe auf S. 661, 2. Absatz, geübt worden.

[42] Dies war tatsächlich das wichtigste Resultat im Kap. X von Bd. I.

Und die Tatsache, daß man zwischen reiner und angewandter Theorie *im Carnapschen Sinn* unterscheiden muß, ist lediglich ein Symptom dafür, daß der modelltheoretische Begriffsapparat nicht ausreicht, um das Explikandum durch ein adäquates Explikat zu ersetzen. Es ist daher nicht zulässig, einen Teil der Regeln als ‚*bloße* methodologische Regeln' zu bezeichnen, die nicht zur eigentlichen Theorie gehören. Vielmehr muß man umgekehrt schließen: Die Theorie ist unvollständig, solange jene Regeln nicht explizit formuliert wurden; denn erst nach Angabe dieser Regeln ist das Ziel der Begriffsexplikation erreicht.

An der praktischen Arbeit des Forschers braucht sich dadurch nichts zu ändern. Das Gesagte sollte nur als Warnung davor dienen, sich bei der Grundlegung der normativen Entscheidungstheorie dazu verführen zu lassen, die Situation in der Geometrie als paradigmatisch anzusehen und daher bestimmten Aspekten der als Aufgabe gestellten Klärung und Explikation deshalb geringe Wichtigkeit beizumessen, weil man sie als ‚zur bloßen Methodologie gehörig' charakterisiert.

15.b Das Goodman-Paradoxon. Absolute und relative Koordinaten; Identifizierung und Beschreibung individueller Objekte. Die Frage: „Wodurch unterscheiden sich gesetzesartige Aussagen von nichtgesetzesartigen?" gehört nicht nur zu den schwierigsten der modernen Wissenschaftstheorie. Sie hat sich zugleich als dasjenige Problem erwiesen, welches allen erdenklichen Lösungsvorschlägen den hartnäckigsten Widerstand entgegensetzte. Auf mindestens drei Gebieten blieb bisher ein *Kriterium der Gesetzesartigkeit* ein Desiderat: bei der Explikation des Begriffs der wissenschaftlichen Erklärung, bei der Formulierung der Wahrheitsbedingungen subjunktiver und irrealer Konditionalsätze und bei der Klärung des Begriffs der Bestätigung von Gesetzen und Voaussagen. Ohne ein Kriterium der Gesetzesartigkeit laufen wir Gefahr, offenkundige Pseudoerklärungen als korrekte Erklärungen zuzulassen, absurde irreale Konditionalsätze für wahr zu halten und grotesk falsche Voraussagen für gut bestätigt zu erklären. (Die Problematik ist im Bd. I dieser Reihe, Kap. V, Abschnitt 1–5, aufgezeigt worden, so daß auf eine Wiederholung verzichtet werden kann. Für den gegenwärtigen Kontext ist nur der dritte Abschnitt „Induktion und Gesetzesartigkeit", S. 276–282, von Relevanz.)

Wir begnügen uns damit, an das Beispiel von N. GOODMAN zu erinnern, welches die Schwierigkeit in schneidender Schärfe hervortreten läßt; denn es zeigt, daß ohne ein derartiges Kriterium einander widersprechende Hypothesen als bestens bestätigt anzusehen sind, wie immer der Begriff der Bestätigung auch definiert sein mag. Der Satz

(1)   Alle Smaragde sind grün

sei eine durch die bisherigen Erfahrungen bestens bestätigte Hypothese (die aber selbstverständlich als nichtanalytisch vorausgesetzt sei). Wenn wir das neue Prädikat „grot" in der Weise korrekt definieren, daß wir ein Objekt grot nennen, wenn es entweder vor dem gegenwärtigen Zeitpunkt auf seine Farbe hin untersucht wurde und sich dabei als grün erwies oder bisher nicht untersucht wurde und rot ist, so ist auch der Satz

(2) Alle Smaragde sind grot

bestens bestätigt; denn die Klasse der bis zum gegenwärtigen Zeitpunkt vorhandenen bestätigenden Instanzen ist für (1) und (2) dieselbe. Trotzdem führen die beiden Hypothesen zu einander widersprechenden Voraussagen; denn aus (1) folgt, daß künftig gefundene Smaragde grün sein werden, aus (2) jedoch, daß sie rot sein werden. Wir wollen dies dadurch ausdrücken, daß wir sagen, *zwischen* (1) *und* (2) *bestehe ein prognostischer Widerspruch*. Vom intuitiven Standpunkt wird man (1) und nicht (2) als bestätigt ansehen und dementsprechend nur die auf (1) beruhenden Prognosen für glaubwürdig halten. Der Grund dafür liegt darin, daß wir nur (1), nicht jedoch (2) für bestätigungs*fähig* halten, weil nur die erste dieser beiden Aussagen eine *gesetzesartige* Aussage ist. Bevor man empirische Tests vornimmt, muß man wissen, was ein *potentieller Kandidat für empirische Prüfung* ist und was nicht. Genau die gesetzesartigen Aussagen sind solche Kandidaten. Das Beispiel zeigt zugleich, wie das Problem in eine Fragestellung über Prädikate umformbar ist. Nennen wir mit GOODMAN Prädikate, die von bekannten Fällen auf unbekannte Fälle hypothetisch übertragbar sind, *projektierbare Prädikate*, so kann man den entscheidenden Unterschied zwischen (1) und (2) folgendermaßen charakterisieren: (1) enthält im Dann-Satz ein für gesetzesartige Aussagen zulässiges, nämlich projektierbares Prädikat, (2) hingegen enthält an der entsprechenden Stelle ein nichtprojektierbares Prädikat.

Alle Überlegungen von dieser Art bringen aber keine Lösung zustande, sondern liefern bestenfalls eine Reduktion der Fragestellung: Der prognostische Widerspruch führt zu dem Problem, wie das Kriterium der Gesetzesartigkeit laute; und dieses Problem ließ sich zurückführen auf die Frage, welche Prädikate projektierbar sind. Wäre diese letzte Frage befriedigend beantwortet, so könnte man die Forderung aufstellen: *In einem wissenschaftlichen System dürfen nur projektierbare Prädikate als Grundprädikate gewählt werden*.

Was aber sind projektierbare Prädikate? CARNAP hatte ursprünglich die Lösung vorgeschlagen, nur *qualitative Prädikate* als projektierbar anzusehen, nicht hingegen *positionale Prädikate*. Erstere enthalten keine wesentliche Bezugnahme auf spezielle Raum-Zeit-Stellen, letztere hingegen schon. „Grün" z.B. ist rein qualitativ, daher projektierbar und somit für die Formulierung von Gesetzesaussagen geeignet; „grot" hingegen enthält eine wesentliche Bezugnahme auf die Gegenwart und ist daher für die Formulierung von Gesetzen ungeeignet. Der prima facie als tauglich erscheinende Lösungsvorschlag hält jedoch einer Kritik nicht stand. (Für eine detaillierte Schilderung von CARNAPs Vorschlag und GOODMANs Erwiderung vgl. Bd. I, [Erklärung und Begründung], S. 307ff.). Man kann nämlich leicht zeigen, daß umgekehrt „grün" mit Hilfe von „grot" und einem weiteren Prädikat (etwa „rün" genannt) definierbar ist, wobei das Definiens eine wesentliche Bezugnahme auf den heutigen Zeitpunkt enthält. In einem System, in dem diese beiden anderen Prädikate als Grundprädikate vorkommen, wären diese als qualitativ, „grün" jedoch als positional charakterisiert.

CARNAPS Vorschlag scheint somit in den Relativismus zu münden, der die unerwünschte Konsequenz hätte, daß bei geeigneter Wahl einer Sprache die Aussage (2) und nicht (1) als gesetzesartig auszuzeichnen wäre. Da sich jedoch kaum ein vernünftiger Mensch dazu wird überreden lassen, daß bei entsprechender Wahl der Wissenschaftssprache die zahlreichen bislang gefundenen grünen Smaragde die Erwartung begründen, daß künftig gefundene Smaragde rot sein werden, scheint dieser Vorschlag gescheitert zu sein.

CARNAP versucht im [Basic System], Abschnitt 4B, seinen Gedanken auf solche Weise zu präzisieren, daß die Relativierung verhindert wird und der geschilderte Einwand nicht mehr möglich ist. Das Goodman-Paradoxon würde dann zumindest einer partiellen Lösung zugeführt werden. Ganz unabhängig davon leistet CARNAPS Gedankengang einen Beitrag zu einem meist übersehenen Aspekt der Raum-Zeit-Philosophie und zum Problem: *„Wie spricht man über individuelle Dinge?"*

Von einer bloß *partiellen* Lösung des Goodman-Paradoxons müssen wir deshalb sprechen, weil CARNAPS Überlegungen nur auf räumliche und zeitliche Merkmale bezogen sind. Es dürfte jedoch möglich sein, analoge Schwierigkeiten für den Fall quantitativer Gesetze zu konstruieren, die sich nicht auf dem von CARNAP beschriebenen Pfad beheben lassen.

Dies sei kurz angedeutet. Wir knüpfen dabei an die geometrische Veranschaulichung von Naturgesetzen durch Raumkurven in einem n-dimensionalen Euklidischen Raum an (vgl. Bd. II, *Theorie und Erfahrung*, S. 102, wo der größeren Anschaulichkeit halber der Fall $n = 2$ gewählt worden ist). Die empirischen Befunde werden durch endlich viele Punkte in diesem Raum repräsentiert, das getestete Naturgesetz hingegen durch eine Kurve, die alle diese Punkte berührt. Anstatt nun die ‚glatteste' Kurve zu wählen, welche durch die gegebenen Punkte hindurchgeht, könnte man beschließen, eine ganz ‚verrückte' Schlangenlinie zu konstruieren, die ebenfalls durch alle diese Punkte hindurchläuft. Eine auf die analytische Darstellung dieser Kurve gestützte Prognose würde ähnlich wie die obige Aussage (2) zu einer Prognose führen, welche der Voraussage widerspricht, die sich auf das als vernünftig empfundene Naturgesetz (die glatte Kurve) stützt.

Bei diesem zuletzt erwähnten Fall dürfte es unvermeidlich sein, ein *Einfachheitsprinzip* für die Abgrenzung von Gesetzesartigem und Nichtgesetzesartigem zu benützen.

Den Ausgangspunkt bildet für CARNAP die Klassifikation von Attributen nach Modalitäten. Diese ist nicht eindeutig festgelegt. Sie kann nicht nur gröber oder feiner sein, sondern auch nach ganz verschiedenen Richtungen verlaufen. Wenn in Abschnitt 12 und später mehrmals der Farbraum als Beispiel eines Attributraumes angeführt worden ist, so wurde dabei vorausgesetzt, daß die Farbmerkmale zu einer einzigen Modalität gehören. Zu einer feineren Unterteilung des Farbraumes gelangt man, wenn man – wie in der heutigen Wahrnehmungspsychologie meist üblich – die Farben nicht nur nach *Farbtönen*, sondern daneben auch nach *Sättigungsgrad* und *Helligkeit* unterscheidet. Daß dies nicht die einzige Möglichkeit darstellt, zeigt die Methode von W. OSTWALD, der außer Farbtönen noch den *Weißgehalt* und *Schwarzgehalt* in Farben unterschied.

Aus einem Grunde, der sogleich ersichtlich werden wird, ist es für CARNAPs Methode wesentlich, drei große Klassen von Modalitäten zu unterscheiden, nämlich *räumliche, zeitliche* und *qualitative*. Der Ausdruck „qualitativ" ist dabei nicht als Gegensatz zu „quantitativ" zu verstehen, sondern im Sinn von „weder zeitlich noch räumlich". Alle nichträumlichen und nichtzeitlichen Merkmale werden also jetzt als qualitativ bezeichnet. Die Rechtfertigung dafür liegt in der früher geschilderten Methode der Attributfamilien, die sowohl qualitative Familien im herkömmlichen Sinn als auch quantitative Familien umfaßt.

Der springende Punkt besteht in der Unterscheidung zweier Typen von räumlichen wie von zeitlichen Modalitäten, nämlich *lokalisierender* und *nichtlokalisierender Modalitäten*. Die ersteren dienen der *Identifizierung* von Einzelobjekten, die letzteren werden für die *Beschreibung* räumlicher und zeitlicher Merkmale benützt. Die lokalisierenden Modalitäten setzen *absolute* Koordinaten voraus; die nichtlokalisierenden Merkmale werden dagegen mit Hilfe von *relativen* Koordinaten charakterisiert.

Da der Leser vermutlich eher mit den nichtlokalisierenden Modalitäten vertraut ist, seien diese zunächst angeführt. Am einfachsten ist dies bei der Zeit möglich, da diese nur eine Dimension hat. Das nichtlokalisierende Merkmal der Zeit ist die *zeitliche Dauer*. An diese knüpft die Metrisierung der Zeit an. Die Aufgabe, welche einer Theorie der *Zeitmetrik* gestellt ist, besteht darin, dieses Merkmal quantitativ zu erfassen. (Für eine Skizze der verschiedenen Verfahren zur Metrisierung der Zeit und eine Schilderung der hierher gehörenden speziellen philosophischen Probleme vgl. Bd. II, *Theorie und Erfahrung*, Kap. I, Abschnitt 5, S. 69ff.). Durch die Metrisierung der Zeit erfolgt eine umkehrbar eindeutige Abbildung der Zeit auf die reelle Zahlgerade. Es ist vollkommen gleichgültig, wo der Nullpunkt angesetzt wird, wenn man auch negative Zahlen zuläßt. Dies drückt man so aus, daß man sagt: *Für die Metrisierung der Zeit genügt ein relatives Koordinatensystem*. In bezug auf dieses Koordinatensystem kann man die Dauer von Prozessen angeben und die zeitlichen Längen verschiedener Vorgänge miteinander vergleichen.

Analog, wenn auch etwas komplizierter, liegen die Dinge beim Raum. Die Komplikation entsteht hier dadurch, daß der Raum infolge seiner Mehrdimensionalität nicht nur *eine* nichtlokalisierende Modalität besitzt. Mindestens fünf solcher Modalitäten kann man hier unterscheiden: *Abstand* (räumliche Länge); *Fläche* (einer zweidimensionalen Region); *Volumen* (einer dreidimensionalen Region); *zweidimensionale Gestalt* eines Flächengebildes; *dreidimensionale Gestalt* eines Körpers. Eine befriedigende und umfassende Theorie dieser nichtlokalisierenden Modalitäten des Raumes müßte *fünf Attributräume* konstruieren und beim Übergang zur quantitativen Methode für alle diese Attributräume eine Metrisierung durchführen (z.B. eine Längenmetrik bei quantitativer Präzisierung des Abstandsbegriffs; vgl. dazu Bd. II, Kap. I, Abschnitt 6, S. 83ff.). Für die Abstandsmessungen wäre wieder ein *relatives Koordinatensystem mit willkürlich gewähltem Nullpunkt* zu wählen.

Alle diese bisher angeführten nichtlokalisierenden Merkmale dürfen als Grundattribute gewählt werden. Beim Übergang vom begrifflichen System 𝔅 zu einem linguistischen System 𝔏 *dürfen die solche Grundattribute designierenden Prädikate als Grundprädikate gewählt werden.*

Es wäre jedoch ein fundamentaler Irrtum zu meinen, daß mit diesen Modalitäten alles erfaßt wäre, was über die räumlichen und zeitlichen Merkmale von Dingen ausgesagt werden kann. Sie dienen ausnahmslos der *raumzeitlichen Beschreibung* von Gegenständen und Ereignissen, leisten hingegen überhaupt nichts für deren *raum-zeitliche Identifizierung*.

Der Unterschied möge zunächst an einem anschaulichen Beispiel illustriert werden: Gegeben sei die maßstabgetreue geographische Karte einer Ortschaft mit bekanntem Maßstab und genau eingetragener Nord-Süd- sowie Ost-Westrichtung. Die Karte enthalte ein Koordinatensystem, dessen Nullpunkt zweckmäßigerweise irgendwo im Zentrum der Ortschaft, im Prinzip jedoch vollkommen willkürlich, gewählt worden ist. Ein solches Koordinatensystem wird gewöhnlich ein *lokales* Koordinatensystem genannt. Diese Bezeichnung darf nicht darüber hinwegtäuschen, daß es sich auch hierbei nur um ein *relatives* Koordinatensystem handelt. Angenommen nämlich, diese Karte werde mir zur Verfügung gestellt, zugleich aber werde mir verheimlicht, *wo* die fragliche Ortschaft liegt. Auf Grund ihrer Struktur kann ich entnehmen, daß sie mir unbekannt ist. Ich vermag dann zwar genaue relationale Beschreibungen vorzunehmen, z.B. der Entfernungen zwischen eingezeichneten Bauten oder Straßen. Ich kann dies alles jedoch nicht *zu mir* in Beziehung setzen, weiß ich doch nicht, ob diese Ortschaft z.B. in Südamerika, in China oder in der Türkei liegt. (Prinzipiell kann ich noch weiter gehen: Wenn ich nur die Information erhalten habe, daß die Ortschaft irgendwo im Universum liegt, dann könnte es sich auch um eine von menschenähnlichen Wesen bewohnte Stadt auf einem Begleiter der Wega oder einer Sonne in der Galaxie NGC 4725 im Sternbild Coma Berenices handeln.) Man kann dies so ausdrücken: Ich vermag die raum-zeitlichen Merkmale der Ortschaft zu beschreiben, *kann jedoch diese Ortschaft nicht* (auf unserem Planeten bzw. im Universum) *lokalisieren*.

Einem Bewohner dieser Ortschaft hingegen *liefert die Karte diese für mich fehlende zusätzliche Information*. Er kann nicht nur dieselben relationalen Beschreibungen vornehmen wie ich, sondern darüberhinaus für jeden

Komplex auf der Karte genau angeben, *wo dieser liegt*. Die zusätzliche Information, die er gewinnt, ist die *lokale Information*. Sie besteht darin, daß er das relative Koordinatensystem auf der Karte in jedem Moment der Benützung dieser Karte zu der augenblicklichen Position in Beziehung setzen kann, in der er sich selbst befindet. Dadurch wird das Koordinatensystem für ihn zu einem absoluten, während es für mich ein bloß relatives war.

Dieser eben benützte Begriff kann in der folgenden Weise als eine zweistellige Relation präzisiert werden: *Ein räumliches relatives Koordinatensystem K ist (zur Zeit t) absolut für eine Person X* gdw X für jedes Objekt, dessen Koordinaten zu t ihr in K bekannt sind, zum Zeitpunkt t die räumliche Relation zwischen ihrem Leib und dem betreffenden Objekt anzugeben vermag (anschaulich gesprochen: wenn X den Weg kennt, auf dem sie das Objekt erreichen kann).

In bezug auf die Zeit ist die Situation vollkommen analog. Wenn ich erfahre, daß die Schlacht bei Zama 202 v. Chr. stattgefunden hat, so hat diese Angabe für mich nicht nur relative, sondern absolute Bedeutung, da ich mein Alter sowie meinen Geburtstag im Gregorianischen Kalender kenne. Würde mir eine andere Zeitrechnung zur Verfügung gestellt, deren Nullpunkt ich zu keinem Zeitabschnitt meines Leibes in Beziehung zu setzen vermöchte, so hätten die Zeitangaben in diesem zweiten System für mich nur relative Bedeutung. Diesen Gedanken könnte man für die Definition der aboluten Zeitkoordinate benützen. Danach wäre ein zeitliches Koordinatensystem K^* für eine Person als *absolut* zu bezeichnen, wenn diese Person in der in K^* benützten Zeitmetrik ihr Alter kennt und ihr außerdem die (positiv oder negativ gemessene) zeitliche Länge zwischen dem Nullpunkt von K^* und ihrem Geburtsdatum bekannt ist.

Die Beschreibung eines Dinges mit Hilfe von Prädikaten, die nichtlokalisierende Modalitäten bezeichnen, kann noch so genau sein; sie enthält nicht die gesamte Information über die Dinge, welche eine Person erlangen kann. Das Wissen, welches darüber hinaus mit Hilfe lokalisierender Attribute, also in der Sprache aboluter Raum-Zeit-Koordinaten, zu gewinnen ist, könnte man *das Wissen um die Identität des Dinges* nennen. Um über ein bestimmtes Einzelobjekt zu reden, ist also zweierlei nötig: *Identifizierung und Beschreibung*. Begriffe, in deren Inhalt räumlich absolute oder zeitlich absolute Koordinaten eingehen, sollen *lokalisierende Begriffe* heißen; alle übrigen sollen *beschreibende Begriffe* genannt werden.

Die Regel für die Wahl von Grundprädikaten kann jetzt auf die kurze Formel gebracht werden: *Als Grundprädikate sind nur solche zugelassen, welche beschreibende Attribute designieren*. Lokalisierende Begriffe dürfen dagegen nicht als Grundbegriffe gewählt werden.

Für praktisches wissenschaftliches Arbeiten kommt es nicht so sehr darauf an, diese Regel zu befolgen, als vielmehr darauf, im Rahmen einer Untersuchung nicht

Begriffe, die für die Identifizierung von Individuen benützt werden, mit solchen zu vermengen, die der Beschreibung der Individuen dienen. Wenn z.B. eine Universitätsbehörde für den Zweck statistischer Auswertung eine Reihe von Daten über die eingeschriebenen Studenten registriert, so werden sich darunter lokalisierende Merkmale (Geburtsdatum, Geburtsort) ebenso wie deskriptive Merkmale befinden. Ein Wissenschaftler kann mittels dieser Daten Häufigkeitsschätzungen vornehmen und Korrelationshypothesen für die Zukunft aufstellen. Wir wollen annehmen, daß er sowohl Mutmaßungen über lokalisierende Merkmale aufstellt (z.B. darüber, aus welchen Landesteilen verschiedene Prozentsätze von Studenten kommen) als auch Hypothesen über deskriptive Merkmale (z.B. über die Korrelation verschiedener Eigenschaften, die an ein und demselben Individuum anzutreffen sind). Er muß dabei aufpassen, daß zwischen Merkmalen, die für die Identifizierung benützt wurden, und solchen, die er für seine statistischen Auswertungen verwendete, keine Bedeutungsrelationen bestehen.

GOODMANS *abnorme Grundprädikate sind dadurch charakterisiert, daß sie Attribute designieren, welche nicht nur zu einer deskriptiven Modalität, sondern außerdem zu einer lokalisierenden Modalität gehören.* Die Asymmetrie zwischen einer Sprache, die „rot" und „grün" als Grundprädikate enthält (und in welcher „grot" und „rün" definiert werden) und einer Sprache, die „grot" und „rün" als Grundprädikate enthält (und in der „rot" und „grün" durch Definition eingeführt sind), kommt darin zum Ausdruck, daß man die Bedeutung von „grot" und „rün" zum Unterschied von der Bedeutung von „rot" und „grün" erst verstehen kann, wenn man über die absolute Zeitkoordinate verfügt. Da die beiden abnormen Prädikate nur in der zweiten Sprache *als Grundprädikate* benützt werden, *verstößt nur diese zweite Sprache gegen die obige Regel:* Für die Interpretation der Grundbegriffe der zweiten Sprache, nicht jedoch für die der ersten, wird ein *absolutes Koordinatensystem* benötigt.

Eine Unterscheidung zwischen relativen und absoluten raum-zeitlichen Merkmalen findet sich in verschiedensten philosophischen Schriften. Doch wurde unter den absoluten räumlichen und zeitlichen Merkmalen in der Regel etwas ganz anderes verstanden als das, was CARNAP darunter versteht: nicht die Bezugnahme auf eine Person (z.B. den individuellen Benützer einer Sprache) war für die absoluten Koordinaten ein auszeichnendes Merkmal, sondern ein metaphysisches Ereignis, im Fall der Zeit z.B. die Weltschöpfung. Unter den Naturwissenschaftlern scheint die Carnapsche Unterscheidung vor allem J.G. MAXWELL im Auge gehabt zu haben, der vielleicht als erster ausdrücklich betonte, daß die physikalischen Grundgesetze sich nicht auf bestimmte Raum-Zeit-Regionen beziehen, sondern in dem präzisen Sinn raum-zeitlich allgemein sind, daß sie keine absoluten räumlichen und zeitlichen Koordinatenwerte enthalten, sondern nur Differenzen zwischen räumlichen und zeitlichen Koordinaten.

16. Intuitiv-strategische Überlegungen zur Wahl einer induktiven Methode

Wir gehen jetzt zurück zu den entscheidungstheoretischen Begriffen von Abschnitt 1, welche die Ausgangsbasis der ganzen Theorie des induktiven Räsonierens bildeten. X sei wieder unsere idealisierte Person, die aufgrund gemachter Beobachtungen einer Proposition, deren Wahrheitswert sie nicht kennt, einen vernünftigen Glaubensgrad zuordnen möchte. Die normative Theorie des induktiven Räsonierens soll ihr dabei eine Hilfestellung leisten.

In welcher Weise kann sich unsere Person diese Theorie zunutze machen? Zunächst zwei prinzipielle Feststellungen:

(I) Die Theorie, auf die X zurückgreift, ist nicht in dem Sinn normativ, daß sie ihr sagt, welche Wahl sie vornehmen solle. *Vielmehr ist sie in einem negativen Sinn normativ:* Sie sagt ihr, welche Wahlen *nicht* gemacht werden sollen. Sie stellt also Normativitätswälle auf, die sie davor bewahren können, zu unvernünftigen Entschlüssen zu gelangen. Die Normativitätswälle sind von ihrer *induktiven Vernunft* oder, wie man auch sagen könnte: von ihrem *induktiven Gewissen*, errichtet, welches sie davor warnt, daß ihr Verstand bei den subjektiv-probabilistischen Überlegungen über diese Wälle ‚hinwegirrlichteliert'.

Ursprünglich hatte CARNAP gehofft, zu einer bestimmten C-Funktion als der einzig adäquaten induktiven Methode zu gelangen. Diese Hoffnung war trügerisch. Sie gründete sich auf den doppelt irrigen Glauben, die Theorie des induktiven Räsonierens sei eine Theorie der partiellen logischen Implikation und zugleich eine quantitative Theorie der Bestätigung von Hypothesen. Im Lichte dieser ursprünglichen Zielsetzung mußte CARNAPS Wunsch als sinnvoll erscheinen. Denn analog wie es nur *einen* korrekten Begriff der logischen Folgerung gibt, sollte es — wenn überhaupt — nur *einen* korrekten Begriff des Grades partieller logischer Folgerung geben. Und ebenso sollte der Grad, in dem eine Hypothese aufgrund von Erfahrungsdaten gestützt ist, nicht von Willkürentscheidungen abhängen; denn in einer derartigen Abhängigkeit läge eine wissenschaftstheoretische Entwertung des Begriffs des Bestätigungsgrades.

Gibt man die beiden Voraussetzungen preis, *so erscheint es gar nicht mehr als wünschenswert, zu einer bestimmten C-Funktion als der ‚einzig richtigen' zu gelangen*. Die Normativitätswälle sollen die Wahlfreiheit von X nicht auf 0 reduzieren, indem sie ihm ein festes Verfahren vorschreiben. Vielmehr soll die *Entscheidungsfreiheit* erhalten bleiben, so daß neben *subjektiven* Komponenten auch die sicher nicht vollständig rationalisierbaren, d.h. nicht vollständig durch Regeln erfaßbaren Abhängigkeiten von den jeweiligen *pragmatischen Umständen* zur Geltung gelangen können.

(II) Die Theorie bleibt in ihrer Anwendung beschränkt auf Propositionen, die den Gegenstand von Wetten bilden können. Denn allein über den Begriff der Wette bzw. des Wettsystems läßt sich ein Begriff des ‚partiellen vernünftigen Glaubens' präzisieren. Dies steht im Einklang damit, daß die Theorie Anleitungen zum vernünftigen Handeln geben soll, ‚Anleitungen' in dem eben erwähnten negativen Sinn. *Gesetze und naturwissenschaftliche Theorien bleiben außerhalb des Anwendungsbereichs der Theorie des normativen Räsonierens.* Auf Naturgesetze kann man nicht wetten. Kann man aber nicht auf sie praktische Entschlüsse gründen; und tun wir dies nicht immer wieder?

Hier ist die Stelle, wo CARNAP den Begriff der *qualifizierten Einzelfall-Bestätigung* einführt. Unsere praktischen Entscheidungen stützen sich stets auf Mutmaßungen über singuläre Voraussagen, auf die man wetten kann, mögen diese Voraussagen auch aus Gesetzen ableitbar sein. Auf diese Überlegung stützt sich CARNAPs Methode. Wie wir jedoch noch sehen werden, ist CARNAPs Gedanke einer Einzelfall-Bestätigung in der von ihm vorgeschlagenen Form nicht haltbar. Wir kommen darauf an späterer Stelle zurück.

Nach diesen Vorbetrachtungen können wir *die intuitiven Überlegungen der rationalen Person* X in die folgenden Schritte zerlegen, die zu einer sukzessiven Einschränkung der Klasse möglicher C-Funktionen führt:

1. Schritt. X ist zu der Überzeugung gelangt, daß nur ein solches C infrage kommt, welches *die vier Grundaxiome* der Wahrscheinlichkeitstheorie erfüllt. Sein Motiv dafür liegt darin, daß Glaubensgrad durch Wettbereitschaft gemessen werden kann, daß nur kohärentes Wettverhalten vernünftig ist und daß die Gültigkeit der Grundaxiome eine notwendige Bedingung für Kohärenz ist.

2. Schritt. X hat seine Überlegung des ersten Schrittes dahingehend verschärft, daß er auch strenge Kohärenz als notwendige Bedingung sinnvollen Wettverhaltens erkannt hat. Er akzeptiert daher die Forderung der *Regularität* für C.

3. Schritt. Da X zu der Überzeugung gelangte, daß es nicht bloß auf die Wahl einer Glaubensfunktion, sondern der ihr zugrundeliegenden Glaubhaftigkeitsfunktion Cred ankommt und daß sein C die Rolle der lezteren spielen soll, setzt er auch die Gültigkeit des *Symmetrie-Axioms* voraus.

4. Schritt. Weiter akzeptiert er das Prinzip der *Relevanz von Einzelfällen*, da er bereit ist, aus der Erfahrung in vernünftiger Weise zu lernen (Ausschluß des anti-induktiven Lernens aus der Erfahrung).

5. Schritt. Wenn X sein C auf eine Attributfamilie anwenden will, muß er sich über die zu wählenden γ-Werte schlüssig werden. Dies läuft auf die Wahl der Ausgangs- oder Apriori-Wahrscheinlichkeiten dafür hinaus, daß ein Individuum die Attribute der Familie besitzt (vgl. **D12–1**). Sollte X eine Abneigung gegen Apriori-Wahrscheinlichkeiten haben, so könnte er sich überlegen, welchen C-Wert er aufgrund eines Gleichverteilungsdatums einer atomaren Proposition mit einem neuen Individuum zuschreibt. Wenn er zu gleichen Werten gelangt, so wird er *γ-Gleichheit* annehmen. (Beispiel: Bei einer Familie von 5 Attributen seien die Besetzungszahlen durch das Gleichverteilungsdatum (3, 3, 3, 3, 3) gegeben; X komme zu der Überzeugung, daß den Propositionen $P_j a_{16}$ für $j = 1, \ldots, 5$ aufgrund dieser Beobachtung dieselben C-Werte, also je 1/5, zukommen.) Sollte X zu dem Resultat gelangen, daß die C-Werte verschieden sind, so könnte man versuchen, mittels objektiver oder subjektiver Methoden numerische Werte zu gewinnen. Falls es sich z.B. um den Farbraum handelt, könnte er auf eine verfügbare Metrik für den Attributraum zurückgreifen, für welche bereits unabhängig die Adäquatheit erkannt wurde. Darin bestünde die objektive Methode. Die Annahme von $\mathbf{AH_4}$ führt dann zu den gewünschten Werten. Ist keine derartige objektive Methode bekannt, so könnten die γ-Werte auf *subjektivem* Wege ermittelt werden, etwa über eine Präferenzordnung zwischen verschiedenen angebotenen Wetten.

6. Schritt. X müßte sich weiter entschließen, ob er die λ-Methode anwenden solle oder nicht. Auch hierfür stehen objektive und subjektive Verfahren zur Verfügung. Sollten *objektive Abstandsmessungen* zwischen den Attributen zu η-Gleichheit führen, so wird X es als ratsam erachten, eine λ-*C-Funktion* zu wählen. Falls diese Messungen jedoch verschiedene Abstände ergeben und daher wegen des Zusammenhanges von Abständen und η-Werten verschiedene η-Werte, so wird X *keine λ-C-Funktion* wählen, sofern er überdies zu der Überzeugung gelangt, daß sich ein bestimmter Analogie-Einfluß, nämlich der Einfluß der Ähnlichkeit, geltend macht.

Auch diesmal stünde bei Versagen der objektiven Methode ein subjektives Verfahren zur Verfügung: Wenn X die C-Werte von $P_j a_n$ für ein neues Individuum a_n aufgrund von Daten mit k Besetzungszahlen ($\ldots$, s_j, $\ldots$) als gleich ansieht, wie immer die von s_j verschiedenen Besetzungszahlen permutiert werden, so erscheint es als ratsam, eine λ-C-Funktion zu wählen.

(Der Leser beachte, daß bei Benützung bloß subjektiver Methoden im fünften und sechsten Schritt die Person X einen intuitiven Appell an das Prinzip vom fehlenden zureichenden Grund vornimmt.)

Die noch folgenden Schritte gelangen nur zur Anwendung, wenn das λ-Verfahren angenommen worden ist.

7. Schritt. Falls X sich dafür entschlossen hat, eine Glaubhaftigkeitsfunktion aus der Klasse der λ-C-Funktionen zu nehmen, so ist nur noch eine einzige Wahl ausständig: *die Wahl eines λ*. Zweckmäßigerweise wird diese Frage abermals in zwei speziellere Fragen zerlegt. Die erste lautet: Aus welchem Teilbereich der reellen Zahlen zwischen 0 und ∞ soll das λ gewählt werden? Die zweite lautet: Welche bestimmte Zahl aus dem gewählten Teilbereich soll als λ genommen werden? *Nur auf die erste Spezialfrage kommt es im jetzigen Schritt an.*

Wir knüpfen dazu an die Normalformendarstellung der λ-C-Funktionen sowie an die Feststellung (13) von Abschnitt 13 an. Für eine Abgrenzung von λ nach oben ergibt sich aus (13) zunächst sofort, daß zu hohe λ-Werte auszuschließen sind, da sie die Erfahrung nicht hinreichend zur Geltung kommen lassen. Man kann aber noch einen Schritt weiter gehen: *Für eine λ-γ-Familie soll der Wert λ kleiner (oder höchstens gleich) der Anzahl k der Attribute der Familie sein.*

Hinweis. Wir sagen von einer Stichprobe aus s Individuen (wobei s durch k teilbar sei), daß sie *von minimaler Ordnung* sei, wenn darin jedes der k Attribute dieselbe Besetzungszahl s/k hat. Sie ist *von maximaler Ordnung*, wenn die Besetzungszahl für ein Attribut s ist (und damit diejenige für alle übrigen gleich 0).

Wenn in einer als Datum verfügbaren s-Vorderstichprobe E der Wert s_j größer ist als der Wert s_i, so gilt für jede λ-C-Funktion wegen (11) von Abschnitt 13 offenbar: $C(P_j a_{s+1}|E) > C(P_i a_{s+1}|E)$. Dieses Ergebnis kann man in die Sprechweise der Apriori-Wahrscheinlichkeiten, d. h. in die der (auf C bezogenen) M-Funktionen übersetzen und erhält: Es sei eine p.s. E_1 gegeben, in deren k-Tupel die i-te Besetzungszahl (d.h. die Zahl s_i der Individuen mit dem Attribut P_i) nicht größer ist als die j-te. Wenn E_2 sich von E_1 nur dadurch unterscheidet, daß ein Individuum mit P_i in ein solches mit P_j verwandelt wird (formal: daß s_i durch $s_i - 1$ und s_j durch $s_j + 1$ ersetzt wird), so gilt: $M(E_2) > M(E_1)$. Durch Induktion erhält man: *Die M-Werte von propositionalen Stichproben mit niedrigster Ordnung sind am kleinsten, solche von Stichproben mit maximaler Ordnung am größten.* Es liegt nahe, die analoge Forderung für die entsprechenden *Strukturen* (im Sinn von 10.a) aufzustellen: Wenn S_1 die E_1 und S_2 die E_2 entsprechenden Strukturen sind, so soll gelten:

(a) $M(S_2) > M(S_1)$.

Da für $\lambda = k$ die M-Werte für alle Strukturen identisch sind[43], liefert dieser Fall insofern eine Grenze, als nur für $\lambda < k$ die Relation (a) gilt, für $\lambda > k$ hingegen: $M(S_2) < M(S_1)$. Damit ist $k - 1$ als obere Grenze von λ festgelegt (und zwar wird dadurch die frühere Funktion C^* ausgeschlossen), es sei denn, man entschlösse sich dazu, auch diesen in gewissen Fällen nicht uninteressanten Grenzfall $\lambda = k$ zuzulassen.

Für die untere Grenze zulässiger Werte dürften die Zahlen x mit $0 \leq x < 1/2$ alle zu klein sein. Davon kann man sich am besten durch numerische Beispiele überzeugen, die sich bei Berechnungen für $\lambda \leq 1/2$ ergeben.

Ohne Beweis sei wenigstens ein Resultat angeführt. F sei eine Familie, die $k = 5$ Farbattribute von gleicher Weite enthält, darunter das Attribut Rot. Der Individuenbereich bestehe aus farbigen Kugeln in einer Urne. Für $\lambda = 1/2$ ist die bedingte Wahrscheinlichkeit, daß nach Beobachtung einer roten Kugel die nächsten 9 gezogenen Kugeln alle rot sein werden, fast 1/2, nämlich 0,436; für $\lambda = 1/4$ ist sie sogar 0,685 usw. Vermutlich wird man nur wesentlich niedrigere Werte für zulässig halten.

Diese Überlegungen führen somit zu einer *sehr starken Einschränkung des ursprünglichen Spielraums des Kontinuums*, nämlich zum Übergang vom Intervall $0 < \lambda < \infty$ zum Intervall: $1/2 < \lambda < k$ (starke Einschränkung) oder zumindest zum Intervall: $1/2 < \lambda \leq k$ (schwache Einschränkung).

8. Schritt. Welches sind nun die leitenden Gesichtspunkte, um einen ganz bestimmten Wert λ aus diesem reduzierten Intervall zu wählen? Zweckmäßigerweise unterscheidet man drei Arten von Gesichtspunkten:

---

[43] Dieser Fall wurde in den früheren Arbeiten CARNAPs ausführlich diskutiert. In [Probability] hatte er noch geglaubt, daß die Funktion mit $\lambda = k$ die einzige adäquate induktive Wahrscheinlichkeitsfunktion darstelle. Es war dies die Funktion c^*. Vgl. auch [I.L.], S. 224ff. Bei vorausgesetzter γ-Gleichheit ist der numerische Wert von (11) in diesem Fall $(s_j + 1)/s + k$.

(*A*) *Überlegungen, welche sich nicht oder nicht vollständig formal präzisieren lassen*. Diese Überlegungen werden nicht zu einer zwingenden Festlegung eines λ-Wertes führen, sondern nur eine mehr oder weniger überzeugende Motivation für eine im übrigen *freie Wahl* liefern. Zu Überlegungen von dieser Art gehören z.B., ähnlich wie in der naturwissenschaftlichen Theorienbildung, *inhaltliche Einfachheitsbetrachtungen*[44]. Durch derartige Überlegungen kann man u.U. sehr rasch zum Ziel gelangen, wie anhand einer naheliegenden Erwägung demonstriert werden möge: Angenommen, man komme zu der Überzeugung, daß aus Einfachheitsgründen nur ganze Zahlen gewählt werden sollen. Weiter nehmen wir an, daß es als zweckmäßig erscheine, für alle Familien denselben λ-Wert zu nehmen. Da dieser Wert dann auch für Familien von nur zwei Attributen gelten muß, würden aufgrund der im vorigen Schritt vollzogenen schwachen Eingrenzung nur mehr zwei Wahlen zulässig sein: $\lambda = 1$ oder $\lambda = 2$. *Bei der starken Eingrenzung würde nur mehr $\lambda = 1$ als einzige Möglichkeit in Frage kommen*.

(*B*) *Der personelle Gesichtspunkt*. Wir gehen wieder auf die Normalformendarstellung in 13.a, (11) zurück. Der durch sie gelieferte numerische Wert ist, wie bereits bemerkt, das gewogene arithmetische Mittel aus der beobachteten relativen Häufigkeit von P_j in der Stichprobe und der Weite von P_j, wobei Stichprobenumfang und λ die beiden Wägungskoeffizienten bilden. Wir machen nun die folgende Annahme: Die relative Häufigkeit $r_j = s_j/s$ bleibe bei zunehmend wachsenden Stichproben prinzipiell dieselbe. Da dies streng genommen nicht gelten kann, muß diese Annahme noch präzisiert werden: Wir betrachten wachsende Stichproben von den Umfängen ls mit $l = 1, 2, \ldots$. In jeder dieser Stichproben mögen genau ls_j Individuen das Attribut P_j aufweisen. r_j bleibe also gleich. Der in (11) beschriebene C-Wert lautet dann: $(ls_j + \lambda \gamma_j)/(ls + \lambda)$. Dabei sei $r_j > \gamma_j$.

Wie immer auch λ gewählt sein mag, dieser Bruch nähert sich mit wachsendem l immer mehr der relativen Häufigkeit r_j. Je größer der Wert λ ist, desto langsamer vollzieht sich diese Annäherung der C-Werte an die Werte der beobachteten relativen Häufigkeit. Man kann daher die Rolle von λ durch das folgende Bild beschreiben: *λ mißt den Trägheitswiderstand gegen den Einfluß der Erfahrung*.

Die Funktion C bildet das abstrakte Gegenstück zur Funktion *Cred*, welche ein dispositionelles Merkmal des Charakters einer rationalen Person X darstellt. Nun liegt unser jetziges C[45] erst fest, wenn λ gewählt wurde. Welche Rolle spielt dieses λ in bezug auf den Charakterzug von X? Dies erkennt man am besten durch das folgende Gedankenexperiment: X und Y seien zwei rationale Personen; doch habe Y einen doppelt so hohen λ-Wert gewählt wie X. Wenn die beiden Personen nun mit der obigen Folge von

---

[44] Auch die seinerzeitige Wahl von $\lambda = k$ war ganz entscheidend durch intuitive Einfachheitsbetrachtungen CARNAPs beeinflußt.

[45] Gemeint ist: ein die λ-Bedingung erfüllendes C.

Stichproben konfrontiert werden, in denen r_j konstant bleibt, so ergibt sich: Wenn X einen C-Wert für eine singuläre Voraussage (wie im Fall (11)) aufgrund einer Stichprobe vom Umfang s errechnet hat, so muß Y zu einer Stichprobe vom Umfang $2s$ fortschreiten, um denselben C-Wert bei seiner Wahl von λ zu erhalten. Diesen Unterschied könnte man so ausdrücken: Das dispositionelle Merkmal $Cred_Y$ der Person Y weist *einen doppelt so hohen induktiven Trägheitswiderstand* auf als das dispositionelle Merkmal $Cred_X$ der Person X. „Trägheit" ist hier im obigen Sinn zu verstehen, d. h. als Trägheit gegenüber den beobachteten relevanten relativen Häufigkeiten. Es ist durchaus nicht widerspruchsvoll, verschiedene Personen mit verschiedenen induktiven Trägheitswiderständen als rational zu bezeichnen.

(*C*) *Objektive Gesichtspunkte.* Diese Überlegungen stützen sich auf Abstands- und Weitenmessungen der Attributräume. Für die gegenwärtige Diskussion nehmen wir an, daß die dabei benützte Metrik nicht angezweifelt, sondern als adäquat empfunden wird. Um nicht das λ-System überhaupt verlassen zu müssen, soll darüber hinaus angenommen werden, daß innerhalb ein und derselben Familie ein konstanter Abstand zwischen den Regionen besteht; man kann daher für jede Familie η-Gleichheit annehmen.

Selbst unter diesen einschränkenden Annahmen werden die Dinge meist nicht so beglückend einfach liegen, wie dies unter (*A*) angedeutet worden ist. Um dies zu erkennen, machen wir die zusätzliche Annahme, daß die Abstände für die verschiedenen Familien nicht dieselben sind, obzwar innerhalb ein und derselben Familie der Abstand konstant ist.

Um einer möglichen Skepsis bezüglich der Vergleichbarkeit von Abständen in verschiedenen Familien zu begegnen, kann man davon ausgehen, daß die verschiedenen Familien *aus demselben Attributraum* $\mathfrak{U}$ gewählt werden. $\mathfrak{U}$ sei etwa der dreidimensionale Raum der bunten und unbunten Farben (anschaulich repräsentiert durch einen Doppelkegel). $\mathfrak{U}$ werde in eine große Zahl von Regionen mit gleichen Weiten unterteilt. Aus dieser Familie werden zwei Teilfamilien von je 3 Farben ausgesondert. Die eine Familie wird aus drei Regionen gebildet, die untereinander einen konstanten, aber *großen* Abstand haben, z.B. eine aus dem Rot-, eine aus dem Gelb- und eine aus dem Blaubereich. Die zweite Familie wird abermals aus drei Regionen gebildet, die paarweise gleichen Abstand haben, der aber diesmal *sehr klein* sei; z.B. werden alle 3 Regionen in geeigneter Weise im Rotbereich (mit größerer und geringerer Entfernung zu Schwarz) gewählt. Da beide Teilfamilien aus derselben Gesamtfamilie gewonnen wurden, haben derartige Abstandsvergleiche einen präzisen Sinn.

Für die Familie F_1 gelte der gemeinsame η-Wert η_1; für die Familie F_2 gelte η_2. Es sei $\eta_1 \ll \eta_2$. Wegen der Definition von λ ist daher auch der zur ersten Familie gehörende λ-Wert λ_1 viel kleiner als der zur zweiten Familie gehörende Wert λ_2.

Diese kurze Betrachtung erschüttert Überlegungen, die CARNAP früher angestellt hat. Danach sollte nur zwischen zwei Arten von induktiven Methoden[46] unterschieden werden:

---

[46] Jetzt müßte es natürlich heißen: „induktive Methoden in λ-Familien".

(α) *(Gröbere) induktive Methoden, welche allen Familien denselben λ-Wert zuordnen*, unabhängig davon, wie groß die Familien sind;

(β) *(Feinere) induktive Methoden, bei denen λ mit der Größe k der Familien und nur mit dieser Größe variiert.*

Die Methoden vom Typ (β) stützten sich auf das Prinzip, daß λ-γ-Familien gleicher Größe denselben λ-Wert erhalten sollten. (Dieses Prinzip ist z.B. Bestandteil des Axioms **NA9** von [I.L.], S. 244.) Die eben angestellte Überlegung über den Zusammenhang von Abständen und λ-Werten widerspricht in ihrem Ergebnis diesem Prinzip und schließt daher die Methoden der Art (β) und a fortiori die Methoden der Art (α) aus (insbesondere den in (A) erwogenen einfachen Fall mit $\lambda = 1$). Denn die beiden Familien F_1 und F_2 hatten ja denselben Umfang, infolge verschiedener Abstände jedoch verschiedene λ-Werte. CARNAP stützt dieses Resultat in [Basic System], Ende von Abschnitt 18, zusätzlich durch ein Theorem mit einem numerischen Resultat. Er stellt im Anschluß daran die Vermutung auf, daß nicht der Umfang von Familien, sondern nur der Abstand zwischen den Attributen in den Familien für die Bestimmung des Wertes λ von Relevanz sei. Für Familien mit großem Abstand zwischen den Attributen könnte dann derselbe Wert λ gewählt werden, also z.B. aufgrund der Überlegungen in (A) der Wert $\lambda = 1$. Bei Familien mit geringem Attributabstand würde hingegen der Wert λ – innerhalb der früher angegebenen Grenzen – vom Abstand abhängen.

Die Gegenüberstellung von drei Typen von Überlegungen, die für die Wahl von λ bestimmend sein können, zeigt, daß diese Überlegungen zum Teil unverträglich zu sein scheinen. Es muß daher zwischen ihnen eine wenigstens partielle Rangordnung bestehen. Es dürfte genügen, den *Grundsatz* aufzustellen, daß Überlegungen von der Art (C) stets den Vorrang haben sollten vor Überlegungen von der Art (A) und von der Art (B), bei denen stets auch eine subjektive Willkürkomponente mitwirkt.

17. Diskussion von Carnap II

Wir können uns diesmal bei der Diskussion relativ kurz fassen, da die Darstellung dieses Teiles keine bloße Schilderung von CARNAPs neuer Theorie, sondern gleichzeitig den Versuch einer kritischen Rekonstruktion dieser Theorie enthielt. Dennoch dürfte es zweckmäßig sein, dem Leser eine übersichtliche Zusammenfassung der wichtigsten neuen Aspekte zu geben:

(I) Die technischen Mängel, mit denen die *linguistische* Variante von CARNAPs Theorie behaftet war, sind in der *modelltheoretischen* Version weitgehend beseitigt. Insbesondere konnte im System Carnap II die Forderung der Unabhängigkeit der außerlogischen Konstanten fallengelassen werden; und es brauchte nicht mehr ein Analogon zum Keynesschen principle of limited variety (in der Gestalt der Vollständigkeitsforderung der Grundprädikate) vorausgesetzt zu werden.

Das modelltheoretische Vorgehen zeigt zugleich den Weg, auf dem weitere Untersuchungen vorgenommen werden können; denn der enge Rahmen, der durch CARNAPs ursprüngliche Beschränkung auf Sprachen von relativ primitiver Struktur gesetzt war, ist beim modelltheoretischen Vorgehen durchbrochen worden.

(II) Verschiedene von CARNAP angestellte oder zumindest begonnene Analysen können von seiner Theorie der induktiven Wahrscheinlichkeit abgespalten werden. Sie sind zum Teil von großer philosophischer und einzelwissenschaftlicher Relevanz und sollten daher auch von solchen Denkern zur Kenntnis genommen werden, die entweder an der Theorie des induktiven Räsonierens nicht interessiert sind oder ihr skeptisch gegenüberstehen. Es sei vor allem an drei solche Analysen nochmals erinnert:

(1) Der Begriff des Bedeutungs- oder Analytizitätspostulates hatte sich als unzureichend erwiesen, um alle erfahrungsunabhängigen Zusammenhänge zwischen Basisattributen zu erfassen. Dies führte zur Einführung des Begriffs der *phänomenologischen Grundprinzipien,* die als ein spezieller Typus synthetischer Propositionen a priori gedeutet werden können. Da CARNAP auch quantitative Prinzipien dieser Art ins Auge faßt, gelangt man bei Zugrundelegung des Kantischen Begriffs der Metaphysik zu der merkwürdigen Feststellung, daß CARNAP damit den bislang wohl kühnsten Vorstoß in das Gebiet der wissenschaftlichen Metaphysik vorgenommen hat (vgl. Abschnitt 8.b).

(2) Eine sprachunabhängige *Theorie der Attributräume* ist von CARNAP zwar hauptsächlich deshalb skizziert worden, weil er die aus seinem λ-System herausführenden Arten von Analogie-Einflüssen studieren wollte. Doch kann man auch hier von dieser probabilistischen Zielsetzung abstrahieren und sich mit den in der Form von Arbeitshypothesen ausgesprochenen Vermutungen über die Rolle topologischer, metrischer und maßtheoretischer Begriffe bei der Behandlung von Attributräumen auseinandersetzen (vgl. Abschnitt 12).

(3) Die Beschäftigung mit dem Goodman-Paradoxon führte zu der Unterscheidung zwischen Verfahren der *Identifizierung* und Verfahren der *Beschreibung.* Jedes übliche Sprechen über individuelle Dinge erfordert beides: Die Dinge müssen zunächst identifiziert werden und können dann beschrieben werden. Die Identifizierung erfolgt mittels lokalisierender Merkmale, die ein absolutes räumliches und absolutes zeitliches Koordinatensystem voraussetzt.

(III) Einige wichtige Resultate CARNAPs sind von spezieller Bedeutung für die Wahrscheinlichkeitstheorie und zwar wieder unabhängig davon, ob man der Carnapschen *Deutung und Verwertung* der Wahrscheinlichkeitsrechnung für eine Theorie der Induktion zustimmt oder nicht.

Man kann hier unterscheiden zwischen solchen Untersuchungen, die mehr von *philosophischer* Relevanz sind, und solchen, deren Wichtigkeit mehr *technischer* Natur ist.

(1) Zu den philosophisch wichtigen Aspekten gehören CARNAPS Beiträge zum *klassischen Indifferenzprinzip*. CARNAPS Leistung ist, wie auch W. SALMON betont[47], um so höher einzuschätzen, als dieses Prinzip eine der schlimmsten Konfusionsquellen der Wahrscheinlichkeitstheorie bildete. Einerseits schien es eine grundlegende Eigenschaft der Wahrscheinlichkeit auszudrücken, andererseits schien es unweigerlich zum Widerspruch zu führen. Mittels seines *Symmetrieprinzips* sowie weiterer *Invarianzaxiome* versucht CARNAP, den konsistenten und richtigen Kern dieses Prinzips herauszuarbeiten. Allerdings ist CARNAP bei der Formulierung dieser Prinzipien zunehmend vorsichtiger geworden. Ein Analogon zu **NA9** in [I.L.], S. 244, fehlt im [Basic System] vollkommen; und die Attributsymmetrie (das Analogon zu **NA8** von [I.L.]) wird nur mehr als eine *Möglichkeit* ins Auge gefaßt, die bloß für gewisse, ganz spezielle Bedingungen erfüllende Attributräume als Prinzip aufgestellt wird.

(2) Das modelltheoretische Vorgehen CARNAPS hat verschiedene Vorzüge technischer Natur. Nicht nur wird darin ein Durchbrechen des engen Rahmens primitiver Symbolsprachen praktisch exemplifiziert. Es wird vor allem gezeigt, wie die logische Apparatur in die Maßtheorie einverleibt werden kann. CARNAP *stellt eine Verbindung her zwischen extensionaler Semantik (Modelltheorie) und Maßtheorie*, die über die vier Konstruktionsschritte erfolgt: (a) Einführung von Modellen als $(n+1)$-stelligen numerischen Funktionen, (b) Wahl dieser Funktionen als Punkte des Möglichkeitsraumes, (c) Definition der atomaren Propositionen als unendlicher Klassen von Modellen und (d) Identifizierung der Klasse der Propositionen mit dem durch die Klasse der atomaren Propositionen erzeugten σ-Körper. Diese Methode könnte sich für die künftige wahrscheinlichkeitstheoretische Grundlagenforschung als wichtig erweisen.

(3) Zu den sowohl philosophisch als auch technisch interessanten Aspekten von CARNAPS Theorie gehört die Weiterführung und Präzisierung des personalistischen und entscheidungstheoretischen Ansatzes. Die *Weiterführung* liegt im Rückgang von der Glaubensfunktion (Credence function) *Cr* zur Glaubhaftigkeitsfunktion (Credibility function) *Cred*, der von CARNAP überzeugend motiviert worden ist. Die Entscheidungstheoretiker bleiben gewöhnlich beim ersten stehen und sind daher außerstande, Rationalitätskriterien zu formulieren, die über die wahrscheinlichkeitstheoretischen Grundaxiome hinausführen. CARNAPS Vorgehen entspricht dem Verfahren der Naturforscher, sich wiederholende beobachtbare Vorgänge und manifeste Eigenschaften mittels dispositioneller Merkmale zu erklären. Aber

---

[47] "CARNAP's Inductive Logic", S. 727.

nicht in dieser Parallelisierung zum einzelwissenschaftlichen Verfahren liegt die Bedeutung von CARNAPs Vorgehen, sondern darin, daß er auf der Grundlage der Funktion *Cred* über die Wahrscheinlichkeitstheorie hinausführende Rationalitätskriterien anzugeben vermag. Das Symmetrie-Axiom A_7 bildet dafür ein vorzügliches Illustrationsbeispiel.

Die *Präzisierung* der personalistischen Theorie findet sich in jenem Teil seiner Gedankengänge, die im Resultat mit denen der Personalisten konform gehen: Mit seinen exakten Definitionen der Wette, des Wettsystems, der Kohärenz und der strengen Kohärenz hat CARNAP der Rechtfertigung der wahrscheinlichkeitstheoretischen Grundaxiome sowie des Regularitätsaxioms erstmals jenes Maß an Genauigkeit verliehen, welches dem heutigen logischen Standard genügt.

(IV) Nicht zu übersehen ist freilich, daß verschiedene Problemklassen ganz oder teilweise offen geblieben sind. Zwei besonders dringliche Probleme seien hier angeführt: das Problem der *statistischen Invarianz* und die Frage der *induktiven Intuition*.

In der ursprünglichen Fassung von CARNAPS Theorie war die Forderung der linguistischen Invarianz verletzt, d.h. die Forderung, daß *c*-Werte nicht von willkürlichen Änderungen der Objektsprache abhängen sollen. In der modelltheoretischen Fassung ist dieser Mangel beseitigt, da es hier nicht mehr darauf ankommt, welche Grundprädikate gewählt worden sind, sondern welche Weiten die Attribute des Attributraumes besitzen: Haben die Attribute verschiedene Weiten, so äußert sich dies in verschiedenen Werten des logischen Faktors, d.h. *in verschiedenen γ-Werten* (Attributräume mit fehlender γ-Gleichheit).

Das neue Problem, welches entsteht, können wir im Anschluß an einen terminologischen Vorschlag SALMONs *das Problem der statistischen Invarianz* nennen[48]. Wir betrachten Fälle, in denen Daten und Hypothesen statistischer Natur sind, z.B. Voraussagen über die Farbe der nächsten aus einer Urne gezogenen Kugeln, wenn man die relative Häufigkeit der bisher gezogenen roten Kugeln kennt; oder über die Eigenschaft *Kopf* bzw. *Schrift* der nächsten Würfe mit einer Münze, wenn man die relative Häufigkeit der Kopfwürfe kennt. Sollte in den beiden zuletzt genannten Beispielen die relative Häufigkeit *m/n* dieselbe sein, so wird man vom intuitiven Standpunkt dennoch die Wahrscheinlichkeit im zweiten Fall anders ansetzen als im ersten, z.B., weil man aus der Erfahrung ‚weiß‘, daß gewöhnlich die Wurfergebnisse *Kopf* und *Schrift* bei Münzwürfen gleich häufig sind, während die Merkmale *Rot* und *Nichtrot* bei farbigen Dingen nicht gleich häufig vorkommen. Genauer gesagt: Die verschiedenartige Behandlung der beiden Fälle trotz gleicher beobachteter relativer Häufigkeiten wird sich darauf

---

[48] Vgl. "CARNAP's Inductive Logic", S. 734f., und [Scientific Inference], S. 106. SALMON formuliert dies nicht als ein Problem, sondern als eine neue Adäquatheitsbedingung, die er das Kriterium der statistischen Invarianz nennt.

stützen, *daß wir die beiden Fälle unter der Voraussetzung verschiedenartiger statistischer Oberhypothesen analysieren.*

Dies entspricht aber gar nicht dem Vorgehen CARNAPs. Nach ihm ist die *gesamte* statistische Information in der Beschreibung der beobachteten relativen Häufigkeiten enthalten. Wenn den Attributen verschiedene Weiten zugeschrieben werden, so muß dies aufgrund von *nichtstatistischen Apriori-Betrachtungen über den Attributraum* geschehen. Nun sind aber nichtstatistische Merkmale von statistischen unabhängig. Daher würde man (für Attribute, die nicht logisch notwendig sind) erwarten, daß die folgende *Bedingung der statistischen Invarianz* erfüllt ist:

Es seien F_1, F_2, G_1 und G_2 vier Eigenschaften. E_1 sei das Erfahrungsdatum, daß m/n Glieder einer n-Stichprobe der Art F_1 die Eigenschaft G_1 besitzen. E_2 besage, daß m/n Glieder einer n-Stichprobe der Art F_2 die Eigenschaft G_2 besitzen. H_1 sei die Hypothese, daß das nächste Individuum der Art F_1 die Eigenschaft G_1 haben werde; H_2 sei die Hypothese, daß das nächste Individuum der Art F_2 die Eigenschaft G_2 haben werde. Dann ist $C(H_1 \mid E_1) = C(H_2 \mid E_2)$.

Diese Bedingung gilt z.B. nicht für CARNAPs λ-Familie; denn dort spielen die Attributweiten eine entscheidende Rolle. Mit der Verwerfung der Bedingung tritt aber die Forderung auf, *eine apriorische Rechtfertigung dafür zu geben, Häufigkeitsmerkmale von Attributen mit Attributmerkmalen, die keine Häufigkeitsmerkmale sind (z.B. mit Attributweiten), in einem induktiven Schluß zu verknüpfen.* Das von CARNAP häufig benützte Modellbeispiel des Farbraumes verleiht seinem Vorgehen eine gewisse Plausibilität, die sich jedoch verliert, wenn man Würfe mit Würfeln und Münzen betrachtet. Man kann die Frage so formulieren: *Kann man generell eine Metrisierung von Attributräumen vornehmen, die sich nicht auf Häufigkeitsbetrachtungen stützt?* Die Überlegungen über die Rolle von theoretischem Hintergrundwissen (z.B. in der Gestalt stillschweigend vorausgesetzter statistischer Oberhypothesen) beim Umgang mit statistischen Hypothesen im Teil III werden eine negative Beantwortung nahelegen. CARNAPs *Ansatz dürfte bezüglich dieses Punktes revisionsbedürftig sein.* Gesteht man dies zu, so würde dies der Übernahme einer von POPPER aufgestellten These in das Carnapsche System gleichkommen.

Man kann dieses Problem auch unter dem Aspekt einer potentiellen Auseinandersetzung zwischen CARNAP und den Personalisten betrachten. Die letzteren unterscheiden sich ja von CARNAP dadurch, daß sie keine tabula-rasa-Postition und damit keine Funktion *Cred* anerkennen. Vielmehr gibt es nur ‚erwachsene *Cr*-Funktionen'; realistisch gesprochen: Jeder Mensch beginnt mit gewissen Vormeinungen, wenn er Häufigkeiten beobachtet. Aber eine rationale Person ist in bezug auf ihre Vormeinungen flexibel, d.h. sie ist bereit, diese Meinungen im Lichte der gewonnenen Daten zu revidieren. Gegenüber dieser Flexibilität, so könnte ein Personalist argumentieren, sei CARNAPs Verfahren wesentlich starrer, da sein ‚logischer

Korrekturfaktor' aufgrund von Apriori-Betrachtungen ermittelt und *ein für alle Mal festgehalten* werde.

CARNAP hätte, wie ich vermute, auf derartige Einwendungen etwa folgendes erwidert: Einmal ist das Problem nicht *so* schwierig, wie es von SALMON geschildert wird. Denn erstens tritt es nur für die Funktionen der λ-Familie auf; nicht alle vernünftigen Glaubhaftigkeitsfunktionen gehören jedoch dieser Familie an. Zweitens ist der logische Korrekturfaktor im modelltheoretischen Aufbau nicht mehr von sprachlichen Zufällen abhängig. Drittens wird die von SALMON bemängelte Willkür bei der Behandlung von Attributräumen (z. B. die verschiedenen Zerlegungsmöglichkeiten des Farbraumes) dadurch eliminiert, daß verschiedene Arten der Behandlung auch zu verschiedenen γ-Werten und damit zu verschiedenen Korrekturfaktoren führen. Zum anderen besteht auch der Vorwurf der Starrheit insofern nicht zu Recht, als die rationale Person X ja erstens eine Entscheidung darüber treffen kann, ob sie eine C-Funktion der λ-Familien wählen will oder nicht, und zweitens diese Wahl − u. a. motiviert durch gemachte Erfahrungen − jederzeit wieder revidiert werden kann.

In dieser Hinsicht würde CARNAPs Erwiderung analog lauten wie die auf den öfter vorgebrachten Vorwurf, die Formulierung von präzisen Sprachregeln und die damit verbundene Auszeichnung bestimmter Aussagen als analytisch enthalte eine versteckte *Immunisierungsstrategie* bezüglich dieser Aussagen. CARNAP hätte dazu bemerkt, daß man die Regeln für den Aufbau der Sprache natürlich *ändern* könne. Und er hätte betont, daß es zahlreiche Gründe aus konkreten Anlässen dafür geben kann, so etwas zu tun. CARNAP war im Unterschied zu QUINE lediglich der Überzeugung, daß es *zweckmäßig* sei, zwischen zwei Akten methodisch zu unterscheiden, nämlich zwischen der Wahl von linguistischen Regeln *für* eine Sprache und der Beurteilung (und eventuellen Annahme oder Verwerfung) von Sätzen *in* dieser Sprache.

Das Verhältnis zwischen *Wahl einer* C-Funktion und den Berechnungen *mittels dieser* gewählten C-Funktion hat man sich analog vorzustellen.

All dies ändert nichts an der prinzipiellen Richtigkeit von SALMONs Feststellung, daß die Verknüpfung von a priori zu ermittelnden phänomenologischen Merkmalen (z. B. des Farbraumes) und empirisch zu ermittelnden Häufigkeitsmerkmalen bei der Wahrscheinlichkeitsbeurteilung einer singulären Voraussage *einen dunklen Punkt in* CARNAPs *Theorie* bilde, zu dessen Klärung weitere Untersuchungen notwendig sein werden. SALMON bemerkt in "CARNAPs Inductive Logic", S. 734 (Schluß des mittleren Absatzes), daß Häufigkeitsinformationen von ‚höherer Ordnung' für die den Attributen zuzuordnenden Weitenmaße relevant sein könnten. Dieser Gedanke trifft sich mit der obigen Andeutung über die Rolle des statistischen Hintergrundwissens; denn vorausgesetztes Hintergrundwissen besteht immer *in Oberhypothesen von höherer Allgemeinheitsstufe*. Andeutungen über die Lösung dieses Problems sollen in (**X**) gegeben werden.

(**V**) Auf die zweite Frage stößt man unausweichlich bei der Erörterung des *Problems der Rechtfertigung der Induktion*. Da es nach CARNAP nicht nur eine induktive Methode, sondern eine unendliche Klasse solcher Methoden gibt, ist das Problem in bezug auf seine Theorie in zwei Teilfragen aufzugliedern:

(1) Wie rechtfertigt man *die Axiome* des induktiven Räsonierens?

Da diese Axiome die Klasse K der logisch möglichen C-Funktionen zu einer viel engeren Klasse K_z einengen, kann man die Frage auch in der folgenden Gestalt formulieren: *Wie läßt es sich rechtfertigen, daß die für rationale Entscheidungen wählbaren C-Funktionen alle aus der Klasse K_z stammen müssen?*

(2) Wie rechtfertigt man die Wahl einer *bestimmten* Funktion aus der engeren Klasse K_z?

Da in bezug auf (2) nach CARNAPs späterer Auffassung bestenfalls von einer Motivation, aber nicht von einer Rechtfertigung gesprochen werden kann, können wir uns auf (1) beschränken.

Es scheint so, als hätte CARNAP zwischen zwei Arten von Rechtfertigung geschwankt: einer *intuitiven* und einer *pragmatischen*[49] oder vielleicht auch: als hätte er bei gewissen Rechtfertigungen die erste bevorzugt, bei anderen hingegen die zweite.

Beginnen wir mit dem ersten. Um den Gegenstand schärfer zu umreißen, beschränken wir uns zunächst ausschließlich auf das Rechtfertigungsverfahren der Grundaxiome A_1 bis A_4 sowie des Regularitätsaxioms A_5. Was CARNAP zu dieser Rechtfertigung zu sagen hat, klingt zunächst höchst befremdlich. L. KRAUTH, der Verfasser des Buches über CARNAP, glaubt sogar, aus den Ausführungen CARNAPs im Schilpp-Band über CARNAP auf S. 978 bis 983 einen Widerspruch herauslesen zu können oder zumindest einen klaren Verzicht auf den Empirismus[50]. Was das letztere betrifft, so sollte dies nicht unbedingt überraschen. Wie wir in Abschnitt 8 gesehen haben, *läßt* CARNAP *synthetisch-apriorische phänomenologische Grundprinzipien in der Objektsprache zu*, hat also eines der empiristischen Grundprinzipien bereits hier preisgegeben. Was in der Objektsprache recht ist, muß in der Metasprache billig sein: CARNAPs *Rechtfertigungsgründe könnten synthetisch-apriorische metatheoretische Propositionen sein*. In dieser Hinsicht wäre dann CARNAP objektsprachlich *und* metasprachlich ‚zum Kantianer geworden'.

Die eigentliche Schwierigkeit liegt aber darin, CARNAPs eigene ausdrückliche Äußerungen miteinander zu einer widerspruchsfreien Aussagenklasse

---

[49] Bisweilen ist die Auffassung vertreten worden, daß es bei CARNAP noch einen dritten Rechtfertigungsversuch, nämlich einen *induktiven*, gäbe. Man berief sich dabei auf § 41 F, S. 177 ff. von [Probability]. Auf die Frage, ob diese Deutung von CARNAPs Intention korrekt sei, brauchen wir hier nicht einzugehen. Wäre sie nämlich korrekt, so beruhte das von CARNAP ursprünglich ins Auge gefaßte Rechtfertigungsverfahren auf einem ganz offenkundigen Zirkel.

Ich habe keine Stelle in CARNAPs späteren veröffentlichten Arbeiten und bislang unveröffentlichten Manuskripten gefunden, die eine solche Deutung zuließe.

[50] Vgl. L. KRAUTH, [Carnap], S. 178—179.

zu vereinen. Er sagt nämlich erstens, *daß diese Axiome weder logisch beweisbar noch induktiv zu gewinnen sind*, d. h. daß es für sie weder eine deduktive Rechtfertigung gäbe noch eine Rechtfertigung mit Hilfe synthetischer Sätze a posteriori. Letzteres ist wieder im doppelten Sinn zu verstehen: weder darf man sich auf vergangene Erfahrungen berufen noch auf generelle empirisch-hypothetische Annahmen wie das Prinzip der Uniformität der Welt (vgl. CARNAPs Schilpp-Band, (11) (b), S. 978 sowie den ersten Satz auf S. 979). Zweitens behauptet CARNAP, daß es sich dabei um *Gründe a priori* handele (a.a.O. (11) (c)). Drittens stellt er die These auf (ja er stellt diese sogar in den Vordergrund), daß diese Gründe *auf intuitiven Urteilen über induktive Gültigkeit* beruhen.

Der Widerspruch ergibt sich für KRAUTH offenbar daraus, daß CARNAP bei der Erwähnung des Uniformitätsprinzips gar nicht sagt, daß dieses eine empirische Annahme darstelle, sondern auch ein derartiges oder analoges Prinzip *als synthetisch-apriorische Proposition* für Begründungszwecke ausschließt. Was aber sind, so muß man dann berechtigterweise fragen, dies für Urteile, die weder empirisch noch logisch noch synthetisch-apriorisch sind? Genauer gesagt: Was soll „a priori wahre Aussage, jedoch weder logisch wahre noch analytisch wahre noch wahre synthetisch-apriorische Aussage" heißen?

Um diese Äußerungen von CARNAP als miteinander konsistent zu interpretieren, müssen wir von zwei Fakten ausgehen: Erstens, daß Ausdrücke wie „logisch", „empirisch" („a posteriori"), „synthetische Aussage a priori" Prädikate von deskriptiven Sätzen, also von nichtnormativen Aussagen, sind. Zweitens, daß CARNAP *Normen* zu begründen versucht, *gegen die ein rational Handelnder nicht verstoßen soll*. Die dafür vorgebrachten Gründe können Gründe a priori sein, ohne daß man zu einem Widerspruch mit den anderen Feststellungen gelangt. Man erinnere sich daran, daß auch für KANT die Prinzipien der praktischen Vernunft Prinzipien a priori sind, obzwar *weder* analytische Wahrheiten *noch* apriorische Tatsachenbehauptungen!

Auch in bezug auf die Details bietet sich eine Parallele zu KANT an, die allerdings nur mit sehr großer Vorsicht herangezogen werden darf: Für KANT ist die Klasse des theoretisch Möglichen wesentlich enger als die Klasse des logisch Möglichen; die theoretische Vernunft nimmt über die metaphysischen Grundvoraussetzungen der Erfahrung (d. h. die nichtmathematischen und nichtnormativen synthetischen Propositionen a priori) eine Einengung dessen vor, was die ‚logische Vernunft' (repräsentiert durch die Klasse der analytischen Wahrheiten) zuläßt[51]. Bei CARNAP scheint es sich nun so zu verhalten, daß zwar nicht die logische Vernunft zu einer theoretischen Vernunft verschärft wird wie bei KANT, daß jedoch der *deduktiven Vernunft* eine *induktive Vernunft* an die Seite gestellt wird. *Der Begriff der (strengen) Kohärenz ist danach das induktive Analogon zum deduktiven*

---

[51] Vgl. dazu u. a. meinen Aufsatz [KANTs Metaphysik der Erfahrung].

Begriff der logischen Konsistenz. In einem Schlagwort könnte man CARNAPS Position bei dieser Deutung so charakterisieren:

Deduktive Vernunft äußert sich im Vermeiden logischer Widersprüche; deduktive Unvernunft in der Hinnahme von solchen. Induktive Vernunft zeigt sich in (streng) kohärentem Verhalten, induktive Unvernunft äußert sich in inkohärenten Verhaltensweisen.

Die Analogie müßte noch verschärft werden durch die Hinzufügung der Gründe, welche CARNAP über den personalistischen Ansatz hinausführen.

Gegen diese Auffassung läßt sich jedoch Verschiedenes einwenden, von meiner Position her vor allem folgendes: Diese Art von Berufung auf induktive Intuition setzt eine Grundannahme von CARNAP als gültig voraus, die ich ablehnen zu müssen glaube: daß nämlich seine Theorie eine *Induktive Logik* darstellt, verstanden *als Theorie des objektiven logischen Begriffs der partiellen L-Implikation.* Akzeptiert man die These, daß diese Annahme auf einer Fehlintuition beruht, und daß, selbst wenn es nicht so wäre, der Begriff der partiellen Implikation induktivistisch verfälscht werden müßte (um nicht die Wittgenstein-Funktion als einzig adäquate induktive Methode zu gewinnen), so entfällt die Notwendigkeit für diese Art von strenger Rechtfertigung.

Der Pragmatiker würde ohnehin diese Parallelisierung von deduktiver und induktiver Vernunft ablehnen, welche der Konsistenz im Bereich der deduktiven Logik die Kohärenz auf induktivem Gebiet gegenüberstellt. Die deduktive Logik spricht den Menschen *als denkendes Wesen* an. Auch ‚ein geflügelter Engelskopf ohne Leib' (SCHOPENHAUER), d.h. ein Wesen, welches nur denkt, jedoch keine praktischen Interessen hat, dürfte nicht gegen die Gesetze der deduktiven Logik verstoßen. Muß dieses Wesen auch dem Prinzip der Kohärenz (bzw. der strengen Kohärenz) gehorchen? *Diese Frage ergibt keinen Sinn*; denn sie beruht auf einer hier nicht erfüllten Voraussetzung: dem Interesse am Wetten.* Wetten ist keine rein intellektuelle Tätigkeit, sondern ein praktisches Verhalten, welches — auch bei einem idealisierten ‚rational Wettenden' — vom Interesse am Gewinn geleitet ist. Wenn man CARNAPS Theorie nicht als Theorie einer logischen Relation, sondern *als axiomatische Grundlegung des probabilistischen Teiles der normativen Entscheidungstheorie*[52] versteht, so ist diese Feststellung nicht gegen CARNAP, sondern nur gegen die obige Deutung gerichtet. Bedenkt man dies, so dürfte der Appell an induktive Intuition überflüssig werden. Wir können vom philosophischen Höhenflug wieder zur Erde zurückkehren und sagen: *Wenn man sich überhaupt auf so etwas wie Wetten einläßt, so ist es ein idiotisches Verhalten,*

---

[52] Den Zusatz „probabilistischer Teil" füge ich hinzu, weil CARNAP keine Wünschbarkeitsaxiome formuliert und daher auch nicht den Zusammenhang von Wünschbarkeiten und Wahrscheinlichkeiten untersucht, wie dies in den Theorien von RAMSEY, v. NEUMANN-MORGENSTERN und R. JEFFREY geschieht.

Systeme von Wetten abzuschließen, bei denen man von vornherein mit Sicherheit weiß, daß man nichts gewinnen kann, aber mit Sicherheit (Verletzung der Kohärenz) oder möglicherweise (Verletzung der strengen Kohärenz) einen Verlust erleiden wird.

Dies ist eine rein *pragmatische*, aber, wie mir scheint, dennoch nicht nur einfache, sondern überzeugende Rechtfertigung: Inkohärentes Verhalten ist nicht deshalb zu verbieten, weil es unserer induktiven Intuition widerspricht, sondern aus dem viel primitiveren Grunde, daß wir beim Wetten nicht verlieren wollen (Wettverhalten aber einen Gradmesser der partiellen Überzeugungen bildet, auf die wir unsere Entscheidungen unter Risiko stützen).

Allerdings ist man mit diesem Rechtfertigungsverfahren spätestens bei A_5 am Ende. CARNAP jedoch möchte, wie wir wissen, viel weiter gehen und zusätzliche Rationalitätsaxiome begründen. Hier fehlt bisher ein ähnlich überzeugendes Rechtfertigungsverfahren. Während CARNAP vielleicht bereit gewesen wäre, eine pragmatische Rechtfertigung von A_1 bis A_5 zu akzeptieren, hätte er bei den weiteren Axiomen vermutlich doch wieder an die *induktive Intuition* appelliert, z.B. in Erwiderung auf die Frage: „Woher weiß CARNAP, daß seine Invarianzaxiome genau den gültigen Kern des klassischen Indifferenzprinzips ausmachen?". Da die sich hier verführerisch anbietende Flucht in die Philosophie der normalen Sprache unbefriedigend bliebe, scheint vorläufig nur *eine* pragmatische Methode einen Ausweg anzugeben, welcher nicht an Einsicht appelliert, nämlich die, *welche sich auf die Konsequenzen beruft:* Man akzeptiert die restlichen Axiome deshalb, *weil sie viele erwünschte Konsequenzen haben, dagegen nicht zu unerwünschten Konsequenzen führen.* Eine solche Rechtfertigung bildet ein Provisorium. Wer damit unzufrieden ist, zugleich aber die induktive Vernunft für eine sehr fragwürdige Instanz hält, für den bleibt die Auffindung befriedigenderer Begründungsverfahren ein Desiderat.

(VI) Wir kommen jetzt ausdrücklich auf diejenigen drei Punkte zu sprechen, die häufig als anstößig empfunden worden sind: der Verzicht auf die Auswahl einer bestimmten *C*-Funktion; CARNAPs ausdrückliche Ablehnung der Formulierung von Annahme- und Verwerfungsregeln; schließlich die Tatsache, daß zumindest für die wichtige λ-Familie der *C*-Wert für Gesetze stets 0 ist, wie immer auch das zur Beurteilung herangezogene Beobachtungswissen lauten möge. *In all diesen Hinsichten würden wesentliche Mängel der Carnapschen Theorie vorliegen, wenn es sich dabei um eine Theorie der Hypothesenwahrscheinlichkeit handelte, wobei unter „Hypothesen" Gesetzesannahmen und naturwissenschaftlich-theoretische Vermutungen zu verstehen wären.* Dies kann man sich leicht klar machen:

(a) Wenn auch nach all den mühsamen Einengungen der Klasse der zulässigen *C*-Funktion am Ende immer noch eine unendliche Klasse solcher Funktionen übrig bleibt, zwischen denen zu wählen ist — wie dies bei CARNAP der Fall ist —, dann verliert die wissenschaftliche Beurteilung von

Gesetzeshypothesen ihre epistemologische Relevanz. Ja über diese Beurteilung kann dann nicht einmal mehr ein intersubjektiver Konsens erzielt werden. *Die Beurteilung von Theorien im Lichte verfügbarer Erfahrungsdaten wird zu einem rein subjektiven Präferenzspiel:* Jeder kann nach seinem Belieben aus dem unendlichen Topf der übrig gebliebenen C-Funktionen diejenige auswählen, die seiner Persönlichkeitsstruktur am besten entspricht, und nach vollzogener Wahl die C-Werte für beliebige Hypothesen auf Grund des verfügbaren Gesamtdatums berechnen. Intersubjektive Kontrollierbarkeit und Übereinkunft wäre nur erzielbar in bezug auf die zu wählenden empirischen Daten und das Rechenverfahren; die Wahl eines bestimmten C bliebe Sache freier Willkürentscheidung und würde von Person zu Person anders ausfallen.

(b) Die Ablehnung von Annahme- und Verwerfungsregeln, wie sie CARNAP erstmals besonders nachdrücklich in seiner Erwiderung auf PUTNAMS Beitrag im Schilpp-Band formulierte[53], würde *Ratlosigkeit im wissenschaftlichen Arbeiten* im Gefolge haben. Ein Wissenschaftler muß wissen, aufgrund welcher Theorien er weiterarbeiten soll, sei es auch nur provisorisch und in der Bereitschaft, seine hypothetischen Annahmen bei Vorliegen geeigneter negativer Befunde jederzeit preiszugeben. Nicht eine *Ablehnung* derartiger Regeln, sondern eine *Differenzierung* erscheint hier als wichtig, wie sie z.B. von I. LAKATOS und Y. BAR-HILLEL versucht wurde[54].

(c) Die verheerendste Konsequenz der Carnapschen Theorie haben POPPER und andere Wissenschaftstheoretiker in dem Resultat erblickt, daß alle adäquaten Bestätigungsfunktionen oder wenigstens beinahe alle — wie wir angesichts der von CARNAP ins Auge gefaßten, nicht zur λ-Familie gehörenden Funktionen vorsichtigerweise sagen wollen — für Gesetzeshypothesen zum C-Wert 0 führen. Das Ergebnis aller gegenwärtigen und künftigen Beurteilungen von wissenschaftlichen Theorien auf der Grundlage von C-Funktionen der λ-Familie könnte man danach in einem einzigen Satz bündig zusammenfassen: *Diese Theorien sind vom epistemologischen Standpunkt aus alle gleichwertig, nämlich alle gleichnichtig; die ihnen zukommende Hypothesenwahrscheinlichkeit ist stets 0, wie immer diese Theorien auch lauten mögen und was für Erfahrungsmaterial auch immer zu ihrer Beurteilung herangezogen werden mag.*

Die Situation ändert sich schlagartig, wenn man CARNAPS Untersuchungen die Deutung gibt, welche in der hier vorgenommenen Rekonstruktion und Uminterpretation versucht worden ist: die einer Grundlegung und Präzisierung der normativen Entscheidungstheorie. Diese Neu-Interpreta-

---

[53] Ähnliche Äußerungen finden sich später in LAKATOS (Hrsg.), *The Problem of Inductive Logic*, S. 146—150, sowie in CARNAP und JEFFREY (Hrsg.), *Studies in Inductive Logic and Probability*, S. 29—31.

[54] Für einige allerdings nur skizzenhafte Bemerkungen zu diesem Punkt sowie Literaturangaben vgl. meinen Aufsatz [Induktion], S. 26f.

tion setzt voraus, daß man klar ausspricht: Soweit CARNAP ursprünglich annahm, mit seiner induktiven Logik eine Theorie zur Beurteilung wissenschaftlicher Hypothesen zu entwickeln, lag ein Irrtum vor. CARNAPS *diesbezügliche Hoffnungen haben sich nicht nur de facto nicht erfüllt, sondern sie sind prinzipiell unerfüllbar.*

Schon in CARNAPs erstem großen Werk über das Thema [Probability] trat aber häufig der entscheidungstheoretische Gesichtspunkt in den Vordergrund oder überlagerte zumindest die Untersuchungen, welche als Beiträge zur Errichtung einer induktiven Logik gedacht waren: so etwa bei den verschiedenen Versuchen, optimale Entscheidungsregeln und Regeln der Nutzenschätzung zu formulieren[55]; bei seiner Behandlung des Problems der Schätzungen, die ganz unter dem Aspekt von Schätz*handlungen* betrachtet werden[56]; bei seinen intuitiven Betrachtungen über die Wahrscheinlichkeit als Lebensweiser; vor allem auch bei der Einführung des Begriffs der qualifizierten Einzelfall-Bestätigung, durch welche die Bestätigung von Gesetzen auf die Bestätigung bestimmter Einzelfälle dieser Gesetze zurückzuführen versucht wird (dieser letzte Punkt kommt sogleich nochmals zur Sprache). Daß CARNAP all dies nicht rechtzeitig bemerkte, dürfte meines Erachtens vor allem darauf zurückzuführen sein, daß er sehr stark von der modernen statistischen Literatur infiziert war, in der ebenfalls oft der Irrtum vorherrscht, daß mit der Lösung *praktischer Entscheidungsprobleme* auch *Probleme der theoretischen Beurteilung* von Hypothesen gelöst seien.

Spätestens seit CARNAPs Arbeit [Aim], in welchem er die Begriffe *Cr* und *Cred* einführt und die Rechtfertigungsverfahren für die Axiome seiner Theorie skizziert, wurde es klar, daß die normative Entscheidungstheorie nicht *auch* einen Untersuchungsgegenstand für ihn bildete, sondern daß ihre Grundlegung *das einzige Ziel* seiner Analysen bildete. Die drei angeführten scheinbaren Mängel erweisen sich jetzt überraschenderweise als Desiderate:

(1) Die Aufgabe der Entscheidungstheorie kann nicht darin bestehen, den Menschen für jede Situation genau zu sagen, was sie tun sollen. *Dies hieße, die Menschen zu Automaten machen, die in jeder denkbaren Situation die eine wahre C-Funktion wie einen Kompaß aus der Tasche ziehen könnten, der ihnen den einzig richtigen Weg weist.* Die Entscheidungstheorie muß sich darauf beschränken, Regeln aufzustellen, gegen die nicht verstoßen werden sollte; mit anderen Worten sie schreibt nur vor, wie *nicht* gehandelt werden soll, weil dieses Handeln *unvernünftig* wäre. Die von CARNAPs Theorie errichteten

---

[55] CARNAP knüpft dort u.a. an die Grenznutzentheorie an. Man kann die österreichische Grenznutzentheorie als Vorläufer der Entscheidungstheorie ansehen. Spiel- und entscheidungstheoretische Untersuchungen sind aus Analysen über wirtschaftliches Verhalten hervorgegangen.

[56] Der Unterschied zwischen theoretischen Schätzungen und Schätzhandlungen kommt im Teil III, Abschnitt 10, ausführlich zur Sprache.

Normativitätswälle stellen eine Einengung gegenüber denjenigen dar, die von den personalistischen Wahrscheinlichkeitstheoretikern errichtet werden. Sie lassen aber dem Menschen genügend freien Spielraum für persönliche Entscheidungen.

Daß keine Reduktion auf eine einzige C-Funktion erfolgt, ist die begrüßenswerte Konsequenz dessen, daß vernunftgeleitetes Handeln nicht automatisiertes Handeln bedeutet.

(2) Bei den subjektiv-probabilistischen Erwägungen, die dem menschlichen Handeln bei Entscheidungen unter Risiko vorangehen, sind Annahme- und Verwerfungsregeln nicht nur überflüssig, sondern wären sogar hinderlich. Wenn ich morgen von München nach Hamburg reisen muß und mich zu entscheiden habe, ob ich fliegen oder mit der Bahn fahren solle, so bin ich keineswegs genötigt, entweder die Hypothese anzunehmen, daß morgen in Hamburg die Sonne scheinen wird, oder die Hypothese zu akzeptieren, daß es morgen in Hamburg sehr nebelig sein wird. Beides würde im Normalfall unvernünftig sein. Vielmehr muß ich nach Abschätzung der subjektiven Wahrscheinlichkeiten, unter Berücksichtigung der mutmaßlichen Vor- und Nachteile, zu einer Entscheidung über das zu wählende Verkehrsmittel gelangen.

(3) Es ist kein Zufall, daß CARNAP an der Stelle, wo er erstmals den Begriff der Einzelfall-Bestätigung einführte, zur Rechtfertigung seines Vorgehens einen *Ingenieur* heranzog, der sich überlegt, was er mit einem Gesetz G anfangen kann[57]. Er führt hier eine Person ein, die keine theoretischen Untersuchungen darüber anstellt, wie gut sich eine Theorie bei kritischer Prüfung bewährt hat, sondern die sich überlegt, *ob sie es wagen kann, für eine bestimmte Handlung oder eine Folge von Handlungen: den Bau einer Brücke, diese Theorie zu benutzen, d.h. ob sie bei dieser Handlung einen praktischen Erfolg haben wird.*

POPPER erschien die Einführung des Begriffs der Einzelfall-Bestätigung als ein ad-hoc-Verfahren, nur dazu erdacht, die induktive Logik gegenüber der oben unter (c) angeführten Konsequenz zu retten. Es *wäre* auch tatsächlich ein solches ad-hoc-Verfahren, wenn man CARNAPs induktive Logik als ein Mittel zur Beurteilung wissenschaftlicher Theorien betrachtete.

Für die Aufklärung dieses Sachverhaltes müssen wir leider eine Komplikation in Kauf nehmen. Es scheint nämlich zwei miteinander in Konflikt stehende Intuitionen zu geben, deren jede eine andersartige Stellungnahme zum Projekt CARNAPs erzwingt. Ich will sie Intuition I und Intuition II nennen. Es soll hier keine Entscheidung zugunsten einer dieser beiden getroffen werden. Vielmehr beschränke ich mich darauf, die adäquate Reaktion zu CARNAPs Projekt von jedem einzelnen dieser beiden Gesichtspunkte aus zu schildern.

---

[57] [Probability], S. 571, erster Absatz von Abschnitt G; S. 572, Zeile 10ff.; [I.L.], S. 228.

Ich will allerdings nicht verhehlen, daß mir die Intuition I, die ich selbst bereits in [Induktion] auf S. 69f. vertreten habe, als plausibler erscheint. Danach soll man auf Gesetze entweder überhaupt nicht wetten oder höchstens dann, wenn damit kein Risiko verbunden ist. Nach der Intuition II, die HINTIKKA in [Unknown Probabilities] verteidigt, ist es hingegen sinnvoll, mit positiven Wettquotienten auf Naturgesetze zu wetten. Es erscheint nicht als zweckmäßig, hier in eine kritische Auseinandersetzung mit dieser Auffassung einzutreten. Denn HINTIKKA entwickelt seine Ideen im Rahmen einer Diskussion der philosophischen Konsequenzen des Repräsentationstheorems von DE FINETTI. Die Erörterung soll daher verschoben werden, da im zweiten Halbband, Anhang II, das Repräsentationstheorem von DE FINETTI ausführlich behandelt werden wird.

Die **Intuition I** besagt: Bei Entscheidungen unter Risiko bilden subjektiv-probabilistische Überlegungen eine rationale Basis für Handlungen, die auf die Realisierung eines künftigen Zieles ausgerichtet sind. Überlegungen von dieser Art können sich aber nur auf Ereignisse beziehen, auf welche man wetten kann. Eine Wette wiederum ist nur dann sinnvoll, wenn es prinzipiell möglich ist, den Ausgang der Wette festzustellen. Da wir den Wahrheitswert von Gesetzeshypothesen prinzipiell niemals feststellen können, soll man entweder überhaupt nur auf akzidentelle Ereignisse wetten oder auf Gesetze höchstens dann, wenn damit kein Risiko verbunden ist, d.h. wenn der Wettquotient 0 ist (was wegen der vorausgesetzten endlichen Einsätze besagt, daß der auf das Gesetz Wettende keinen positiven Einsatz zu leisten hat, also nichts verlieren kann).

Legt man die Intuition I zugrunde, so gelangt man zu der Feststellung, daß die Carnapsche Idee der Einzelfall-Bestätigung *vom entscheidungstheoretischen Standpunkt aus* ein prinzipiell sinnvoller, allerdings nicht zu Ende geführter Lösungsansatz ist. Nicht zu Ende geführt ist er deshalb, weil CARNAP hier den irreführenden Eindruck erweckt, als wolle er das theoretische Problem der Bestätigung von Naturgesetzen mit Hilfe einer entscheidungstheoretischen Betrachtungsweise lösen. Aber diese beiden Problemtypen sind streng auseinanderzuhalten. Dies gilt selbst für den Fall, wo Naturgesetze Bestandteil des akzeptierten Hintergrundwissens sind. Diese Gesetze sind dann zwar für die subjektiv-probabilistischen Erwägungen, welche Einzelereignisse betreffen, von Relevanz, brauchen aber deshalb natürlich nicht selbst einmal Gegenstand probabilistischer Beurteilungen gewesen zu sein, um in das Hintergrundwissen aufgenommen zu werden. POPPERS *deduktivistische* Theorie der Bewährung, welche für die Beurteilung von Naturgesetzen gelten soll, ist — sofern nicht andere Gründe gegen sie sprechen — durchaus verträglich mit CARNAPs Theorie der *probabilistischen* Beurteilung von Einzelereignissen (vgl. dazu auch (**X**)).

Ich will hier nochmals das Bild von [Induktion] anführen: Angenommen, ich muß heute Nacht mit meinem Wagen über die Friedenheimer Brücke nach München fahren. Mir ist bekannt, daß diese Brücke seinerzeit aufgrund von Berechnungen gebaut wurde, die sich letzten Endes auf die Newtonsche Theorie stützen. Ich bin bereit, 100000,– DM gegen 100,– DM zu wetten, daß die Brücke nicht unter der Last meines Autos zusammenbrechen wird. Ich würde eine derartige Wette als eine praktisch risikolose Methode ansehen, um zu 100,– DM zu gelangen. *Heißt dies, daß ich auch bereit bin, dieselbe Wette auf die Gültigkeit der Newtonschen Theorie abzuschließen?* Selbstverständlich nicht! Ich müßte sogar gestehen, daß ich nicht einmal genau wisse, was damit gemeint sein solle. Vermutlich müsse man, so würde ich sagen, zu einer mythologischen Hilfsvorstellung greifen, um auch nur einen Schimmer von Verständnis zu gewinnen. Diese Hilfsvorstellung würde etwa in der Annahme bestehen, es existiere *ein allwissendes Orakel*, an das man in einer solchen Wette als Schiedsrichter zurückzugreifen hätte. Da jeder endliche Wettpartner ebenso wie ich an sein Wissen appellieren müßte, kann man der Einfachheit halber gleich annehmen, daß ich mit jenem Orakel wetten solle. *Ich würde mich hüten, so etwas zu tun, falls damit eine Verlustgefahr verbunden ist.* Im vorliegenden Beispiel müßte ich ja z. B. auch darauf wetten, daß die fragliche Theorie selbst noch in vier Milliarden Jahren sowie im Quasar 3 C 273 Gültigkeit habe. Jede derartige Wette, in der ich einen *positiven Einsatz* zu leisten hätte, erschiene mir *als ein absurdes praktisches Verhalten* (wenn es auch natürlich nicht auf einem logischen Widerspruch beruht).

Hätten wir ein scharfes Kriterium der Gesetzesartigkeit (Theorienartigkeit), so könnte die These, wonach sich die Forschungsgegenstände von CARNAP und POPPER nicht berühren, leicht präzisiert werden: POPPER ist ausschließlich an der Prüfung und Erhärtung von hypothetisch angenommenen Gesetzen und Theorien interessiert, CARNAP ausschließlich an der Beurteilung nichtgesetzesartiger Hypothesen. Da es sinnlos ist, auf Gesetzeshypothesen zu wetten, alle akzidentellen Propositionen aber prinzipiell den Gegenstand einer Wette bilden können, läßt sich die Abgrenzung so vornehmen: POPPERS *Wissenschaftstheorie hat als Objekt ausschließlich solche Aussagen (Propositionen), auf deren Richtigkeit man nicht wetten kann.* CARNAPS *Theorie der Induktion hat nur solche Propositionen zum Gegenstand, die das Objekt menschlichen Wettverhaltens bilden können.*

Um auch die Richtigkeit dieser letzten Feststellung einzusehen, muß man sich nur nochmals an das Begründungsverfahren des Carnapschen Axiomensystems erinnern. Die Grundaxiome wurden mittels des Begriffs der Kohärenz gerechtfertigt. Dieser enthielt die Voraussetzung, daß nur solche Propositionen den Gegenstand bilden, auf welche man wetten kann. Die weiteren Axiome, angefangen vom Regularitätsaxiom bis zu den Grenzwertaxiomen, ändern natürlich an dieser Grundvoraussetzung nichts: Sie enthalten zusätzliche Rationalitätsbedingungen, die ein rational Handelnder berücksichtigen muß, wenn er probabilistische Erwägungen *über Propositionen von dieser Art* anstellt.

Kurz und gut: Soweit die Theorie CARNAPS zur Nullbestätigung von Naturgesetzen führt, enthält sie keineswegs, wie POPPER meint, einen tödlichen Wurm. Vielmehr handelt es sich dabei, richtig interpretiert, um eine durchaus plausible und inhaltlich adäquate Konsequenz.

Legt man hingegen die **Intuition II** zugrunde, nach welcher es sinnvoll ist, mit positivem Wettquotienten auf Naturgesetze zu wetten, so ergibt sich ein ganz anderes Bild: Alle C-Funktionen, die mit diesem intuitiven Erfordernis in Konflikt geraten, wären danach inadäquat. Würde sich wenigstens von da aus die Carnapsche Theorie als ‚fundamental fehlerhaft' erweisen? Hier muß man unterscheiden zwischen CARNAPS *Lösungsansatz* und CARNAPS *Theorie*; und bezüglich des letzteren wieder zwischen CARNAPS *ursprünglicher* Theorie (Carnap I) und der *Spätfassung* seiner Theorie (hier Carnap II genannt). Ein stichhaltiger Einwand gegen CARNAP ließe sich von da aus nur konstruieren, *wenn alle zulässigen C-Funktionen für Naturgesetze* (Allsätze in einem unendlichen Individuenbereich) *relativ auf ein endliches Erfahrungsdatum den Wert 0 ergeben*. Dies galt nur für CARNAPS *ursprüngliche* Theorie, in der die zulässigen C-Funktionen nur aus dem λ-Kontinuum gewählt werden durften. Im neuen System hat CARNAP das λ-Prinzip jedoch, wie wir gesehen haben, *nicht* mehr unter die Grundaxiome aufgenommen. Damit allein ist natürlich noch nicht positiv gezeigt, daß es möglich sei, im Rahmen des Carnapschen Ansatzes C-Funktionen zu konstruieren, für die sich ein positiver und ‚inhaltlich adäquater' Bestätigungsgrad für Naturgesetze ergibt. Diesen Nachweis hat jedoch HINTIKKA erbracht (vgl. dazu vor allem seine in der Bibliographie angeführten Arbeiten aus den Jahren 1965 und 1966). Im *zweidimensionalen* ‚Kontinuum der induktiven Methoden' HINTIKKAS kommen auch solche (natürlich aus dem λ-System herausführende) C-Funktionen vor, die diesen formalen und intuitiven Erfordernissen gerecht werden.

Zusammenfassend können wir also sagen: Welche Intuition auch immer wir zugrundelegen, von einer Widerlegung des Carnapschen Ansatzes kann niemals die Rede sein. Im einen Fall ist das Resultat überhaupt nicht inadäquat; im anderen Fall trifft die Kritik nur die ursprüngliche Variante der Theorie CARNAPS, nicht jedoch seinen Ansatz.

Ich möchte daran erinnern, daß in meinen Argumenten gegen den Begriff der induktiven Logik[58] die ‚Nullbestätigung von Naturgesetzen' überhaupt keine Rolle spielt. Dies unterscheidet meine Kritik, in welcher ich im Prinzip mit SALMON übereinstimmen dürfte, von der der ‚Popperianer', die das Hauptgewicht auf die angeblich absurde Konsequenz der Nullbestätigung von Gesetzen legen.

(**VII**) In *einer* Hinsicht allerdings enthält die Behauptung, daß die Untersuchungen POPPERS und CARNAPS keine Berührungspunkte hätten, eine Übertreibung. Dieser Punkt betrifft die Naturgesetze: Wenn nämlich auch Gesetzeshypothesen niemals den *Gegenstand* subjektiv-probabilistischer Überlegungen bei Entscheidungen unter Risiko bilden können, so ist doch nicht zu leugnen, daß unser hypothetisches Gesetzeswissen für derartige

---

[58] Vgl. dazu die Einleitung, Abschnitt 4, und [Induktion], S. 56—62.

Entscheidungen von mehr oder weniger großer *Relevanz* sein kann und häufig auch ist.

In dieser Hinsicht sind die Überlegungen CARNAPS teils revisions-, teils ergänzungsbedürftig. CARNAPS Begriff der *qualifizierten Einzelfall-Bestätigung* ([Probability], S. 572ff.) – auf den er übrigens in seinen späteren Arbeiten nie mehr zurückgekommen ist[59] – kann als ein verunglückter Versuch betrachtet werden, dieser Relevanz Rechnung zu tragen. Daß der Versuch *in dieser Form* verunglückt ist, wurde von POPPER durch ein schlagendes Argument gezeigt[60]: Nach CARNAPS Konstruktion kann auch *ein längst widerlegtes* Naturgesetz eine hohe qualifizierte Einzelfall-Bestätigung erhalten. Dies ist natürlich ein inadäquates Ergebnis.

Diese Bemerkung trifft sich mit der früheren Feststellung, daß bei CARNAP der Begriff des *Hintergrundwissens* (background knowledge) keine adäquate Berücksichtigung findet. Es wäre nicht richtig, darauf zu erwidern, daß dieser Mangel nur bestünde, wenn man CARNAPS Selbstverständnis Folge leisten und seine Theorie als eine induktive Logik oder als eine Theorie der Hypothesenwahrscheinlichkeit deuten wolle; daß jedoch mit der entscheidungstheoretischen Uminterpretation dieser Mangel automatisch wegfalle. Ein Hintergrundwissen spielt ja nicht *nur* bei der Frage der theoretischen Überprüfung deterministischer oder statistischer Hypothesen eine Rolle, sondern *ebenso in rationalen Entscheidungssituationen*. Soweit ich feststellen konnte, hat die gesamte bisherige Entscheidungstheorie diesem Umstand nicht Rechnung getragen. Diese wichtige Frage soll daher im abschließenden Punkt (**X**) nochmals zur Sprache kommen.

(**VIII**) Zu der Alternative: *Deduktivismus oder Induktivismus* ergibt sich jetzt eine neuartige Lösung: Die subjektiv-probabilistischen Überlegungen, die den Entscheidungstheoretiker interessieren und für welche CARNAP (negative) Normativitätswälle zu errichten versuchte, kann man als *induktives Räsonieren* bezeichnen, weil diese Überlegungen *probabilistischer* Natur sind. Rationales Handeln unter Risiko muß sich auf *partiellen Glauben* (nicht: partielle Implikation!) stützen. Und die *induktive Wahrscheinlichkeit*, quantitativ präzisierbar in der Gestalt einer Wettbereitschaft, *ist ein Gradmesser dieses partiellen Glaubens*. Einen durch Wettbereitschaft meßbaren partiellen Glauben in diesem Sinn gibt es nicht, wenn es sich um Gesetze und Theorien handelt. *Daher bilden diese auch kein mögliches Objekt induktiver Wahrscheinlichkeitsbeurteilungen.*

Betrachtungen, in welchen die Wissenschaftstheorie von K. POPPER behandelt wird, könnten überschrieben werden mit: „*Was können wir wissen?*"; Untersuchungen hingegen, welche sich mit der rationalen Entscheidungstheorie und mit CARNAPS Theorie der Induktion *in der hier vorgeschlagenen*

---

[59] Außer in der ersten der in Fußnote 53 von S. 530 angeführten Diskussionsbemerkungen.
[60] In [Reply to BAR-HILLEL], S. 161.

Deutung beschäftigen, mit: „*Wie sollen wir handeln?*"⁶¹. Schlagwortartig könnte man sagen: Die wissenschaftstheoretischen Überlegungen von der Art, wie sie POPPER anstellte, sind *theorienbezogen*, während die Untersuchungen CARNAPs *praxisbezogen* sind. Im ersten Fall handelt es sich um die *Analyse und Rechtfertigung von Verfahren zur Beurteilung wissenschaftlicher Theorien* unter vollkommener Abstraktion von der Frage, wie sich diese Theorien — außer wieder für rein theoretische Zwecke wie wissenschaftliche Erklärungen und Voraussagen — praktisch zum Nutzen (oder zum Schaden) von Menschen verwerten lassen. Im zweiten Fall geht es gerade um die *Analyse und Rechtfertigung eines Teiles jener Regeln, die der Mensch bei all seinen Überlegungen befolgen soll, welche die Grundlage praktischer Entscheidungen bilden.*

Größere Klarheit dürfte man in der Weise gewinnen, daß man sich überlegt, *welche Fragestellungen an die Stelle des alten Induktionsproblems zu treten haben.* Wir knüpfen unmittelbar an die vorbereitenden Betrachtungen in Abschnitt 4 der Einleitung über das Thema „Induktion" an. Zu den dortigen Ausführungen müssen wir einige Qualifikationen und Ergänzungen hinzufügen⁶². Zunächst ist schon die Rede von *dem* Induktionsproblem dunkel. Zum einen muß man hier zwischen einer Explikationsaufgabe und einem Rechtfertigungsproblem unterscheiden. Zum anderen kann das Problem entweder ‚monistisch' oder ‚pluralistisch' formuliert werden, je nachdem, ob man an die Existenz eines einzigen ‚Induktionsprinzips' oder an die Existenz verschiedener ‚Regeln des induktiven Schließens' glaubt. Die Explikationsprobleme fassen wir in einer Frage (J_E) zusammen, die Rechtfertigungsprobleme in der Frage (J_R):

(J_E) (a) *Wie lautet die genaue Formulierung des Induktionsprinzips? (Induktionsmonismus)*

     (b) *Wie lauten die Regeln des korrekten induktiven Schließens? (Induktionspluralismus)*

(J_R) (a) *Wie läßt sich die Verwendung dieses Prinzips für Voraussagen rechtfertigen?*

     (b) *Wie lassen sich die Regeln für ‚Schlüsse auf die Zukunft' rechtfertigen?*

Das Prinzip bzw. die Regeln sollten uns in die Lage versetzen, verfügbare Erfahrungen, die in der Vergangenheit gemacht wurden, für irgendeine Form von Zukunftswissen zu verwerten. Es würde sich also um eine *theoretische* Leistung handeln.

Alle diese Probleme lösen sich in Nichts auf. Dies ist nicht unmittelbar einsichtig, sondern das Ergebnis einer kritischen Betrachtung, die viele,

---

⁶¹ Die Überschrift: „*Was* sollen wir tun?" wäre höchstens dann adäquat, wenn CARNAPs Theorie zu der früher erwähnten Automatisierung des menschlichen Handelns führte, zu der es dann kommen würde, wenn eine einzige C-Funktion als adäquate Funktion ausgezeichnet worden wäre.

⁶² Um bei Rückverweisungen Verwechslungen zu vermeiden, sollen hier andere symbolische Abkürzungen verwendet werden als in der Einleitung.

teils recht verschlungene Gedankenpfade verfolgte. Man kann aber vielleicht folgendes sagen: *Die Analyse der Humeschen Herausforderung, die Überlegungen* Poppers *sowie die Kritik an Carnap I führen zu dem Resultat, daß bereits die erste Frage auf einer falschen Existenzvoraussetzung aufbaut*, nämlich auf der Voraussetzung, daß es ein derartiges Prinzip oder derartige Regeln gäbe. Wie bereits in der Einleitung gezeigt wurde, ist diese Voraussetzung *gleichwertig mit der unhaltbaren Annahme, daß wahrheitskonservierende Erweiterungsschlüsse existieren* (denn die fraglichen Regeln bzw. das fragliche ‚Prinzip' sollte ja zur Rechtfertigung solcher Schlüsse dienen).

Mit der Preisgabe dieser Existenzvoraussetzung wird die Frage (J_E) hinfällig und erst recht wird dann die Frage (J_R) gegenstandslos.

Daraus darf man aber nicht den voreiligen Schluß ziehen, daß wir auch nicht mit Problemen konfrontiert wären, welche *an die Stelle* der obigen zwei Fragen zu treten haben. Tatsächlich gibt es eine ganze Fülle solcher Fragen. Ich will sie *Nachfolgerprobleme zum Induktionsproblem* nennen.

Um in die Klasse dieser Fragen eine gewisse Ordnung zu bringen, machen wir zunächst die grundlegende Unterscheidung in *theoretische und praktische Problemfamilien*.

(A) Im **theoretischen Bereich** kann man dem Nachfolgerproblem (**NJ**^t_E) zur ersten obigen Frage die *allgemeine* Fassung geben[63]:

(**NJ**^t_E) *Wie lautet die präzise Fassung des Begriffs der Bestätigung (Bewährung)?*

Und das Analogon zur zweiten Frage würde lauten:

(**NJ**^t_R) *Wie läßt sich die Adäquatheit dieses Bestätigungsbegriffs nachweisen?*

In dieser Form sind beide Fragen allerdings unzulänglich. Erstens sind sie wegen ihrer Allgemeinheit *zu schematisch*. Sie müßten daher auf Hypothesen *von bestimmtem Typus* spezialisiert werden. Ich denke hierbei vor allem an den Unterschied zwischen deterministischen und statistischen Hypothesen. Im Fall *deterministischer* Hypothesen wird es sich vermutlich um die Explikation und Rechtfertigung eines deduktiven Bestätigungsbegriffs handeln, wie er Popper, aber auch z.B. Hempel, vorschwebte. Im Fall *statistischer* Hypothesen wird es sich, wie Teil III zeigen soll, um einen relativ komplizierten Relationsbegriff handeln, in dem außer auf die zu beurteilende *Hypothese* und die *relevanten Erfahrungsdaten* auch noch auf eine Klasse von *rivalisierenden Alternativhypothesen*, auf ein *Hintergrundwissen* (bestehend aus nichttautologischen statistischen Oberhypothesen, d.h. Hypothesen über die Struktur der Verteilung) und evtl. sogar noch auf eine

---

[63] Der Buchstabe „N" soll andeuten, daß es sich um ein *Nachfolger*problem zum Induktionsproblem handelt; der obere Index „t" soll daran erinnern, daß wir uns im *theoretischen* Bereich bewegen; die unteren Indizes „E" und „R" betreffen den Unterschied zwischen Problemen der *Explikation* und Problemen der *Rechtfertigung*. Der spätere obere Index „p" soll den Hinweis darauf enthalten, daß wir uns im Bereich des *Praktischen* befinden.

statistische Testtheorie Bezug genommen werden muß. Wenn HACKINGS Vermutung stimmt, muß man hier außerdem noch eine Unterscheidung zwischen Stützungs- und Testtheorie treffen und die erstere der letzteren voranstellen.

Zweitens aber sind die beiden Fragen in anderer Hinsicht doch wieder *zu speziell*. Sie sind nämlich nicht die einzigen Nachfolgerprobleme zum Induktionsproblem. Andere Nachfolgerprobleme würden z. B. *Kriterien der Einfachheit von Theorien* und *das Goodmansche Problem der Gesetzesartigkeit* betreffen.

Schließlich wäre als theoretisches Problem auch noch *die Frage der Rangordnung zwischen diesen Problemen* zu klären. Ich vermute, daß sich dabei das Goodman-Problem als das grundlegendste erweisen dürfte. Denn bevor man z. B. die Frage stellt, welche Hypothesen man *zweckmäßigerweise* zunächst einer Prüfung unterzieht, um zu ermitteln, ob sie bestätigt sind, muß die grundlegendere Frage beantwortet sein, welche Hypothesen überhaupt *sinnvollerweise* als mögliche Kandidaten einer Prüfung in Frage kommen.

Ob die relevanten Begriffe als qualitative, als komparative oder als quantitative Begriffe eingeführt werden, bleibt hierbei offen. Dies gehört auch nicht zur Problem*stellung*, sondern zur Problem*lösung*. Ich vermute, daß das bestenfalls Erreichbare ein komparativer Ordnungsbegriff sein wird („ist die (relativ zu den konkurrierenden Hypothesen) *am besten bestätigte* Hypothese", „ist *im höheren Grade gesetzesartig* als", „ist *einfacher* als"). Irgendeine Art von Metrisierung wird zwar (in einigen Fällen oder vielleicht sogar immer) auch erzielbar sein. Doch wird der entsprechende metrische Begriff sicherlich nicht eindeutig bestimmt, sondern nur bis auf gewisse *nichtidentische* Transformationen festgelegt sein, so daß der mit seiner Hilfe zu gewinnende wissenschaftstheoretische Aussagewert kaum etwas Neues enthalten dürfte.

(B) Im **praktischen Bereich** stoßen wir ebenfalls auf Nachfolgerprobleme zum Induktionsproblem. Wir haben bereits die merkwürdige Feststellung gemacht, daß auf diesem Gebiet die Ähnlichkeit zum ‚ursprünglichen' Problem der Induktion wesentlich größer ist als im theoretischen Bereich, da die subjektiven Erwägungen des rational Handelnden in partiellem Glauben an bestimmte singuläre Ereignisse bestehen und wegen ihres probabilistischen Charakters sinnvollerweise unter den Oberbegriff „induktives Räsonieren" subsumiert werden sollten.

Die beiden Nachfolgerprobleme zum Induktionsproblem, wieder ein explikatives und ein die Rechtfertigung betreffendes, könnte man so formulieren:

(NJ_E^p) *Was für Normen gelten für induktives Räsonieren, nämlich für die subjektiv-probabilistischen Erwägungen, auf die sich rationale Entscheidungen unter Risiko stützen?*

(NJ_R^p) *Wie lassen sich diese Normen begründen (rechtfertigen)?*

Diese beiden Fragen bilden auch hier *nicht die einzigen* Nachfolgerprobleme. Eine analoge Problemstellung ergibt sich z.B. bei Entscheidungen unter Unsicherheit.

Der Unterschied zwischen POPPER und CARNAP läßt sich schlagwortartig dadurch charakterisieren, daß POPPER ebenso wie alle anderen Wissenschaftstheoretiker, die sich mit der theoretischen Beurteilung von Hypothesen befassen, mit den Nachfolgerproblemen (**A**) zum Induktionsproblem konfrontiert ist, während für die Carnapsche Theorie das ‚Problem der Induktion' sich in die beiden eben formulierten Fragestellungen verwandelt.

Das Verhältnis von CARNAP zu den personalistischen Wahrscheinlichkeitstheoretikern könnte man auf die folgende kurze Formel bringen: *Beide bewegen sich im Bereich* (**B**) *und sind daher nur mit den zwei praktischen Problemen der Formulierung und Rechtfertigung von Normen konfrontiert.* Die Personalisten begnügen sich mit den wahrscheinlichkeitstheoretischen Grundaxiomen als Normen; weitere sind für sie, die nur Glaubensfunktionen *Cr* erwachsener Personen kennen, nicht begründbar. CARNAP vertritt demgegenüber die Auffassung, daß sich *zusätzliche* Normen begründen lassen. Deren Rechtfertigung soll ermöglicht werden durch den Rückgang von manifesten Überzeugungen zu den tiefer liegenden dispositionellen Strukturen, die sich durch Funktionen *Cred* beschreiben lassen.

Legt man die Kantische Unterscheidung zwischen *Theoretischer Vernunft* und *Praktischer Vernunft* zugrunde, so haben alle Untersuchungen, die theoretische Nachfolgerprobleme zum Induktionsproblem betreffen, die ‚Theoretische Vernunft' zum Gegenstand, alle Untersuchungen hingegen, die praktische Nachfolgerprobleme zum Induktionsproblem betreffen, die ‚Praktische Vernunft'. Daß die Untersuchungen CARNAPs und POPPERs keine direkte Berührung haben, ließe sich dann so ausdrücken, daß POPPERs Überlegungen sich auf einen Teilbereich der theoretischen Vernunft beziehen, CARNAPs Überlegungen auf einen Teilbereich der praktischen Vernunft.

(**IX**) Welche dieser beiden Arten von Überlegungen sind wichtiger, die zur Klasse (**A**) oder die zur Klasse (**B**) gehörenden? Ist es denkbar, daß einmal in der Zukunft das theoretische menschliche Räsonieren ganz im Praktischen aufgehen wird, daß also alle Theorie nur unter dem Gesichtspunkt der praktischen Verwertbarkeit beurteilt werden wird?

Die erste dieser Fragen verlangt vom Philosophen, ein persönliches Glaubensbekenntnis abzulegen, die zweite, sich als Futurologe zu betätigen. Die Antwort auf die erste Frage müßte subjektiv und damit unverbindlich bleiben; mit der Antwort auf die zweite hätte er sich in das gefährliche und unsichere Gebiet der Prophezeiungen begeben.

Ich kann hier nicht mehr tun, als von meiner Sicht der Dinge eine Stellungnahme abzugeben: Sicherlich werden entscheidungstheoretische Probleme und ihre Lösung immer dringlicher, auf je mehr Gebieten die Menschheit genötigt ist, Zukunftsplanungen vorzunehmen, wenn sie Überlebenschancen haben will: bei der Sicherung des Friedens, der Verbesserung der Welternährung angesichts ständig wachsender Weltbevölkerung, der Verhinderung eines Zusammenbruchs des ökologischen Gleichgewichts, dem Kampf gegen Krankheit und Siechtum usw. Es ist durchaus denkbar, daß unter dem Druck der Notwendigkeit zu überleben und besser zu überleben, oder auch aus einem heute nicht voraussehbaren Grund, alle Theorie einmal nur mehr unter dem Gesichtspunkt der Praxis gesehen werden wird. Es ist sogar denkbar, *daß das Interesse an wissenschaftlicher Erkenntnis eines Tages vollkommen verschwindet* und man sich für die Umweltbeherrschung damit begnügt, auf den vergangenen Erkenntnissen aufzubauen, aber keine neuen hinzuzugewinnen. Da die Menschen viele Jahrtausende ohne neue Erkenntnisse, d.h. ohne Wissenschaft ausgekommen sind, könnte es sein, daß auch in der Zukunft diese Situation wieder einmal eintreten wird. Denn wissenschaftlicher Fortschritt ist für das Weiterleben nicht unbedingt notwendig.

Ich weiß nicht, was für neuartige Wertvorstellungen Menschen der Zukunft entwickeln werden. Ich kann daher nur von der heutigen Sicht aus sagen: Wenn dies wirklich eintreten sollte, wäre es eine kulturelle Verarmung, ähnlich der Verarmung, zu der es bei einem schwindenden Interesse an Werken der Kunst käme. Das Leben wäre nicht nur dann um eine Dimension ärmer geworden, wenn eines Tages alle Menschen die Bilder von TIZIAN und REMBRANDT nur mehr als uninteressante Schmierereien betrachteten, eine Partita von BACH oder ein Streichquartett von BEETHOVEN als unangenehmes Geräusch empfänden. Dies wäre auch dann der Fall, wenn ihre Fähigkeit verschwunden wäre, sich für theoretische Systeme wie die von NEWTON oder EINSTEIN zu begeistern; wenn kein Interesse mehr vorhanden wäre, das Rätsel der Quasare, der Gravitationsgräber und der neugeborenen Sterne zu lösen; oder herauszubringen, welchen Gesetzen die Materie unterliegt, wie die Evolution lebender Systeme aus anorganischen Vorgängen stattgefunden habe; ob die Revolutionen in der Menschheitsgeschichte mittels biologischer, psychologischer oder ökonomischer und soziologischer Gesetze zu erklären seien.

Selbstverständlich aber kann ich nicht *beweisen*, daß das Interesse der Menschen an solchen Fragen *nicht verschwinden sollte*.

(X) Wie alle schematischen Gegenüberstellungen enthält auch die Unterscheidung zwischen theoretischen und praktischen Nachfolgerproblemen zum Induktionsproblem vergröbernde Vereinfachungen, die zwar zunächst, um den Sachverhalt *prinzipiell* zu klären, bewußt hingenommen wurden, die jedoch am Ende wieder rückgängig gemacht werden müssen. Letzteres um so mehr, als es nur auf diese Weise gelingen dürfte, verschiedene noch offen gebliebene Fragen zu beantworten. Im gegenwärtigen Kontext müssen wir uns damit begnügen, ein paar ergänzende Betrachtungen zu den Nachfolgerproblemen im *praktischen Bereich* anzufügen.

Die Formulierung und Begründung von Normen für subjektiv-probabilistische Überlegungen, auf denen Entscheidungen unter Risiko beruhen, rechneten wir zur zweiten Klasse von Nachfolgerproblemen zum Induktionsproblem. Nun ist aber im Prinzip nichts dagegen einzuwenden, diese Art von Überlegungen für sich, losgelöst vom praktischen Entscheidungskontext, zu betrachten, so, *als ob* es sich dabei um rein theoretische Beurteilungen möglicher Einzelereignisse nach dem Grad der Wahrscheinlichkeit ihres Eintreffens handelte.

Viel wichtiger dürfte jedoch eine andere Form der Verzahnung der beiden Problembereiche sein. Man könnte sie schlagwortartig *die Relevanz des theoretischen Hintergrundwissens für das induktive Räsonieren* nennen. Nur solches Hintergrundwissen (background knowledge) ist dabei zu berücksichtigen, welches in dem Sinn von der räsonierenden Person *akzeptiert* ist, daß sie es in ihren Erwägungen – ausdrücklich oder stillschweigend, bewußt oder unbewußt – als gültig voraussetzt. Dieses Wissen entfaltet seine Wirksamkeit ganz unabhängig von den für die subjektiv-probabilistischen Überlegungen geltenden Normen, und zwar auf doppelte Weise: Erstens wird durch dieses theoretische Hintergrundwissen der Rahmen dafür abgesteckt, *wie die handelnde Person ihre Entscheidungssituation sieht*. Bereits zu Beginn von Teil I wurde betont, daß es nicht auf die ‚objektiv möglichen' Weltumstände und auch nicht auf die ‚objektiv möglichen' Handlungen der rationalen Person ankommt, sondern einzig und allein auf die *von ihr als möglich erachteten* Umstände und *für möglich gehaltenen* Handlungen.

Selbst die Grenzziehung zwischen Entscheidungen unter Sicherheit und Entscheidungen unter Risiko gilt nur *relativ auf ein verfügbares Hintergrundwissen*. Denn es wird ja wohl kaum jemals eine Sicherheit auf Grund von logischem Wissen vorliegen, sondern nur eine ‚Sicherheit auf Grund *anerkannten naturwissenschaftlichen* (oder allgemeiner: *realwissenschaftlichen*) Wissens' vorliegen. *Jedes* Wissen von dieser letzteren Art aber *könnte* falsch sein und eines Tages preisgegeben werden.

Zweitens übt bereits akzeptiertes theoretisches Wissen auch *inhaltlich* einen bestimmenden Einfluß auf sehr spezielle Einzelanalysen aus. Daß die Art dieses Einflusses noch genauer untersucht werden müßte, führt das Salmonsche Problem der statistischen Invarianz eindrucksvoll vor Augen.

Bereits in diesen Hinweisen mußte eine ganze Reihe nicht näher explizierter Begriffe verwendet werden. Dies war unvermeidlich. Bei Zugrundelegung meiner Deutung des Carnapschen Projektes können diese Begriffe nicht *an dieser Stelle* expliziert werden, weil dies in Themen hineinführt, die nicht zu der Familie der praktischen, sondern zu der Familie der bislang nicht untersuchten *theoretischen* Nachfolgerprobleme gehören. Ich will mich daher damit begnügen, vor zwei möglichen Irrtumsgefahren zu warnen.

Erstens muß man sich vor dem *Fehler* hüten anzunehmen, *daß die akzeptierten theoretischen Überzeugungen, die für subjektiv-probabilistische Überlegungen von Relevanz sind, ihrerseits nur auf dem Wege über probabilistische Betrachtungen Eingang in das akzeptierte Hintergrundwissen gefunden haben können*. Wie solche Begriffe, wie die der Prüfung, der Bestätigung oder der Bewährung, des Akzeptierens usw. zu explizieren sind, bleibt selbst dann noch *vollkommen offen*, wenn man sich über die Lösung der praktischen Nachfolgerprobleme *vollkommen geeinigt* hat.

Zweitens ist zu beachten, daß durch den Gegensatz ‚Deduktivismus – Induktivismus' *keine erschöpfende Alternative* bezeichnet wird, wenn man beide Begriffe *positiv* definiert. Eine ‚Theorie der Nachprüfung von Hypothesen' wird *deduktivistisch* genannt, wenn sie sich allein auf Begriffe der deduktiven Logik (und evtl. der Mengenlehre) stützt. Und eine ‚Theorie der Stützung von Hypothesen' wird zweckmäßigerweise *induktivistisch* genannt, wenn sie probabilistisch im technischen Sinn dieses Wortes ist. *Das läßt die Möglichkeit offen, daß eine Theorie der Hypothesenbeurteilung weder das eine noch das andere ist*.

Dies bildet keine leere gedankliche Spielerei. In Teil III wird bei der Frage der ‚Beurteilungskriterien' für statistische Hypothesen der Begriff der *Likelihood* eine Schlüsselrolle einnehmen. In Anknüpfung an das Vorgehen von J. HACKING wird dort ein komparativer Begriff der Bestätigung eingeführt werden, der einen Likelihood-Vergleich widerspiegelt. *Likelihood* ist nun sicher kein Begriff der deduktiven Logik. Auf der anderen Seite aber sind Likelihoods auch *keine* Wahrscheinlichkeiten. Befragt, ob ich eine deduktivistische oder eine induktivistische Theorie der Bestätigung vertrete, müßte ich daher antworten: „Soweit es sich um *statistische* Hypothesen handelt, *keines von beiden*."

Bibliographie

Der mit „Carnap II" betitelte Teil der Bibliographie enthält nur diejenigen Arbeiten, welche für die vorangehende Darstellung verwendet worden sind. Er wird deshalb vorangestellt. CARNAPs frühere Veröffentlichungen zum Thema „Induktive Logik", für die der Gedanke einer Theorie der probabilistischen Hypothesenbestätigung bestimmend ist, sowie die Publikationen von Philosophen und Logikern, die CARNAPs Projekt weiterzuführen, zu verbessern, zu kritisieren oder zu modifizieren versuchten, sind unter dem Titel „Carnap I" angeführt.

Carnap II

BAUER, H. [Wahrscheinlichkeitstheorie], *Wahrscheinlichkeitstheorie und Grundzüge der Maßtheorie*, Berlin 1968.

CARNAP, R. [Aim], "The Aim of Inductive Logic", in: NAGEL, E., P. SUPPES und A. TARSKI (Hrsg.), *Logic, Methodology and Philosophy of Science*, Stanford 1962, S. 303–318.

CARNAP, R. [Axiom System], *An Axiom System for Inductive Logic*, unveröffentlichtes Manuskript, 1959–1964, 503 S.

CARNAP, R. und R. C. JEFFREY (Hrsg.), *Studies in Inductive Logic and Probability*, Vol. I, Berkeley-Los Angeles-London 1971.

CARNAP, R., "Inductive Logic and Rational Decisions", in: CARNAP, R. und R. C. JEFFREY (Hrsg.), *Studies in Inductive Logic and Probability*, Vol. I, S. 5—31.

CARNAP, R. [Basic System], *A Basic System for Inductive Logic*, unvollständiges Manuskript, 1968—1970, 371 S.

CARNAP, R., "A Basic System of Inductive Logic, Part I", in: CARNAP, R. und R. C. JEFFREY (Hrsg.), *Studies in Inductive Logic and Probability*, Vol. I, S. 33—165.

DELIUS, H. [Synthetisch a priori], „Synthetische Urteile a priori", in: DELIUS, H., *Untersuchungen zur Problematik der sogenannten synthetischen Sätze apriori*, Göttingen 1963, S. 36—39.

FINETTI, B. DE, „La Prévision: ses lois logiques, ses sources subjectives", Ann. Inst. H. Poincaré Bd. 7 (1937), S. 1—68; englische Übersetzung mit Ergänzungen: "Foresight: Its Logical Laws, Its Subjective Sources", in: KYBURG, H. E. und H. E. SMOKLER (Hrsg.), *Studies in Subjective Probability*, New York-London-Sidney 1964, S. 94—158.

HINTIKKA, J. [Unknown Probabilities], "Unknown Probabilities, Bayesianism, and DE FINETTI's Representation Theorem", in: Boston Studies in the Philosophy of Science Bd. VIII (1972), S. 325—341.

KNOPP, K. [Unendliche Reihen], *Theorie und Anwendung der unendlichen Reihen*, 4. Aufl. Berlin-Heidelberg 1947.

PUTNAM, H. [Red], "Red and Green all over again: A Rejoinder to Arthur Pap", Philosophical Review Vol. LXVI (1957), S. 100—103.

PUTNAM, H., "The Analytic and the Synthetic", in: FEIGL, H. und G. MAXWELL (Hrsg.), *Minnesota Studies in the Philosophy of Science* Vol. 3, Minneapolis 1962, S. 358—397.

QUINE, W. V. [Two Dogmas], "Two Dogmas of Empiricism", in: QUINE, W. V., *From a Logical Point of View*, Cambridge, Mass. 1953, S. 20—46.

STEGMÜLLER, W. [KANTs Metaphysik der Erfahrung], „Gedanken über eine mögliche rationale Rekonstruktion von KANTs Metaphysik der Erfahrung", „Teil I: KANTs Rätsel der Erfahrungserkenntnis", Ratio 9 (1967), S. 1—30, „Teil II: Die logische Struktur des progressiven Argumentes", Ratio 10 (1968), S. 1—31; beide Teile abgedruckt in: W. STEGMÜLLER, *Aufsätze zu Kant und Wittgenstein*, Darmstadt 1970.

STEGMÜLLER, W. [Induktion], „Das Problem der Induktion: HUMEs Herausforderung und moderne Antworten", in: LENK, H. (Hrsg.), *Neue Aspekte der Wissenschaftstheorie*, Braunschweig 1971, S. 13—74.

Außer den hier zitierten Schriften sind auch die folgenden drei unter „Carnap I" angeführten Arbeiten für die entscheidungstheoretische Interpretation der Carnapschen Untersuchungen von besonderer Relevanz: die Abhandlungen von LEHMANN, von SHIMONY sowie der Aufsatz von KEMENY: "Fair Bets and Inductive Probabilities".

Carnap I

BAR-HILLEL, Y., "A Note on State Descriptions", Philosophical Studies Bd. 2 (1951), S. 72—75.

BAR-HILLEL, Y., "A Note on Comparative Inductive Logic", The British Journal for the Philosophy of Science Bd. 3 (1953), S. 308—310.

BAR-HILLEL, Y. und R. CARNAP, *An Outline of a Theory of Semantic Information*, Technical Report No. 247 of the Research Laboratory of Electronics, MIT 1952, abgedruckt in: BAR-HILLEL, Y., *Language and Information*, Reading, Mass.-London-Jerusalem 1964, S. 221—274.

BAR-HILLEL, Y., "Information and Content: A Semantic Analysis", Synthese Bd. 9 (1953—55), S. 299—305.
BAR-HILLEL, Y., "Comments on 'Degree of Confirmation' by Professor K. R. POPPER", The British Journal for the Philosophy of Science Bd. 6 (1955/56), S. 155—157.
BAR-HILLEL, Y., "Further Comments on Probability and Confirmation", The British Journal for the Philosophy of Science Bd. 7 (1956/57), S. 245—248.
BAR-HILLEL, Y., "On an Alleged Contradiction in CARNAP's Theory of Inductive Logic", Mind Bd. 73 (1964), S. 265—267.
BAR-HILLEL, Y., "On Alleged Rules of Detachment in Inductive Logic", in: LAKATOS, I. (Hrsg.), *The Problem of Inductive Logic*, Amsterdam 1968, S. 120 bis 128.
CARNAP, R., "On Inductive Logic", Philosophy of Science Bd. 12 (1945), S. 72 bis 97.
CARNAP, R., "The Two Concepts of Probability", Philosophy and Phenomenological Research Bd. 5 (1945), S. 513—532.
CARNAP, R., "Remarks on Induction and Truth", Philosophy and Phenomenological Research Bd. 5 (1946), S. 590—602.
CARNAP, R., "Probability as a Guide in Life", The Journal of Philosophy Bd. 44 (1947), S. 141—148.
CARNAP, R., "On the Application of Inductive Logic", Philosophy and Phenomenological Research Bd. 8 (1947/48), S. 133—148.
CARNAP, R. [Probability], "Logical Foundations of Probability", 2. Aufl. mit neuem Vorwort, Chicago 1962.
CARNAP, R., "The Problem of Relations in Inductive Logic", Philosophical Studies Bd. 2 (1951), S. 75—80.
CARNAP, R. [Continuum], *The Continuum of Inductive Methods*, Chicago 1952.
CARNAP, R., "Meaning Postulates", Philosophical Studies Bd. 3 (1952), S. 65—73.
CARNAP, R., "On the Comparative Concept of Confirmation", The British Journal for the Philosophy of Science Bd. 3 (1953), S. 311—318.
CARNAP, R., "Inductive Logic and Science", Proceedings of the American Academy of Arts and Sciences 80 (1953), S. 189—197.
CARNAP, R., "Replies and Systematic Expositions", in: SCHILPP, P. A., *The Philosophy of Rudolf Carnap*, La Salle, Ill., 1963, S. 859—1013.
CARNAP, R. [I.L.], *Induktive Logik und Wahrscheinlichkeit*, bearbeitet von W. STEGMÜLLER, 2. Aufl. Wien 1972.
ESSLER, W. K. [Induktive Logik], *Induktive Logik, Grundlagen und Voraussetzungen*, München 1970.
GAIFMAN, H., "Applications of DE FINETTI's Theorem to Inductive Logic", in: CARNAP, R. und R. C. JEFFREY (Hrsg.), *Studies in Inductive Logic and Probability*, Vol. I, S. 237—251.
HACKING, I., "Linguistically Invariant Inductive Logic", Synthese Bd. 20 (1969), S. 25—47.
HACKING, I., Rezension von J. HINTIKKA, "Towards a Theory of Inductive Generalisation" und "On a Combined System of Inductive Logic", The Journal of Symbolic Logic Bd. 35 (1970), S. 454—455.
HACKING, I., "The Leibniz-Carnap Program for Inductive Logic", The Journal of Philosophy Bd. 68 (1971), S. 597—610.
HILPINEN, R., "On Inductive Generalization in Monadic First-Order Logic with Identity", in: HINTIKKA, J. und P. SUPPES (Hrsg.), *Aspects of Inductive Logic*, Amsterdam 1966, S. 133—154.

HILPINEN, R., *Rules of Acceptance and Inductive Logic*, Acta Philosophica Fennica Fasc. XXII, Amsterdam 1968.
HILPINEN, R., "On the Information Provided by Observations", in: HINTIKKA, J. und P. SUPPES (Hrsg.), *Information and Inference*, S. 97—122.
HINTIKKA, J., "Towards a Theory of Inductive Generalisation", in: BAR-HILLEL, Y. (Hrsg.), *Logic, Methodology and Philosophy of Science, Proceedings of the 1964 Congress in Jerusalem*, Amsterdam 1965, S. 274—288.
HINTIKKA, J., "On a Combined System of Inductive Logic", Acta Philosophica Fennica Fasc. 18, Helsinki 1965, S. 21—30.
HINTIKKA, J., und R. HILPINEN, "Knowledge, Acceptance and Inductive Logic", in: HINTIKKA, J. und P. SUPPES (Hrsg.), *Aspects of Inductive Logic*, Amsterdam 1966, S. 1—20.
HINTIKKA, J. und J. PIETARINEN, "Semantic Information and Inductive Logic", in: HINTIKKA, J. und P. SUPPES (Hrsg.), *Aspects of Inductive Logic*, Amsterdam 1966, S. 96—112.
HINTIKKA, J., "A Two-Dimensional Continuum of Inductive Methods", in: HINTIKKA, J. und P. SUPPES (Hrsg.), *Aspects of Inductive Logic*, Amsterdam 1966, S. 113—132.
HINTIKKA, J., "Induction by Enumeration and Induction by Elimination", in: LAKATOS, I. (Hrsg.), *The Problem of Inductive Logic*, Amsterdam 1968, S. 191 bis 216.
HINTIKKA, J., "Statistics, Induction and Lawlikeness: Comments on Dr. Vetter's Paper", Synthese Bd. 20 (1969), S. 72—83.
HINTIKKA, J., "On Semantic Information", in: HINTIKKA, J. und P. SUPPES (Hrsg.), *Information and Inference*, Dordrecht 1970, S. 4—27.
HINTIKKA, J., "Surface Information and Depth Information", in: HINTIKKA, J. und P. SUPPES (Hrsg.), *Information and Inference*, Dordrecht 1970, S. 264—330.
HUMBURG, J., „Die Problematik des Induktiven Schließens bei CARNAP und RICHTER", Diplomarbeit München 1964.
HUMBURG, J., "The Principle of Instantial Relevance", in: CARNAP, R. und R. C. JEFFREY (Hrsg.), *Studies in Inductive Logic and Probability*, Vol. I, S. 252 bis 233.
HUMBURG, J., „Die Problematik Apriorischer Wahrscheinlichkeiten im System der Induktiven Logik von Rudolf Carnap", Archiv für Mathematische Logik und Grundlagenforschung Bd. 14 (1971), S. 135—147.
JEFFREY, R. C., "Valuation and Acceptance of Scientific Hypotheses", Philosophy of Science Bd. 23 (1956), S. 237—246.
JEFFREY, R. C., "New Foundations for Bayesian Decision Theory", in: BAR-HILLEL, Y. (Hrsg.), *Logic, Methodology and Philosophy of Science, Proceedings of the 1964 Congress*, Amsterdam 1965, S. 289—300.
JEFFREY, R. C., "Probable Knowledge", in: LAKATOS, I. (Hrsg.), *The Problem of Inductive Logic*, Amsterdam 1968, S. 166—190.
KEMENY, J. G., "Carnap on Probability", Review of Metaphysics Bd. 5 (1951), S. 145—156.
KEMENY, J. G., "Extension of the Methods of Inductive Logic", Philosophical Studies Bd. 3 (1952), S. 38—42.
KEMENY, J. G., "A Contribution to Inductive Logic", Philosophy and Phenomenological Research Bd. 13 (1953), S. 371—374.
KEMENY, J. G., "The Use of Simplicity in Induction", The Philosophical Review Bd. 62 (1953), S. 391—408.
KEMENY, J. G., "A Logical Measure Function", The Journal of Symbolic Logic Bd. 18 (1953), S. 289—308.

KEMENY, J. G., "Fair Bets and Inductive Probabilities", The Journal of Symbolic Logic Bd. 20 (1955), S. 263—273.
KEMENY, J. G., Rezension von K. POPPER, "Degree of Confirmation", The Journal of Symbolic Logic Bd. 20 (1955), S. 304—305.
KEMENY, J. G., "Two Measures of Complexity", The Journal of Philosophy Bd. 52 (1955), S. 722—733.
KEMENY, J. G., "Carnap's Theory of Probability and Induction", in: SCHILPP, P. A., *The Philosophy of Rudolf Carnap*, La Salle, Ill., 1963, S. 711—737.
KEYNES, J. M. [Treatise], *A Treatise on Probability*, London 1957.
KRAUTH, G. [Carnap], *Die Philosophie Carnaps*, Wien-New York 1970.
KYBURG, H. E., *Probability and the Logic of Rational Belief*, Middletown 1961.
KYBURG, H. E., "Logical and Fiducial Probability", Bulletin of the International Statistical Institute, Proceedings of the 34th Session, Ottawa 1963, S. 884—901.
KYBURG, H. E., "Recent Work in Inductive Logic", American Philosophical Quarterly Bd. 1 (1964), S. 1—39.
KYBURG, H. E., "Probability, Rationality, and a Rule of Detachment", in: BAR-HILLEL, Y. (Hrsg.), *Logic, Methodology and Philosophy of Science, Proceedings of the 1964 Congress in Jerusalem*, Amsterdam 1965, S. 301—310.
KYBURG, H. E., "Probability and Decision", Philosophy of Science Bd. 33 (1966), S. 250—261.
KYBURG, H. E., "Bets and Beliefs", American Philosophical Quarterly Bd. 5 (1968), S. 54—63.
KYBURG, H. E., "Conjunctivitis", in: SWAIN, M. (Hrsg.), *Induction, Acceptance and Rational Belief*, Dordrecht 1970, S. 55—82.
KYBURG, H. E., *Probability and Inductive Logic*, London 1970.
LAKATOS, I. (Hrsg.), *The Problem of Inductive Logic*, Amsterdam 1968.
LAKATOS, I., "Changes in the Problem of Inductive Logic", in: LAKATOS. I. (Hrsg.), *The Problem of Inductive Logic*, Amsterdam 1968, S. 315—417.
LEHMANN, R. S., "On Confirmation and Rational Betting", Journal of Symbolic Logic Bd. 20 (1955), S. 251—261.
POPPER, SIR KARL R., "Degree of Confirmation", The British Journal for the Philosophy of Science Bd. 5 (1954/55), S. 143—149.
POPPER, SIR KARL R. [Reply to BAR-HILLEL], "'Content' and 'Degree of Confirmation': A Reply to Dr. BAR-HILLEL", The British Journal for the Philosophy of Science Bd. 6 (1955/56), S. 157—163.
POPPER, SIR KARL R., "Reply to Professor Carnap", The British Journal for the Philosophy of Science Bd. 7 (1956/57), S. 244—245.
POPPER, SIR KARL R., "Adequacy and Consistency: A Second Reply to Dr. BAR-HILLEL", The British Journal for the Philosophy of Science Bd. 7 (1956/57), S. 249—256.
POPPER, SIR KARL R., "A Second Note on Degree of Confirmation", The British Journal for the Philosophy of Science Bd. 7 (1956/57), S. 350—353.
POPPER, SIR KARL R., "A Third Note on Degree of Corroboration or Confirmation", The British Journal for the Philosophy of Science Bd. 8 (1957/58), S. 294—302.
POPPER, SIR KARL R., "Probabilistic Independence and Corroboration by Empirical Tests", The British Journal for the Philosophy of Science Bd. 10 (1959/60), S. 315—318.
POPPER, SIR KARL R., "On Carnap's Version of Laplace's Rule of Succession", Mind Bd. 71 (1962), S. 69—73.
SALMON, W., "Regular Rules of Induction", The Philosophical Review Bd. 65 (1956), S. 385—388.

SALMON, W., "The Predictive Inference", Philosophy of Science Bd. 24 (1957), S. 180—190.
SALMON, W., "Inductive Inference", in: BAUMRIN, B. H. (Hrsg.), *Philosophy of Science, The Deleware Seminar*, Vol. II, New York 1963, S. 341—370.
SALMON, W., "On Vindicating Induction", Philosophy of Science Bd. 30 (1963), S. 252—261.
SALMON, W. [Scientific Inference], *The Foundations of Scientific Inference*, Pittsburgh 1967.
SALMON, W., "Carnap's Inductive Logic", The Journal of Philosophy Bd. 64 (1967), S. 725—739.
SALMON, W., "The Justification of Inductive Rules of Inference", in: LAKATOS, I. (Hrsg.), *The Problem of Inductive Logic*, Amsterdam 1968, S. 24—43, Diskussion S. 44—97.
SALMON, W., "Partial Entailment as a Basis for Inductive Logic", in: RESCHER, N. (Hrsg.), *Essays in Honor of Carl G. Hempel*, Dordrecht 1969, S. 47—82.
SCHILPP, P. A. (Hrsg.), *The Philosophy of Rudolf Carnap*, La Salle, Ill. 1963.
SCOTT, D. und P. KRAUS, "Assigning Probabilities to Logical Formulas", in: HINTIKKA, J. und P. SUPPES (Hrsg.), *Aspects of Inductive Logic*, S. 219—264.
SHIMONY, A., "Coherence and the Axioms of Confirmation", The Journal of Symbolic Logic Bd. 20 (1955), S. 1—28.
STEGMÜLLER, W. [Erklärung und Begründung], *Wissenschaftliche Erklärung und Begründung*, Berlin-Heidelberg-New York 1969.
STEGMÜLLER, W., *Theorie und Erfahrung*, Berlin-Heidelberg-New York 1970.
STEGMÜLLER, W. [Induktion], „Das Problem der Induktion: Humes Herausforderung und moderne Antworten", in: LENK, H. (Hrsg.), *Neue Aspekte der Wissenschaftstheorie*, Braunschweig 1971, S. 13—74.
STOPES-ROE, H. V., Sammelrezension der Diskussionsbeiträge von Y. BAR-HILLEL, K. R. POPPER, R. CARNAP und R. ACHINSTEIN, in: The Journal of Symbolic Logic Bd. 33 (1968), S. 142—146.
SWAIN, M. (Hrsg.), *Induction, Acceptance and Rational Belief*, Dordrecht 1970.
TÖRNEBOHM, H., *Information and Confirmation*, Acta Universitatis Gothoburgensis, Götheborg 1964.
TUOMELA, R., "Inductive Generalization in an Ordered Universe", in: HINTIKKA, J. und P. SUPPES (Hrsg.), *Aspects of Inductive Logic*, Amsterdam 1966, S. 155 bis 174.
VETTER, H., *Wahrscheinlichkeit und Logischer Spielraum. Eine Untersuchung zur Induktiven Logik*, Tübingen 1967.
VETTER, H., "Logical Probability, Mathematical Statistics, and the Problem of Induction", Synthese Bd. 20 (1969), S. 56—71.
WALK, K., "Simplicity, Entropy and Inductive Logic", in: HINTIKKA, J. und P. SUPPES (Hrsg.), *Aspects of Inductive Logic*, Amsterdam 1966, S. 66—80.
WRIGHT, G. H. VON, *The Logical Problem of Induction*, 2. Aufl. Oxford 1957.
WRIGHT, G. H. VON, *A Treatise on Induction and Probability*, London 1951.

Autorenregister

Albert, H. 50
Aristoteles 108
Austin, J. L. 64, 132
Avenarius, R. 32

Bar-Hillel, Y. 530
Barner, M. 202, 205
Bauer, H. 196f., 236, 238, 240, 246, 251, 253, 255, 256, 258, 261, 263, 264, 271, 273, 505
Bayes, Th. 297, 325, 391, 394, 437
Berkeley, G. 95
Bernoulli, D. 265
Black, M. 79
Bolker, E. 355, 378, 384
Brandt, R. 72

Cantor, G. 128
Carathéodory, C. 235, 236, 505
Carnap, R. 2, 4, 5, 11, 20, 32f., 67, 69, 83ff., 89, 90ff., 111, 129ff., 134, 144f., 288, 305, 325f., 389–543 passim
Cauchy, A. L. 199
Church, A. 2, 207, 254
Comte, A. 33, 36
Czuber, E. 412

Descartes 36
Duschek, A. 208, 224, 232

Egoroff 259
Essler, W. K. 501
Euklid 109

Feyerabend, P. 69, 71
Finetti, B. de 66, 288, 302, 394, 396, 408, 446, 533
Fisher, R. A. 4
Freud, S. 54
Freund, J. E. 171, 175, 188, 218, 223, 228, 232
Fubini 262, 271

Gaifman, H. 504
Gauss, C. F. 218

Gentzen, G. 2
Giere, R. N. 66f., 75
Gödel, K. 2, 58, 355
Goodman, N. 33, 507f., 513
Grauert, H. 200, 202, 208, 232

Hacking, J. 4, 90, 539, 543
Halmos, P. R. 269
Heidegger, M. 55
Heisenberg, W. 37
Hempel, C. G. 5, 34, 69f., 72, 538
Hermes, H. 422
Hewitt, E. 254
Hilbert, D. 1f., 107, 129
Hintikka, J. 2, 94, 533
Hoerster, N. 51, 59
Humburg, J. 504
Hume, D. 50, 76ff.

Jaspers, K. 54
Jeffrey, R. 35, 256, 277, 278, 280, 294, 297, 318, 323–373 passim, 436, 528

Kamlah, A. 372
Kant, I. 23, 39f., 43, 460, 527
Kemeny, J. G. 396, 445
Keynes, J. M. 415, 417, 469
Kim, J. 72
Kockelmans, J. J. 38f
Kolmogoroff, A. N. 107, 135
Koopman, B. O. 505
Krauth, L. 526f.
Kreisel, G. 26
Kuhn, Thomas 21, 69

Lakatos, I. 530
Laplace, P.-S. 65, 151, 218, 412
Lebesgue 219
Lehmann, R. S. 396
Leibniz, G. W. 59, 200
Lieb, I. 200, 202, 208, 232

Mach, E. 32
Maxwell, J. G. 513
Mill, J. St. 65
Mises, R. von 65, 195

De Moivre 218
Monod, J. 64
Moore, G. E. 50
Morgenstern, O. 287, 310, 313, 528
Munroe, M. E. 209, 236, 237, 239, 241, 246, 253, 256, 260, 263, 274, 277, 280

Neumann, J. von 287, 310, 313, 528
Neurath, O. 27

Oppenheim, P. 34
Ostwald, W. 510

Plato 43
Popper, K. 2, 21, 33, 34, 65, 67, 79, 81, 83ff., 89, 326, 524, 530, 532—540
Protagoras 42f.
Putnam, H. 69, 71, 455, 530

Quine, W. v. 80, 454f., 525

Radon-Nikodym 211, 213, 276
Ramsey, F. P. 73f., 288, 302, 310, 313, 314, 317, 318, 320, 354, 394, 396, 528
Reichenbach, H. 65, 195, 502f.
Rényi, A. 196, 218
Révész, P. 197

Richter, H. 196, 238, 256, 261, 263, 273
Rickert, H. 48
Russell, B. 32, 88

Salmon, W. 77, 79, 91, 414, 479, 522, 523, 525, 535
Savage, L. J. 66, 291, 328
Schlick, M. 107
Schmetterer, L. 230
Scholz, H. 422
Schopenhauer 528
Schütte, K. 119
Shimony, A. 396, 444
Sneed, J. D. 15, 21, 73f.
Solschenizyn, A. I. 38
Spinoza 36
Stromberg, K. 254
Suppes, P. 307

Tarski, A. 422, 461

Vogel, W. 196f., 256, 263

Weber, M. 46ff.,
Wittgenstein 32
Wright, H. v. 34, 432

Zinnes, J. L. 307

Sachverzeichnis

A-äquivalent 467
Abbildung s. „Funktion"
Ableitung einer Funktion 205
absolute Skala 307, 354
Abstandsfunktion 477
—, euklidische 478
Abstraktionsregel 117
Abstraktionsterm 114
Additivität 147
A-falsch 454
Allmenge 116
Analogie — Einfluß 486
Analytizitätspostulat 452
Anti-Induktions-Regel 79
A-Postulat 454
Äquivalenz
—, A-Äquivalenz 467
—, E-Äquivalenz 467
—, G-Äquivalenz 465
—, L-Äquivalenz 467
—, S_a-Äquivalenz 467
Argumentbereich 120
Attitüde 323
Attribut 419
—, Besetzungszahl eines 430
—, Q-Attribut 480
—, Werte eines 479
Attributfamilie 419, 479
—, die die λ-Bedingung erfüllt 491
—, die die λ-γ-Bedingung erfüllt 491
—, symmetrische 489
Attributisomorphie 489
Attributraum 419, 475
—, attributive Zerlegung eines 479
—, Komponentenraum eines 478
—, Q-Zerlegung eines 480
Attributsymmetrie 488f.
aufeinander bezogene C- und M-Funktionen 434
Ausgangsglaubensfunktion 403
A-wahr 454
axiomatische Methode 107ff.

Bayessche Regel 297, 325, 391, 394, 437

Bayes-Laplacesche Regel 156
Bedeutungspostulat 452
Begründung 34
Begriff
—, beschreibender 512
—, lokalisierender 512
Bernoulli-Verteilung s. „Binomialverteilung"
Besetzungszahl 430
Beweistheorie 2
Bezugnahme 429
Bijektion 121
Bildbereich 120
Bild einer Menge 163
Bildmaß 161, 163, 244
Binomialkoeffizient 127
Binomialverteilung 168ff., 171, 187, 264
—, Grenzverteilung der 175
Boolsche Algebra 117
Borel-Menge 239, 241
Borel-meßbar 245
Borelsche Klassifikation 239
Borelsches Maß 241

Cartesisches Produkt 119
—, unendliches 121
C-Funktion 433
—, aufeinander bezogene C- und M-Funktionen 434
—, erweiterungsfähige 468
—, reguläre 435
—, symmetrische 471
Credebility-Funktion s. „Glaubhaftigkeitsfunktion"
Credence-Funktion s. „Glaubensfunktion"

Darboux-Summe 205
Deduktivismus 89f., 536, 543
Definitionsbereich 120
De Morgansche Regel 117
deontische Logik 49, 52
Derivierte 204f.
Determinismus 65f.

Sachverzeichnis

Dichtefunktion s. „Wahrscheinlichkeitsdichte"
Differentialquotient 204
Differenz von Mengen 117
diskret 140, 209f.
Distanz 477
Durchschnitt 115, 118

E-äquivalent 467
E-falsch 467
Einfluß der Ähnlichkeit 486
—, der Lage 487
—, der Nähe 486
Einschlußrelation 117f.
Einstellung 323
Elementarereignis 139, 247
Elementarfunktion 250
Elementarinhalt 240
Entscheidungskalkül s. „rationaler Entscheidungskalkül"
Entscheidungslogik s. „rationale Entscheidungstheorie"
Entscheidungstheorie s. „rationale Entscheidungstheorie"
E-Postulat 467
Ereignis 137, 247
—, Elementarereignis 139, 247
— körper 141
—, sicheres 140, 247
—, stochastisch unabhängige 154
—, unmögliches 140, 247
Erkenntnis und Interesse 62
Erwartungswert einer Zufallsfunktion 182—184, 222, 279
—, bzgl. der Binomialverteilung 187
—, bzgl. der hypergeometrischen Verteilung 188
—, bzgl. der Poisson-Verteilung 188
— des Nutzens 296
Erweiterungsschluß 76f.
E-wahr 467
Exponentialverteilung 216, 223
η-Gleichheit 488

Fakultät 124
falsch, A-falsch 454, 467
—, E-falsch 467
—, G-falsch 461, 467
—, L-falsch 467
—, S_a-falsch 467
Familie 115

Fehlerkurve 218
Figur 239
Folge 121
—, Grenzwert einer 199
—, konvergente 199
—, limes inferior 202
—, limes superior 202
Fortsetzungssatz von Carathéodory 236
Frequentist 110
Fundamentalbedingungen 335
Fundamentalsätze der Integralrechnung 208
Funktion 120
—, Ableitung einer 205
—, Argumentbereich einer 120
—, $\mathfrak{A}$-$\mathfrak{A}^*$-meßbare 243, 248
—, $\mathfrak{A}$-meßbare numerische 245f.
—, Bairesche 245
—, beschränkte 205
—, bijektive 121
—, Bild einer 120
—, Borel—meßbare 245
—, Definitionsbereich einer 120f.
—, Derivierte einer 204f.
—, Differentialquotient einer 204
—, fast überall stetige 209
—, gleichmäßig stetige 203
—, Grenzwert einer 202
—, injektive 120
—, isotone 213, 238
—, Lebesgue—Integral einer 212, 254
—, μ-integrierbare 253, 258
—, μ-Integral einer 251ff., 261
—, numerische 234
—, reelle 234
—, Riemann — integrierbare 205, 209, 257
—, Riemannsches Integral einer 205f., 208, 212
—, Stammfunktion einer 208
—, stetige 202f., 211, 255
—, stetig differenzierbare 207
—, surjektive 121
—, Urbild einer 120
—, Wert einer 123
Funktionswert 123

Gamma-Funktion 224
Gamma-Verteilung 218
G-Äquivalenz 465

Gauß-Verteilung s. „Normalverteilung"
geordnetes Paar 119
Gesamtdatum 506
Gesetz der großen Zahlen 194, 196
Gesetzesknotenbegriff 71 f.
G-falsch 461
G-Implikation 465
Glaubensfunktion 393
—, Ausgangsglaubensfunktion 403
—, inkohärente 396
—, kohärente 396
—, reguläre 398
—, streng kohärente 397
Glaubensgrad 66, 393
Glaubhaftigkeitsfunktion 404
Gleichverteilung 162, 165
G-Postulat 461
Grenzfunktion 200
Grenzverteilung 227
Grenzwert 199, 202
Grenzwertsatz 229
Gütebedingung 333
G-wahr 461
γ-Gleichheit 488
γ-η-Gleichheit 488

Handlung 289, 326
Häufungspunkt 198
Holismus 21
Identität von Mengen 116

Indeterminismus 66
Indexmenge 118, 418
Indifferenzprinzip 412 ff.
Indikatorfunktion 247
Individuenbereich 418
Induktionsproblem
—, Humesches 77 ff.
—, Nachfolgerprobleme des 82 f., 538 f.
induktives Räsonieren 3, 536
—, normative Theorie des 389
Induktivismus 89 f., 536, 543
Infimum 201
Inhalt 234
—, Elementarinhalt 240
—, σ-endlicher 238
Integral 249 f.
—, Lebesguesches 212, 254
—, μ-Integral 251 ff., 261
—, Riemannsches 205 f., 208, 212, 250

integrierbar
—, μ-integrierbar 253, 258
—, Riemann-integrierbar 205, 209, 257
Interpretation 423
Intervall 199, 239
Intervallskala 307, 354
Invarianzaxiome 415
isomorph 470
isoton 213, 238

Klasse 115
Kohärenz 66, 396, 441
—, strenge 397 f., 444
Kolmogoroff-Axiome 146
Kombination 126
Komplementärmenge 115
Komponentenraum 478
Konsequenzenmatrix 289 f.
kontinuierlich 210
Konvergenz
— dem Maß μ nach 196, 257, 259
— einer Funktionenfolge 200, 258 ff.
— einer unendlichen Reihe 200 f.
— einer Zahlenfolge 199
—, gleichmäßige 200, 259
— im p-Mittel 197
— im p-ten Mittel bzgl. μ 258, 260
— mit Wahrscheinlichkeit 1, 196
—, μ-fast gleichmäßige 259
—, μ-fast überall 259
—, μ-stochastische 257, 259
— nach Wahrscheinlichkeit 195
—, P-fast gleichmäßige 259
—, P-fast sichere 196, 256, 259
—, P-stochastische 259
—, punktweise 200, 258
—, stochastische 195
Konvergenzkriterium von Cauchy 199
Konverse 120
Koordinatensprache 486
Koordinatensystem 486, 511, 512
Körperbedingung 333
Kovarianz 191
Kreuzprodukt 119
kumulative Verteilung 165 f., 212 f., 220, 272 f.
—, absolut stetige 211
kumulative Verteilungsfunktion
s. „kumulative Verteilung"

Laplace-Experiment 151
Laplacescher Wahrscheinlichkeitsraum 151

L-B-Maß s. „Maß, Lebesgue-Borelsches"
Lebesgue-Borelsches Maß 240, 267 ff., 270 f.
Lebesgue-meßbar 240, 269
Lebesguesches Maß 240
— Prämaß 240
Lebesgue-stetige Verteilung 276
Lebesgue-Stieltjesches Wahrscheinlichkeitsmaß 274, 277, 278
Likelihood 90
Limes inferior 202
— superior 202
lokalisierender Begriff 512
λ-C-Funktion 491

Marginaldichte 221
Marginalverteilung 179
Maß 234
—, absolut stetiges 255
—, äußeres 236
—, Bildmaß 161, 163, 244
—, Borelsches 241
—, L-B-Maß s. „Lebesgue-Borelsches Maß"
—, Lebesgue-Borelsches 240, 267 ff., 270 f.
—, Lebesguesches 240
—, mit der Dichte h bzgl. μ 255
—, μ-stetiges 255
—, Prämaß 236, 240
—, Produktmaß 261
—, translationsinvariantes 271
—, vollständiges 240
Maßfunktion s. „Maß"
Maßraum 235
—, Produkt von Maßräumen 261, 263
Menge 113 ff.
—, abgeschlossene 199
—, Allmenge 116
—, beschränkte 201
—, Borel-Menge 239, 241
—, Borelsche Klassifikation von 239
—, Cartesisches Produkt von 119, 121
—, Differenz von 117
—, Durchschnitt von 115, 118
—, Einschlußrelation zwischen 117 f.
—, Identitätskriterium für 116
—, Infimum einer 201
—, Komplement einer 115
—, Lebesgue-meßbare 240, 269

Menge, leere 116
—, $\mu^{\#}$-meßbare 237, 248
—, μ-Nullmenge 256
—, Nullmenge 255
—, obere Grenze einer 201
—, obere Schranke einer 201
—, offene 199
—, Produktmenge 260
—, Randpunkt einer 199
—, Supremum einer 201
—, untere Grenze einer 201
—, untere Schranke einer 201
—, Vereinigung von 115, 118
Mengenalgebra s. „Mengenkörper"
Mengeneinschluß 117
Mengenfolge, isotone 238
Mengenfunktion 122
—, additive 145
—, endlich additive 147
—, σ-additive 147
Mengenkörper 141
Mengenring 235
meßbar
  s. „Funktion"
  s. „Menge"
Meta-Ethik 49
Metamathematik 1 f.
Metasprache 461 f.
methodologische Regel 506
M-Funktion 433
—, aufeinander bezogene C- und M-Funktionen 434
—, erweiterungsfähige 468
—, reguläre 435
—, symmetrische 471
Mittelwert einer Zufallsfunktion 184, 222
—, bzgl. der Binomialverteilung 187
—, bzgl. der hypergeometrischen Verteilung 188
—, bzgl. der Poisson-Verteilung 188
Mittelwertsatz der Integralrechnung 208
Modalität 418 f.
Modell 421 f., 423
Modellfunktion 421
Modellkomponente 422
Möglichkeitsraum 136, 425
Moment einer Zufallsfunktion
—, Produktmoment 190, 227
—, über dem Mittel der Verteilung 185, 222, 226

Moment, über dem Ursprung der Verteilung 184, 222, 226
momenterzeugende Funktion 189, 226
Multinomialverteilung 180 f.
Multiplikationsprinzip 154
μ-fast alle 256
— überall 256
μ#-meßbar 237, 248
μ-Nullmenge 256

Nachbereich 120
naturalistischer Fehlschluß 50
Normaldarstellung einer Elementarfunktion 250
Normalverteilung 218, 223, 225, 230
Nullmenge 255
—, μ-Nullmenge 256
Nullproposition 344
Nutzen 292
—, erwarteter 296
Nutzenerwartung 296
Nutzenfunktion 287, 292
—, die die Körperbedingung erfüllt 333
—, die die rationale Präferenzbedingung bzgl. $\leq$ erfüllt 332
— im Einklang mit der Präferenzordnung 332
Nutzenordnung 292, 298, 299, 326
—, erweiterte 320
—, metrisierte 320
Nutzenskala 309, 324
—, Eindeutigkeitsproblem der 307 f.
Nützlichkeit 287, 292
Nützlichkeitsaxiom 305
Nützlichkeitskalkül 306
Nützlichkeitsmatrix 292, 309
—, äquivalente 307
Nützlichkeitsskala s. „Nutzenskala"

Obere Grenze 201
— Schranke 201
Ordnung 298
—, Präferenzordnung 297, 298, 326, 328 f., 333, 391

Paar 119
Parameter 171 f.
Partialsumme 200
Permutation 124, 470
Personalist 398
St. Petersburger Experiment 265, 275

P-fast sicher 196, 256 f.
phänomenologisches Grundpostulat 458
Poisson-Verteilung 175, 188
Polarkoordinaten 220
Population 418
Positivismus 32 ff.
Postulat
—, A-Postulat 454, 467
—, Bedeutungspostulat 452
—, Analytizitätspostulat 452
—, E-Postulat 467
—, G-Postulat 461
—, S_a-Postulat 467
—, phänomenologisches 458
Potenzklasse 122, 128
Präferenzbedingung 332, 334
Präferenzordnung 297, 298, 326, 328 f., 391
—, die die Körperbedingung erfüllt 333
Prämaß 236
—, Lebesguesches 240
Produkt, Cartesisches 119, 121
Produktmaß 261
Produktmenge 260
Produktmoment 190, 227
Produkt von Maßräumen 261, 263
projektierbares Prädikat 508
Proportionalregel 497
Proposition 300 f., 326, 423, 427
—, atomare 423, 425
—, gute 327, 336
—, kontingente 427
—, mögliche 427
—, molekulare 426
—, neutrale 327
—, notwendige 427
—, Nullproposition 344
—, schlechte 327
—, unmögliche 427
Punktfunktion 122

Q-Attribut 480
Q-Zerlegung 480

Radon-Nikodym, Satz von 255, 276
Radon-Nikodymsche Dichte 256
Radon-Nikodymscher Integrand 256
Ramsey-Methode 73 f.
Randpunkt 199

rationale Entscheidungstheorie 3, 12, 49, 112, 287f., 299, 304
— —, deskriptive 299, 304
— —, normative 112, 299, 304, 325
rationale Rekonstruktion 14
rationaler Entscheidungskalkül 306
Rationalitätsbedingungen 396, 398, 401, 411
Raum, euklidischer 238
—, meßbarer 150
—, metrischer 241, 477
Rechtseindeutigkeit 120
Regel
—, Abstraktionsregel 117
—, Bayessche 297, 325, 391, 394, 437
—, Bayes-Laplacesche 156
—, De Morgansche 117
—, methodologische 506
—, Proportionalregel 497
Region 419
—, Weite einer 479
Regularität 398, 435
Reihe, absolut konvergente 201
—, bedingt konvergente 201
—, konvergente 200
—, n-te Partialsumme einer 200
—, Summe einer 200
Reingewinn 439
Resultat 136, 247, 290, 326
—, Wahrscheinlichkeitsverteilung für die 295
Ring s. „Mengenring"

S -äquivalent 467
S_a-falsch 467
S_a-Postulat 467
Satz von Fubini 262
S_a-wahr 467
Satz von Radon-Nikodym 255, 276
Skala, absolute 307, 354
—, Intervallskala 307, 354
—, Nutzenskala 307, 309, 324
—, Verhältnisskala 309, 324
Stammfunktion 208
Standardisierung einer Zufallsfunktion 222, 225
Standardabweichung 185
Standardform einer Verteilung 222f., 225
Stetigkeit 202f.
—, absolute 211, 255
—, gleichmäßige 203

Stetigkeit, Lebesgue-stetig 276
—, μ-Stetigkeit 255
Stichprobe 228
—, propositionale 429f.
—, s-Stichprobe 431
Stichprobe, s-Vorderstichprobe 431
—, von maximaler Ordnung 517
—, von minimaler Ordnung 517
Stichprobenauswahl 172f.
Stichprobenraum 136, 151
—, diskreter 157
Streuung 186
Struktur 472
Subadditivität 236
Subjekt 292, 307
subjektiver Wert einer Handlung 297
subjektive Ungewißheit 66
Subjektivist 110
Subsystem 448—451
—, konservatives 467
Supremum 201
Surjektion 121
symmetrische Attributfamilie 489
Szientismus 7
σ-Additivität 147
σ-Algebra s. „σ-Körper"
σ-endlich s. „Inhalt"
σ-Körper 142, 144, 244
—, Produkt von 261

T-abhängig 73
T-empirisch 74
Tschebyscheffsches Theorem 191
Tupel 121

Überzeugungsgrad 66, 130
Umgebung 199
—, ε-Umgebung 198
—, reduzierte ε-Umgebung 198
Umstand 290, 326
—, Wahrscheinlichkeitsverteilung für 293f.
—, wertindifferenter 318
Unabhängigkeit, stochastische 154
— von Zufallsfunktionen 179f., 221
unendliche Summe 147
untere Grenze 201
— Schranke 201
Urbild 120, 121, 163

Variable 171f.
Varianz einer Zufallsfunktion 185, 222
— bzgl. der Binomialverteilung 187

Varianz, bzgl. der hypergeometrischen Verteilung 188
— bzgl. der Poisson-Verteilung 188
Variation 125
Veränderliche, zufällige
—, stochastische s. „Zufallsfunktion"
Verband 116
—, Boolescher 117
—, distributiver 116
Vereinigung 115, 118
Verhältnisskala 307, 354
Verteilung 160f., 215, 247
—, bedingte 182
—, Binomialverteilung 168ff., 171, 175, 187, 264
—, diskret-stetige 277
—, Exponentialverteilung 216, 223
—, Gamma-Verteilung 218
—, Gauß-Verteilung
  s. „Normalverteilung"
—, gemeinsame 176
—, gemischte 277
—, geometrische 175
—, Gleichverteilung 162, 165
—, Grenzverteilung 227
—, hypergeometrische 172ff., 174, 188
—, kumulative 165f., 211, 212f., 220, 272f.
—, Lebesgue-stetige 276
—, Marginalverteilung 179
—, Multinomialverteilung 180f.
—, Normalverteilung 218, 223, 225, 230
—, singuläre 274f.
—, Standardform einer 222f., 225
—, stetige 275
—, uniforme 175, 215f., 223
Verteilungsfunktion s. „Verteilung"
Verteilungshypothese 165
Vorbereich 120

Wahr
—, A-wahr 454, 467
—, E-wahr 467
—, G-wahr 461, 467
—, L-wahr 467
—, S_a-wahr 467
Wahrheitsmenge 447
Wahrscheinlichkeit
—, absolute 135, 153
—, bedingte 135, 152f., 330ff.

Wahrscheinlichkeit, dualistische Theorie der 111
—, induktive 111, 130, 536
—, objektive 111f.
—, personelle 3, 68, 111, 131, 287, 325, 392, 395
—, statistische 68, 111f., 130, 165
—, subjektive 65f., 68, 111, 131, 287, 324
—, totale 156
Wahrscheinlichkeitsbegriff 107, 133
Wahrscheinlichkeitsdichte 210f., 213, 275, 276, 413
—, bedingte 221
—, gemeinsame 220
—, Marginaldichte 221
Wahrscheinlichkeitsfunktion s. „Verteilung"
Wahrscheinlichkeitsgesetz s. „Verteilung"
Wahrscheinlichkeitsintegral 279
Wahrscheinlichkeitskalkül 129, 301
Wahrscheinlichkeitsmaß 122, 145, 210
—, Lebesgue-stetiges 276
—, Lebesgue-Stieltjesches 274, 277, 278
  s. auch „Maß"
Wahrscheinlichkeitsmatrix 293ff.
Wahrscheinlichkeitsraum 146ff.
—, diskreter 157
—, endlich additiver 146
—, Laplacescher 151
—, σ-additiver 147
Wahrscheinlichkeitsverteilung
  s. „Verteilung"
  s. „Wahrscheinlichkeitsdichte"
Weite einer Region (eines Attributs) 479
wertindifferent 318
wesentliche Bezugnahme 429
Wette 394, 437
—, bedingte 438
—, Reingewinn einer 439
Wettquotient 394
Wettsystem 339ff., 396
Wissenschaftlichkeit 5f.
Wittgenstein-Funktion 91, 497
Wünschbarkeitsaxiom 305
Wünschbarkeitsgrenze 370f.
Wünschbarkeitskalkül 306
Wünschbarkeitsmatrix s. „Nützlichkeitsmatrix"

Zentraler Grenzwertsatz 229
Zentrieren einer Zufallsfunktion 187
Zerlegbarkeitsbedingung 334
Zerlegung eines Intervalls 205
—, Darboux-Summe einer 205
—, Q-Zerlegung 480
Zufallsexperiment 135, 264
Zufallsfunktion 123, 149, 157, 159f., 242, 246
—, charakteristische Funktion einer 227
—, diskrete 210
—, Erwartungswert einer 182ff., 187f., 222, 279
—, Kovarianz zweier 191, 227
—, Mittel von n Zufallsfunktionen 228f.
—, Mittelwert einer 184, 187f., 222
Zufallsfunktion, Momente einer — über dem Mittel der Verteilung 184, 222, 226
—, Momente einer — über dem Ursprung der Verteilung 184, 222, 226
—, momenterzeugende Funktion einer 189, 226
—, Produktmoment 190, 227
—, reelle 210
—, Standardisierung 222, 225
—, Standardabweichung 185
—, Unabhängigkeit von 179f., 221
—, Varianz einer 185, 187f., 222
—, zentrierte 187
Zufallsveränderliche s. „Zufallsfunktion"
Zweifelsgrad 66

Verzeichnis der Symbole und Abkürzungen

$\{x \mid \cdots\}$	114	$E(\mathfrak{x})$	182, 279	$\mathfrak{A}'$	244		
$\bar{\alpha}$	115	$b(\mathfrak{x})$	183	μ^*	244		
$\alpha \cap \beta$	115	μ	184, 234	$\mathfrak{x}(\mu)$	244		
$\alpha \cup \beta$	115	μ_r	185	$\mathfrak{x}(p)$	247		
$\vee$	116	σ^2	185	$p_{\mathfrak{x}}$	247		
$\emptyset$	116	$Var(\mathfrak{x})$	185	1_A	247		
$\alpha - \beta$	117	$V(\mathfrak{x})$	185	$\mathfrak{E}$	250		
$\alpha \subseteq \beta$	117	$\mathbb{N}$	198	$\mathfrak{E}^*$	251		
$\{\alpha_k\}_{k \in J}$	118	$\mathbb{Q}$	198	$\int f \, d\mu$	251 f.		
$\cap K$	118	$\mathbb{R}$	198	$\nu \ll \mu$	255		
$\cup K$	118	$\mathbb{R}_a$	198	$\overset{n}{\underset{i=1}{\otimes}} \mathfrak{A}_i$	261		
Rel	119	$U(x,\varepsilon)$	198				
$\alpha \times \beta$	119	$\overline{U}(x,\varepsilon)$	198	$\overset{n}{\underset{i=1}{\otimes}} \mu_i$	261		
Un	120	$\lim_{\nu \to \infty} a_\nu$	199				
Fkt	120	$a_\nu \to x$	199	$\overset{n}{\underset{i=1}{\otimes}} \langle \Omega_i, \mathfrak{A}_i, \mu_i \rangle$	261		
D_I	120	$\lim_{\nu \to \infty} f_\nu(x)$	200				
D_{II}	120			$\underset{i \in I}{\otimes} (\Omega_i, \mathfrak{A}_i, \mu_i)$	263		
$\check{a}$	120	$\sup M$	201				
Inj	120	$\inf M$	201	$A \triangle B$	269		
$\mapsto$	121, 243	$\sup_\nu a_\nu$	202	$\Delta^n F$	278		
$f^{-1}(\beta)$	121			A_i	289 f.		
$\mathbf{N}$	121	$\inf_\nu a_\nu$	202	U_k	290		
$(x_i)_{i \in \mathbf{N}}$	121	$\overline{\lim_\nu} f_\nu$	202	R_{ik}	290		
$\overset{\infty}{\underset{i=1}{\Pi}} \alpha_i$	121	$\underline{\lim_\nu} f_\nu$	202	nu	292		
				$p(U_i)$	293		
Pot	122	$\lim_{x \to x_0} f(x)$	202	$p(U_k, A_i)$	295		
$n!$	124			p_{ik}	295		
$V(n,r)$	125	$\frac{df}{dx}(x_0)$	202	$p(R_{ik})$	295		
$C(n,r)$	126	$f'(x_0)$	202	$S(A_i)$	297		
$\binom{n}{r}$	126	$\int_a^b f(x) \, dx$	206	$\lneq$	298, 329		
$A, B \in \mathfrak{A}$	141	$N(x; \mu, \sigma^2)$	225	t	301		
$\mathfrak{A}(\mathfrak{B})$	144	$\Phi(y)$	225	f	301		
$\overset{n}{\underset{i=1}{\cup}} A_i$	147	$\mu^\#$	235 f.	$\dot{\sim}$	329		
$f_{\mathfrak{x}}$	160	$A_i \uparrow M$	238	$\lneq$	329		
p^*	163	$A_i \downarrow N$	238	p^*	331		
$F_{\mathfrak{x}}$	166	$\mathbb{R}^n$	238	nu^*	331		
$b(x; n, \vartheta)$	171	$[a,b]$	239	$W_{\mathfrak{x},\mathfrak{T}}(U_k)$	390, 392		
$b(x; n, c, d)$	174	$\mathfrak{J}^n$	239	$N_{\mathfrak{x},\mathfrak{T}}(R_{ik})$	390		
$g(x; \vartheta)$	175	$\mathfrak{F}^n$	239	$S_{\mathfrak{x},\mathfrak{T}}(A_i)$	391, 393		
$p(x; \lambda)$	175	$\mathfrak{B}^n$	239	$W_{\mathfrak{x},\mathfrak{T}}(U_k \mid A_i)$	391		
$f_{\mathfrak{x}\mathfrak{y}}$	176	λ^n	240	$Cr_{\mathfrak{x},\mathfrak{T}}(H)$	393		
$b(x \mid y)$	182	$\bar{\lambda}^n$	240	$Cr^*_{\mathfrak{x},\mathfrak{T}}(H \mid E)$	393		
				Cr_n	400		
				$Cred$	404		

Ind	418	$\mathfrak{E}^{at}_{m,i}$	425	$\mathfrak{M}$	447 f.
$I\varkappa$	418	$\mathfrak{E}^{at}$	426	E^s	483
F^i	419	$\mathfrak{E}^{mol}$	426	γ_j	484
$\mathfrak{F}$	419	$\mathfrak{E}$	427	η_{jl}	484
$\mathfrak{B}$	420	$\mathfrak{B}^{(s)}$	431	s	489
$\mathfrak{Z}^m$	422	$\mathbf{E}$	437	$E(s)$	489
$\mathfrak{Z}$	422	$g(D,F)$	439	$G^{\bullet}_j(n)$	492
$P^m_j a_i$	423	$\mathfrak{N}_{DS}$	440	$r^{\bullet}_j$	503

MIX
Papier aus verantwortungsvollen Quellen
Paper from responsible sources
FSC® C105338

If you have any concerns about our products,
you can contact us on
ProductSafety@springernature.com

In case Publisher is established outside the EU,
the EU authorized representative is:
**Springer Nature Customer Service Center GmbH
Europaplatz 3, 69115 Heidelberg, Germany**

Printed by Libri Plureos GmbH
in Hamburg, Germany